U0541212

国家社会科学基金青年项目（项目号：10CTQ18）
江苏大学专著出版基金资助

中国中小企业竞争情报体系建设研究

宋新平　黄景文　张晓阳◎著

中国社会科学出版社

图书在版编目（CIP）数据

中国中小企业竞争情报体系建设研究/宋新平，黄景文，张晓阳著.—北京：中国社会科学出版社，2016.1
ISBN 978 - 7 - 5161 - 7408 - 1

Ⅰ.①中⋯　Ⅱ.①宋⋯　②黄⋯　③张⋯　Ⅲ.①中小企业—企业竞争—竞争情报—研究—中国　Ⅳ.①F279.243

中国版本图书馆 CIP 数据核字（2015）第 309495 号

出 版 人	赵剑英
责任编辑	王　曦
责任校对	周晓东
责任印制	戴　宽
出　　版	中国社会科学出版社
社　　址	北京鼓楼西大街甲 158 号
邮　　编	100720
网　　址	http://www.csspw.cn
发 行 部	010 - 84083685
门 市 部	010 - 84029450
经　　销	新华书店及其他书店
印　　刷	北京明恒达印务有限公司
装　　订	廊坊市广阳区广增装订厂
版　　次	2016 年 1 月第 1 版
印　　次	2016 年 1 月第 1 次印刷
开　　本	710×1000　1/16
印　　张	17.75
插　　页	2
字　　数	281 千字
定　　价	66.00 元

凡购买中国社会科学出版社图书，如有质量问题请与本社营销中心联系调换
电话：010 - 84083683
版权所有　侵权必究

序

竞争情报是关于竞争环境、竞争对手和竞争策略的信息和研究，是国家和企业制定竞争战略和管理决策的导向和依据，而竞争情报系统是以人的智能为主导、信息网络为手段、增强企业竞争力为目标的人机结合的竞争战略的决策支持和咨询系统，一直是国内外竞争情报界关注的重点。我国情报学者、江苏大学管理学院电子商务系教授宋新平、广西大学黄景文教授和江苏大学图书馆张晓阳研究员合著的《我国中小企业竞争情报体系建设研究》则是当今企业竞争情报系统建设研究的一个重大进展。

我国中小企业数量占企业总量的90%，在国家经济社会发展中起着举足轻重的作用，因此中小企业竞争情报系统的建设就成为我国经济社会发展现实中一个亟待解决的问题。宋新平教授等人以我国中小企业为研究对象，以探索竞争情报系统构建和增强动态竞争力为研究目标，在分析中小企业竞争情报系统发展历史和现状的基础上，以竞争情报理论为基础平台，借鉴国内外有关研究成果，建立了我国中小企业竞争情报系统协同建设的概念模型；在充分调查我国10多个省的中小企业竞争情报应用和服务现状的基础上，运用理论推导与定量研究、规范分析与实证分析相结合的方法，从企业内外两条主线研究了中小企业竞争情报系统的影响因素以及建设的路径和策略。

该书丰富了企业竞争情报的理论体系，促进了中小企业竞争情报的理论建设，揭示了在中国情境下中小企业竞争情报系统建设的实施机理，为我国中小企业竞争情报系统的建设提供了科学的理论和实践指导，因此是一项不可多得的研究成果，具有理论性、系统性、创新性和实用性，是我国竞争情报领域的一朵奇葩，值得称道和推荐。

中国兵器工业集团第 210 研究所
2015 年 5 月 10 日于北京

前　言

本书是国家哲学社会科学基金青年项目（10CTQ018）的研究成果之一，同时也是江苏大学中小企业创新创业研究团队的专题性研究成果之一。

近年来，随着中小企业在我国国民经济中的地位逐步提升，党中央对中小企业的发展变得高度重视，中小企业竞争情报的研究已经引起学术界的高度重视。但是已有研究还存在一些值得探讨的问题。从国际上看，现有研究提出的竞争情报理论大多数是从大中型企业实践中总结出的，对中小企业的适用性和针对性不强。在国内，学者们在增强中小企业竞争情报服务对策方面形成部分共识，但是重复研究多，研究广度有余而深度不足。因此，如何根据中国情境的特点完善中小企业竞争情报体系是本书的宗旨与目的。

本书将在我国经济转轨和中小企业数量众多的背景下，将基于竞争情报理论、组织管理理论、服务科学与工程理论三大领域的研究成果，以复杂系统理论为指导，提炼出中小企业竞争情报体系建设内外协同建设的机理框架，建立了中小企业竞争情报系统的影响机理模型。提出中小企业竞争情报体系优化的发展建议，以期增强我国中小企业的竞争情报力，推动我国企业竞争情报管理理论的深入发展。

本书的写作框架分为十章。

第一章，阐述了中小企业竞争情报体系建设的研究背景，表明现阶段进行中小企业竞争情报体系建设研究具有重要的现实意义和理论价值，并对国内外相关研究进行梳理，在此基础上审视目前该问题研究的成果与不足，为本研究提供借鉴作用和创新起点。

第二章，围绕企业竞争情报的本质及组织实施机理这一目标，重构了企业竞争情报过程模型，基于生物神经系统理论和组织管理理论重新诠释了企业竞争情报系统本质，基于管理控制理论提出了企业竞争情报组织实施模型。

第三章，运用复杂系统理论探讨了系统的构成、复杂特性，提出了企业内外部协同建设的分析框架，并探讨了系统的动力机制，总结出中小企业竞争情报应用系统独特运行机理和服务系统的运行机理。

第四章，从全国范围的中小企业取样，调查目前中小企业竞争情报应用现状，利用大企业与中小企业对比以及东、中、西部对比的视角，分析竞争情报体系建设存在的问题。

第五章，首先对多主体所开展的情报服务业务进行问卷调查，然后引入服务成熟度模型来定量评估不同类型信息机构的竞争情报服务现状，分析存在的问题。

第六章，提出了基于 TOE 理论与正式、非正式管控理论结合的组织管理因素框架，建立中小企业竞争情报应用影响因素的理论模型，并运用结构方程模型和样本数据来验证所提出的模型及假设。重点对中国情境下的关键影响因素和主要障碍因素深入剖析。

第七章，提出了服务系统影响因素的理论框架。第一，先分析竞争情报服务过程机理，建立了服务主体能力影响因素模型，然后运用因子分析的方法来验证所提出的模型。再运用案例方法对各类服务主体的服务能力影响因素进行深度分析。第二，运用复杂网络理论和案例分析等方法对服务网络化的影响因素进行深度剖析。第三，运用问卷调查方法对主客体协同因素进行剖析。

第八章，通过管控理论、复杂系统演化理论的引入、最佳案例分析等提炼出若干情报体系建设路径理论的新元素，提出了中小企业竞争情报体系建设的分析框架与原则，并结合中国情境特点提出了中小企业竞争情报体系建设的管理建议和改进对策。

第九章，剖析国外经验和教训，对我国中小企业情报服务体系发展现状进行了 SWOT 分析，进而总结出我国中小企业竞争情报服务体系的发展路径和对策。

第十章，指出本研究存在的局限，指明后续研究的方向。

本书的特色与创新体现在以下几个方面：

（1）鉴于中小企业竞争情报体系的复杂性，运用复杂系统的协同性理论提出了中小企业竞争情报内外协同建设机理框架，以情报应用和服务为两条主线，同步对企业情报应用和情报服务的现状调查、影响因素、发展路径与对策进行研究，使得研究更具系统性和实用性。

（2）针对目前中小企业竞争情报体系整体状况缺乏量化评估的事实，对十多个省的中小企业竞争情报现状进行较全面的调查。对同一个企业样本，开展竞争情报应用和服务两个方面的同步调查，并且借鉴服务科学和知识管理理论，提出了信息机构竞争情报服务成熟度的评估框架模型。这些为中小企业竞争情报体系的现状把握提供了科学量化的依据。

（3）现有的企业竞争情报组织实施机理的研究，多局限于经典的竞争情报五维一体架构模型、竞争情报价值链模型等理论基础。本书引入合作式意义构建、组织行为学、生物神经系统、管理控制等理论，从系统性的视角对企业竞争情报的本质、过程模型、运行机制、组织实施等问题进行了重新审视和思考。同时，本书提出了基于TOE理论和管控理论的企业竞争情报影响因素模型，并结合中国情境样本进行实证检验，表明了模型的有效性。这些工作有助于完善企业竞争情报的基础理论体系。

（4）现有的中小企业竞争情报服务的研究缺乏全面性，对单类服务机构探讨的多，从知识服务的角度探讨的少。本书借鉴系统理论将服务系统因素归纳为服务主体能力、服务网络化和服务主客体协同等三类因素，并综合运用知识服务、组织核心能力、复杂网络理论和多种方法进行实证。由此实现了多服务主体影响因素的整合，增强了研究的系统性。

在本书的写作过程中，江苏大学管理学院、江苏大学图书馆与科技信息研究所、江苏大学知识产权研究基地、上海商学院、天津大学、中国科技情报协会竞争情报分会以及上海与湖南等地方科技信息研究所及图书馆等多个单位给予了很大的支持。本研究还得到了包昌火、王知津、陈峰、卢章平、袁润、邵波、沙镇江等教授的指点和帮助；本书通过与缪其浩、沈固朝、陈飔、赵冰峰、张左之、郑刚、黄引敏等竞争情报专家的直接交流和间接交流（专著研读）而得到了启迪；在企业调查中，得到了王知津、戴侣红、殷锦红、吴晓伟、宋丁伟、白彦壮、曾月明、李保珍、刘桂锋、黄卫东、姜开明、李明星、程发新、宋东林等众多朋友的帮助与支持。在此，对他们给予的帮助表示衷心的感谢。

此外，对全国哲学社会科学规划办公室以及参与课题研究的全体教师和学生表示感谢。其中，甘德昌、侯帅、杜宏、朱鹏云、杨阳、巩庆箐、孔振德、卢萌萌、贺洋等参加了本书的文字撰写和修改工作，再次向他们表示感谢。

宋新平　黄景文　张晓阳
2015 年 5 月 1 日

目 录

第一章 绪论 ………………………………………………… 1

    第一节 研究意义 ………………………………………… 1

    第二节 国内外相关研究述评 …………………………… 4

    第三节 关键概念界定 …………………………………… 10

    第四节 研究的思路、方法与框架 ……………………… 12

第二章 企业竞争情报的理论基础 ……………………… 18

    第一节 竞争情报过程模型重构 ………………………… 18

    第二节 企业竞争情报系统是什么 ……………………… 23

    第三节 企业竞争情报组织实施机理 …………………… 32

    第四节 企业应用竞争情报的组织行为 ………………… 41

第三章 中小企业竞争情报体系协同建设的分析框架 … 44

    第一节 中小企业竞争情报系统的构成与特性 ………… 44

    第二节 中小企业竞争情报系统的动力机制 …………… 48

    第三节 中小企业竞争情报应用系统的运行机理 ……… 51

    第四节 中小企业竞争情报服务系统的运行机理 ……… 60

第四章 我国中小企业竞争情报应用现状调查分析 …… 67

    第一节 问卷设计与发放 ………………………………… 67

    第二节 中小企业竞争情报应用概况调查 ……………… 70

    第三节 中小企业竞争情报需求与服务调查 …………… 84

    第四节 中小企业竞争情报应用现状分析 ……………… 92

第五章　我国中小企业竞争情报服务现状调查分析 ………… 94

第一节　关键主体的竞争情报服务现状评价 ………………… 94
第二节　竞争情报服务成熟度评价 …………………………… 104
第三节　竞争情报服务现状分析 ……………………………… 119

第六章　中小企业竞争情报应用影响因素研究 ………………… 123

第一节　企业竞争情报应用影响因素的理论框架 …………… 123
第二节　中小企业竞争情报应用影响的组织管理因素：
　　　　理论模型与假设 ……………………………………… 126
第三节　研究设计 ……………………………………………… 136
第四节　建模样本采集 ………………………………………… 145
第五节　实证分析 ……………………………………………… 147
第六节　中国情境下竞争情报应用障碍因素分析 …………… 160

第七章　中小企业竞争情报服务影响因素研究 ………………… 166

第一节　竞争情报服务影响机理理论 ………………………… 166
第二节　竞争情报服务能力及其影响机理理论 ……………… 170
第三节　CI 服务主体能力影响因素的实证分析 ……………… 179
第四节　CI 服务网络化的影响因素分析 ……………………… 195

第八章　中小企业竞争情报应用体系建设对策 ………………… 204

第一节　企业竞争情报体系建设的管控耦合理论 …………… 204
第二节　企业竞争情报系统演化的机理 ……………………… 206
第三节　中小企业竞争情报应用体系建设的分析框架 ……… 210
第四节　中小企业竞争情报体系建设的原则 ………………… 213
第五节　我国中小企业竞争情报应用体系建设的
　　　　问题与建议 …………………………………………… 223

第九章　中小企业竞争情报服务体系建设对策 ………………… 228

第一节　国际 SME – CISS 经验及启示 ………………………… 228

第二节 我国 SME-CISS 建设基础及战略选择 ………… 233
第三节 我国 SME-CISS 建设的思路 ………… 238
第四节 我国 SME-CISS 建设的对策 ………… 240

第十章 结论与展望 ………… 251

第一节 结论 ………… 251
第二节 局限与展望 ………… 254

参考文献 ………… 255

附录 调查问卷 ………… 262

一 企业竞争情报应用影响因素调查问卷 ………… 262
二 企业竞争情报服务能力影响因素调查问卷 ………… 268

第一章 绪论

第一节 研究意义

20世纪中叶以来，世界经济的全球化和社会的信息化发展，进一步推动了生产技术的进步和社会活动的复杂化，使企业所面临的生存环境发生了本质变化。在此情形下，情报与知识成为企业的战略资源要素。目前，随着云计算、物联网、大数据等新技术的层出不穷，竞争情报的应用更是表现出了强劲的生命力和蓬勃发展的势头。

在我国，中小企业数量高达90%，在国民经济发展中起着举足轻重的作用。近年来，国家颁布和实施了一系列旨在完善中小企业服务体系建设的政策，2010年工业和信息化部等部门下发了《关于促进中小企业公共服务平台建设的指导意见》，2011年科学技术部等颁发了《关于加快推进中小企业服务体系建设的指导意见》。中小企业情报系统，作为中小企业服务体系的重要部分，对企业生存与发展起着关键的作用。然而与全球相比，我国中小企业的竞争情报应用与服务水平较低。因此，中小企业竞争情报体系建设成为一个现实中亟须解决的问题。

在当前国内外新形势下，如何优化中小企业竞争情报体系，促进中小企业构建基于外部环境感知的动态竞争优势，从而在激烈的竞争中立于不败之地，对此问题理论界和实践界必须认真研究，并予以解决。

一 研究的理论价值

目前，竞争情报研究内容已经从内涵、价值链、架构等基本理论，深入到竞争情报的系统建设、人际情报网络、反竞争情报等方面。从国际上看，战略模拟、提高情报决策洞察力、合作情报以及与智能型组织、组织学习、知识管理等融合不断成为研究热点。

与国外相比，国内的竞争情报理论研究较为滞后。总体而言，存在四个方面不足：①缺少从多学科角度对企业竞争情报的研究成果进行系统性的梳理。②在研究方法上有较大差距。国外多采用规范的、严谨的方法，融合了多学科研究方法的优点；不仅采用多元统计、结构方程等定量方法，还采用扎根理论、行动研究、深度案例分析等质性方法。国内多采用思辨为主的研究方法，实证研究较为匮乏。③国内在研究范式和指导思想上与国外比有较大差距。国外长期以来强调"多学科的融合"和"理论与实践的深度融合"，理论对实践的指导性较强。然而，国内研究多局限在信息行为理论，与组织业务过程管理的融合研究不够，甚至一定程度上脱离了组织情境（刘细文，2009）。④忽视中国情境因素的作用，对于独特的中国情境下的企业竞争情报组织实施理论缺乏深入探究。

从国际上看，中小企业竞争情报理论体系缺乏系统性和深入性。一般而言，西方竞争情报的理论多数是从大中型企业的实践中提炼出的，对中小企业的针对性不强。由于中小企业的特殊性，相关研究成果仍然存在一些争议之处和悬而未决的问题。相比之下，国内相关研究颇为薄弱，基础理论不够深入，中国情境下的实证研究尤其匮乏。

总体而言，中小企业竞争情报领域有以下四个问题值得关注：

（1）近十几年，国内成功实施竞争情报的企业越来越多，但多为大企业，中小企业的成功案例不多。与大企业相比，中小企业竞争情报体系有何特殊性？因此，建立适合中小企业的竞争情报体系理论，以揭示中小企业与大企业在竞争情报运行机理上的差异，摸清我国中小企业竞争情报体系建设的现状，成为学术界和企业界关注的重要问题之一。

（2）究竟什么因素影响了中小企业竞争情报应用水平？哪些组织管理层面的影响因素可以改进？中国情境下中小企业竞争情报应用的障碍是什么？这些是中小企业竞争情报体系建设中必须回答的关键问题。

（3）中小企业竞争情报多依赖于外部服务机构，而这些情报服务机构组合成为一个服务系统。那么，究竟这个服务系统包含了哪些要素、作用机制如何、如何影响服务系统对中小企业的服务水平？应该从哪些方面改进？这些都是中小企业竞争情报服务体系建设的关键问题。

（4）企业管理者需要从宏观和微观上把握中小企业竞争情报体系的发展状况以及存在的不足，进而借助情报服务公司帮助其进行竞争情报体系的优化。因此，需要有中小企业竞争情报体系的建设路径和实施机理的相关理论来指导。这就需要进一步研究中小企业竞争情报体系动态演化机理和实现跨越式发展的最佳路径，也需要研究面向中小企业的多主体协同服务系统的建设机理和路径。

二 研究的现实意义

英、美、日等国的企业很早就认识到竞争情报的重要性。据报道：在20世纪80年代世界500强企业中有10%建立了竞争情报系统，到90年代已有80%以上建立了竞争情报系统，其中90%以上已经非常完善。一些中小企业也纷纷通过专门提供服务企业来优化自己的竞争情报体系。一些大企业竞争情报的应用已从价值链的低端上升到价值链的高端，如战略决策、战略模拟、危机预警等，从而产生巨大收益。随着云计算、物联网、大数据等新技术应用的不断深入，竞争情报更是得到企业前所未有的重视。

中国企业的竞争情报工作起步较晚，实践探索和知识普及方面十分不足。总体而言，国内企业对于竞争情报的认识还处在模糊朦胧的直观感觉阶段，企业竞争情报活动水平较低，情报活动实施面临困境。笔者在对全国十几个省、市1000多家企业的竞争情报状况调查中发现：我国企业竞争情报应用尚处在较低发展阶段，体现在53%的企业处在第一阶段和第二阶段。

总体而言，中小企业实施竞争情报存在很多问题。中小企业对竞争情报有很大需求，但实施更具特殊性，有时甚至比大企业更困难。一些中小企业非常重视竞争情报，但是由于受到外部服务、资源约束、企业家情报行为、企业文化、个人行为、隐性知识管理等因素的影响，情报工作难以有效开展或者实施绩效不高。这些可以通过本书的调查加以证实。从企业应用视角看,目前中小企业实施竞争情报的前5大障碍因素依次是:情报专业人员匮乏、制度与流程不健全、经费投入不足、员工情报技能弱和情报认可度不高。从服务视角看,主要存在供需不协同的现象,如服务机构不了解企业需求、服务定价高、高知识含量的情报产品不足、情报机构的商业用信息资源有限等问题。

因此,如何从中小企业内部应用和外部服务两条主线,在推进中小企业竞争情报体系建设的过程中,探索出一条适合中国国情的、适合中小企业的竞争情报体系的跨越式发展的道路,追赶西方发达国家的企业竞争情报水平,对于增强中小企业动态竞争力具有很强的现实意义。

第二节　国内外相关研究述评

早在20世纪60年代,就有学者对竞争情报的应用进行研究。之后的50多年里,国内外学者从不同角度对企业竞争情报的应用进行了广泛的研究。总体而言,相关研究呈现出以下趋势:

(1) 从研究学科看,国内外研究差异较大。国外研究注重战略管理、组织行为、市场营销、技术管理、信息管理多学科的并行融合。研究以管理学派和竞争情报学派为主,研究内容较广、较深且研究视角众多。国内早期的研究以包昌火等情报研究学派为主,正在逐步发展到管理学派的协作研究。

(2) 从研究对象看,早期的研究以个人为主,逐步发展到以组织(如国际竞争情报协会)研究为主,然后又逐步兴起群体之间、组织之间协作的研究。

(3) 从竞争情报在企业的应用看,早期研究以大企业为主要研究对象,从中提炼情报在战术决策中应用的基本理论。后来,较多研究开始关注情报价值链的高端——战略决策与模拟等方向。之后,研究开始关注中小企业竞争情报问题。近年来,随着新型信息技术的兴起,较多研究开始关注新型信息技术背景下企业竞争情报系统的升级与组织变革等问题。

（4）从竞争情报的服务来看，早期研究以典型的、特定的科技信息机构（如图书馆）的情报服务为主。随着研究的深入，演进到基于知识服务的服务过程机理和组织管理行为学视角的服务运作机制等研究。近年来，随着研究方法的进步，兴起了复杂系统、社会网络等方法在服务系统中的应用研究。

本书从情报应用与服务协同的视角来梳理国内外研究成果，并尽可能呈现管理学与情报学等多学科融合研究的特色。

一　国外中小企业竞争情报应用研究综述

1. 竞争情报

相关研究包括竞争情报的需求与组织实施、信息源的使用特点及影响因素、情报使用与绩效之间的关系及环境扫描、竞争情报系统设计等。

McGee 和 Sawyerr（2003）认为年轻企业的管理者更加倾向于使用人际的、外部的信息渠道来搜集信息，以应对环境的不确定性。Salles（2006）从信息需求、决策制定、需求类型等维度分析中小企业对情报的特殊需求。Tanev 和 Bailetti（2008）研究发现小企业竞争情报的种类与创新绩效之间存在显著正相关关系。国外学者非常关注企业环境扫描行为，对环境感知不确定性、扫描行为与绩效之间的关系等一系列问题进行研究，并认为扫描行为对于中小企业发展起着重要作用（Choo，1995；Olamade，2013；Rouibah，2014；Kowalczy，2015）。

2. 职能业务情报

国外早在20世纪80年代末就对市场情报和技术情报开展研究。前者研究嵌入在营销管理中，而后者研究嵌入在技术管理和创新研究中。

市场情报的研究集中在情报的使用、情报绩效、获取方式等方面。Hill（2001）认为管理者的人际网络作为市场情报的收集渠道对市场决策的制定有很大影响。Julien（2003）以346家中小企业为研究对象，研究发现信息源的使用频率与出口型制造企业的绩效存在正相关性。Williams（2006）的研究表明信息源的使用频率与出口业务绩效之间存在显著相关性。

技术情报的研究集中在技术情报信息源、技术信息搜索模式、技术情报系统构建模式等方面。Julien（1995）研究发现中小企业在技术情报的获取中，对非正式资源（如客户、供应商等）的使用频率要高于正式资源。Savioz（2006）用行动研究法对中小企业技术情报系统的运行模式进行了考察。一些学者对中小企业的技术环境扫描（技术信息搜索）的组织实施进行了理论探讨，并通过实证研究加以验证（Raymond，2001；Julien，2006；Nosella，2008；Huizingh，2011）。

3. 战略管理研究中的情报研究

相关研究主要集中在战略导向（市场导向、企业家导向）、战略决策机制、中小企业企业家战略决策能力、企业家知识获取、企业家情报力等方面。

Keh（2007）通过实证发现，市场情报的使用对于小企业绩效有正面影响，也部分地调节企业家导向与企业绩效之间的关系。Presutti（2007）研究发现，企业家社会资本的结构化维度与知识获取呈现显著正相关，关系和认知维度与知识获取呈现负相关。Nguyen（2015）研究了基于社会化媒体的知识获取能力及其对中小企业市场战略能力的影响。

4. 企业信息化研究中的情报研究

相关研究主要集中在商务智能、信息化应用能力、战略决策支持系统的使用、管理决策的独特性、情报资源实施障碍、中小企业信息化发展阶段、业务与IT战略匹配等方面。

Levy（1998）指出对于中小企业而言，计算机的使用局限在运作层面，将信息系统集成到企业战略以获得竞争优势是个困难的事情。Canes（2009）研究认为对中小企业而言，实施商务智能会带来益处，但更多的是信息资源和竞争情报使用的障碍。Kowalczy（2015）运用案例法探讨了商务智能工具在中小企业中的应用实施等问题。

二 国内对中小企业竞争情报应用研究综述

在 CNKI 中搜索关键词"中小企业信息应用"、"中小企业竞争情报"，有120余篇论文，研究集中在以下三个方面。

（1）关于中小企业竞争情报的应用特点、应用动因、组织实施、存在问题、发展对策以及中小企业集群网络的竞争情报模式等。例如高士雷等（2010）分析了产业集群环境下中小企业竞争情报工作模式，马小琪和张恒（2012）划分了中小企业集群人际情报网络节点，分析了其构建的关键影响因素。

（2）关于中小企业竞争情报应用问题分析及现状调查。国内一些学者对某些省份（如湖北、广东、江苏、山东、四川、安徽、湖南等）中小企业的情报实施状况等进行了调查，调查内容包括情报需求、情报来源、影响因素等方面（刘志荣，2011；郑彦宁，2013）。

（3）中小企业竞争情报的系统模型及技术架构等。主要包括中小企业专利信息管理系统、中小企业竞争情报人际网络分析系统、中小企业竞争情报安全模型、基于云计算或大数据的中小企业竞争情报系统等（黄晓斌，2012；周海炜，2013；王洪亮，2015）。

三　国外中小企业竞争情报服务研究

1. 从政府层面探讨中小企业信息服务体系和服务平台

Pierrette（2000）探讨了法国、欧盟等国家和地区中小企业竞争情报的需求、政府的情报服务政策、服务体系建设等问题，并对Québec的案例进行深入剖析。郑彦宁等（2012）对多个国家和地区（美国、加拿大、新加坡、中国香港、日本、韩国等）的中小企业竞争情报服务体系进行了深入剖析。Bram Klievink等（2015）从公共价值和商业目标协同的视角，探讨了基于公共与私有的企业信息服务平台的运行机制。

2. 按照科技信息机构和科技中介这两个层次，研究其服务机理与服务实施成功因素

关于科技信息机构，研究者主要调查了信息资源机构的发展战略和情报服务模式，探讨了实施的成功与失败因素。Spencer（2004）和刘艳敏（2011）从跨机构合作战略、顾客需求识别、服务品种、营销策略、信息资源、团队等方面调查和分析了信息机构的情报服务存在的问题。Carlos（2007）采用半结构化访谈调查美国西北部学术图书馆商务信息服务现状及实施存在的困难。Mammo（2010）等分析Haramaya学术图书馆的信息服务拓展问题。Darya等（2015）提出了基于大学与企业合作的虚拟信息服务模式。

关于科技中介，研究者主要研究了技术型中介的作用、功能，知识扩散与转移的机理，技术情报服务的机理、过程、技术等。Radauer（2002）调查了欧盟27国公立专利信息机构对中小企业专利信息服务的状况，识别了13个关键的信息服务影响因素。Lee（2010）认为创新中介承担着技术预测与监控、技术情报处理与扫描、技术知识处理与创造等情报功能。Juliana等（2015）研究了企业参与对知识密集型服务中介的影响机理。

3. 从商业信息服务这个更宽泛的视角研究情报服务的基础理论

相关研究成果主要包括：服务运作与评价、服务技术实现、市场经营、业务外包、发展战略、服务管理与服务创新等。Chen（2010）用Delphi-AHP方法识别市场细分、战略联盟、服务模式、产品战略等六个维度的20个关键成功因素，最后对我国台湾信息服务进行评估。Lidia（2015）对商务信息服务的语义分析及推理技术进行了研究。

四 国内中小企业竞争情报服务研究

在CNKI中按照四类研究主题的关键词进行检索。结果包括：以"企业信息 or 情报服务"为关键词的文献有124篇，以"企业竞争情报服务"为关键词的文献有60篇，以"专利信息 or 情报服务"为关键词的文献有124篇，没有以"企业知识服务"为关键词的文献；以"科技中介信息服务"、"咨询公司信息服务"为关键词的文献较少。

从检索结果可以看出，国内中小企业情报服务方面的研究以图情学派为主，其研究较为深入和宽泛，而管理学派的研究少且零散。图情学派的研究成果包括三个方面：

（1）服务体系。李维思（2013）针对中小企业技术创新需求，构建了特色产业数据库与服务体系。郑荣（2013，2015）构建了中小企业竞争情报服务体系模型和相应的运行机制，并建立了评价模型。

（2）服务模式、服务方法、服务系统和平台。宋新平（2010）在分析B2B平台的优缺点的基础上，提出了基于该平台的新型竞争情报服务模式。陈峰（2012）采用实地考察、访谈、文献资料研究相结合的方法，凝练出香港贸发局为中小企业提供竞争情报服务的3个方法。曾德超（2015）构建出开放式创新视角下的中小企业技术竞争情报服务模式。

（3）诊断服务现状存在的问题与提出改进对策。学者从不同视角展开调查，有的侧重省级服务整体现状，有的侧重特定服务主体（科技信息机构和高校图书馆）的服务现状。吴华珠（2012）对江苏省中小企业竞争情报的服务情况进行了调查。刘志杰（2013）分析了高校图书馆开展中小企业竞争情报服务的模式，指出服务机制中存在的问题。

管理学派的研究成果包括三个方面：

（1）从知识服务组织的视角，以银行、咨询公司、孵化器等为对象，主要探究知识管理和服务科学工程中的共性基础理论问题，很少涉及图情机构及信息中介的情报服务。成果涉及知识服务创新影响因素，知识服务能力评价、影响因素与知识管理等（魏江，2007）。

（2）从技术创新视角研究信息、情报、知识的保障作用。李文元（2012）以InnoCentive为例，分析了创新中介在开放式创新过程中的功能，重点对其情报知识的服务功能进行了剖析。

（3）关于中小企业服务体系的研究。李文元和梅强（2009）构建了基于技术创新全过程的科技中介服务体系模型。徐洋洋（2014）基于价值链视角构建了区域中小企业科技服务体系模型。

五　研究述评

综上所述，中小企业竞争情报体系研究经历了理论探索和深化过程，积累了丰富的研究成果。国外研究注重多学科的交叉融合，研究视角宽泛，理论基础较深厚。国内研究者研究深度不够。目前，中小企业竞争情报体系的研究中有很多问题处于探索中，需要进一步讨论：

（1）已有的关于中小企业竞争情报体系建设的研究多停留在现象描述上，没有上升到复杂系统的理论层面，缺乏将中小企业独特的战略管理、情报需求协同、供需方协作的情报循环机制纳入价值链影响框架而从系统性、可操作性的角度深入探讨；对图书馆服务探讨的多，而对多类服务主体的跨组织协同服务探讨得少。

（2）关于企业竞争情报的运行机理等问题的理论认识尚存模糊，对于中小企业竞争情报的研究就更为薄弱。第一，对一些基本问题尚存困惑或分歧。例如：Proper（2004）认为组织系统、信息资源系统、计算机信息系统应该在三个层面上协调，但对这些问题没有提供详尽的理论解释。第二，对于企业如何有效实施竞争情报的认识，没有提炼形成统一的解释性理论框架。研究多局限于信息搜集行为和信息系统采纳的理论框架。国外学者虽然提出了管理控制系统在竞争情报应用中的思路，也综合运用质性方法与量化方法解析了竞争情报的过程机制，但是缺乏系统性。国内学者对竞争情报过程机理的研究就更为不足（刘细文，2009）。鉴于此，本书拟运用管理控制系统理论，对中小企业情报应用机理进行深入探讨，以探明情报体系建设的关键影响因素，深化企业竞争情报应用的理论研究。

（3）关于中小企业竞争情报服务的研究较为薄弱，没有上升到服务科学的理论层面。第一，企业竞争情报服务的基础理论深度不够。这些理论包括：服务系统的优化与创新，服务系统的能力、过程、组织、协同等理论，企业信息情报产品生产与营销机理，服务系统的知识管理等。第二，未对各类企业情报服务机构的运行机制和影响因素进行深入探讨。对图情机构服务探讨得多，对其他服务组织以及多主体协同服务机制和实施方案探讨得少。鉴于此，本书拟运用服务科学和复杂系统理论，对中小企业情报服务机理进行深入探讨，以推进多主体协同性情报服务的理论研究。

第三节 关键概念界定

一 企业竞争情报的界定

根据美国竞争情报（Competitive Intelligence，CI）专业人员协会的定义，竞争情报是指关于竞争环境、竞争对手和竞争策略的信息流和知识流，它既是一种过程，也是一种产品。CI 具有如下特点：（1）关于组织外部及内部环境；（2）专门采集而来，经过加工而增值的；（3）为决策所需的；（4）为赢得和保持竞争优势而采取行动所用的。竞争情报按照主体的不同，可分为三个层次：企业竞争情报、产业竞争情报、国家竞争情报。

国外关于 CI 代表性的观点有：（1）SCIP 前主席普赖斯科特教授

指出：企业竞争情报系统的功能是评估行业发展趋势，把握行业进化，跟踪变化，分析竞争对手，从而协助企业保持竞争优势。（2）CI的过程观和CI循环模型。戈登将竞争情报过程分解为竞争性数据→竞争信息→竞争情报→竞争战略→竞争优势。（3）Aguilar（1967）认为环境监视是寻求有关组织外部环境的事件和关系。（4）包昌火认为：竞争情报能力是一个组织外部环境感知和应变的能力，即获取环境信息并与之适应的能力。

二　本书对竞争情报的界定

首先，鉴于"竞争情报"这一术语使用较为混乱，故将其与相似术语区分如下：（1）竞争者情报：是支持决策的、关于竞争对手的信息和知识。（2）商业情报：它的核心内容是竞争情报。（3）企业技术情报：是支持企业技术管理的三个层次活动的信息情报。（4）企业市场情报：是支持企业市场营销与销售管理的三个层次活动的信息情报。（5）企业环境扫描：是用以支持决策的、关于组织环境的事件、趋势、联系的信息和知识。（6）企业竞争情报：是关于竞争环境（政治、经济、行业、市场、技术）与竞争对手的情报。

其次，企业竞争情报的概念有狭义和广义之分。狭义的概念与战略管理层次相对应。广义的概念与三个管理层次相关联[①]，包含环境扫描、技术竞争情报和市场情报。

本书采用企业竞争情报的广义内涵，主要基于下述考虑。第一，在我国，企业竞争情报尚处于不成熟阶段，企业对竞争情报的应用较多地处在信息序化层面，将信息上升为智能的能力还远远不够，故习惯将情报等同于信息。第二，对于中小企业而言，竞争情报更经常地发生在战术层面。第三，随着动态能力理论、复杂系统主流管理学理论对企业所处环境的重视，以及信息构建理论对"情境"的强调，使得广义企业竞争情报的内涵越来越接近于企业信息情报。

三　中小企业的界定

中小企业是一个相对的、模糊的概念，因为不同国家、不同经济

---

① 管理学中所指管理的三个层次是指事务层、计划控制层、战略层，而竞争情报所指的战术情报与前两个层次相对应。

发展的阶段、不同行业的中小企业的标准不尽相同，且随着经济的发展而变化。目前，世界各国对中小企业界定没有统一标准。

一般而言，世界各国衡量企业规模标准的常用指标有企业的雇员人数、企业资产和企业销售收入。截至目前，随着我国经济发展和劳动生产率的变化，我国中小企业划型标准经历了8次修订。第八次修订是2011年，我国工信部、国家统计局、国家发改委和财政部四部门共同制定了《中小企业划型标准规定》，将中小企业划分为中型、小型、微型三种类型。具体划分标准根据企业从业人员、营业收入、资产总额等指标结合行业特点制定。新标准适用的行业包括农林牧渔业、工业、零售业等多个行业。以工业企业为例，其营业收入标准为从业人员1000人以下或营业收入40000万元以下。其中，从业人员300人及以上，且营业收入2000万元及以上的为中型企业；从业人员20人及以上，且营业收入300万元及以上的为小型企业；从业人员20人以下或营业收入300万元以下的为微型企业。与2011年前的旧标准相比，2011年的新划型标准的门槛有所提高。

本书采用我国2003年1月1日起实施的《中华人民共和国中小企业促进法》对中小企业的定义：中小企业是指在中华人民共和国境内依法设立的有利于满足社会需要、增加就业、符合国家产业政策、生产经营规模属于中小型的各种所有制和各种形式的企业。与大企业相比，中小企业人员数量和经营规模小，组织结构简单，存在形式多样化。考虑到划型是一个相对概念且是动态变化的，故本书在应用影响因素的实证研究中，以2011年新划型标准为主，但是在全国性应用现状调查的研究中，也适当兼顾旧标准。

第四节　研究的思路、方法与框架

一　研究的思路与框架

从复杂系统理论看，中小企业竞争情报系统是一个包含环境、企业内部应用子系统、外部服务子系统的复杂大系统，呈现出与大企业不一样的复杂特性。这也使得传统的情报线性价值链需要突破企业这一主体的限制，而贯穿于供需双方的整个系统中。为了实现整个大系统价值链的最大增值，中小企业竞争情报体系建设应该以内部应用、外部服务子系统的协同价值实现为目标。因此，本书主要围绕探求中小企业竞争情报的内部应用和外部服务的机制和规律的思路展开，如图1-1所示。

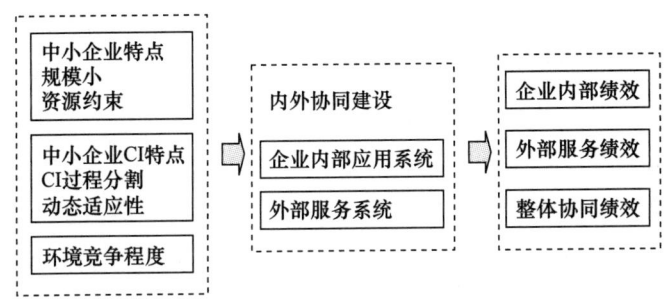

图1-1 本书的逻辑思路

基于上述分析，本书采取了中小企业内部应用系统和外部服务系统协同建设的研究框架，如图1-2所示。在此框架下，围绕"如何有效提升中小企业竞争情报应用绩效"和"如何有效提升中小企业竞争情报服务绩效"等问题展开。

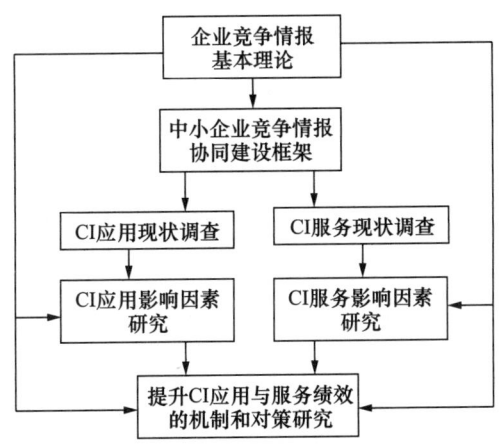

图1-2 本书的定位与框架

本书的研究框架包含如下几个部分：

（1）改进已有的企业竞争情报的基础理论，如企业竞争情报的过程模型重构、组织层面实施竞争情报的机理模型等，为本书提供理论基础。

（2）建立中小企业竞争情报协同建设框架，包括整个系统的动力机制、竞争情报应用系统的运行机制、服务系统的运行机制等，为下一步竞争情报应用和服务影响因素的研究提供理论依据。

（3）从内部和外部两条主线，评估我国中小企业竞争情报应用与服务现状，剖析建设中的问题，探讨症结，为下一步的竞争情报应用和服务影响因素研究提供现实依据。

（4）研究中小企业竞争情报应用的影响因素。提出中小企业竞争情报应用影响因素的理论框架，并通过定性和定量的方法加以实证，为下一步的企业竞争情报应用体系建设对策研究提供理论上的铺垫。

（5）研究中小企业竞争情报服务外部的影响因素。提出中小企业竞争情报服务影响因素的理论框架，并通过定性和定量的方法加以实证，为下一步的外部服务体系建设对策研究提供理论上的铺垫。

（6）提出我国中小企业竞争情报内部服务体系建设的路径和政策性建议。

（7）提出我国中小企业竞争情报外部服务体系建设的路径和政策性建议。

二　研究方法

本书研究对象包括企业及多类服务主体（政府、科技信息机构、其他业务中介、商业化公司），涉及面宽，研究的问题涉及不同层次。为保证研究的有效性，采取了规范研究和实证研究相结合，定性分析与定量分析相结合的方法。其中，实证研究方法包括问卷调查、统计建模、实地调研、深度访谈、案例研究等。

本书主要采取的是先定性研究，即实地调查和深度访谈相互结合的方法，然后再做问卷调查，进行定量研究，最后在问卷调查的基础上进行交流，以加深理解。一方面，通过案例研究、实地调查，与受访者深度访谈，围绕特定主题开展结构性的交流与讨论，从定性分析方面建立基本理论框架，丰富调查内容。另一方面，通过填写调查问卷，利用调查问卷的数据进行实证分析。

由于调查问卷难以解释每个问题回答的具体情境和细节原因，本书采用案例分析和深度访谈作为补充，以摸清一些细节问题，如关键影响因素的解释等。深度访谈对于本研究具有较大的帮助。首先，通过深度访谈，对于基础理论假设进行初步验证，并对调查问卷背后的原因有深入细致的了解，便于对数据进行分析。此外通过深度访谈，可以获得许多问卷难以获得的信息，如企业面临的外部竞争环境问题，企业对竞争情报的真实想法，从而对影响企业竞争情报体系的各种因素有更加深入的了解。

本书较多地采用了归纳法和演绎法。在应用与服务体系建设的路径方面，在大量观察的基础上找出概括性的命题，由此提出具有普遍意义的模式，归纳多个规律和特性作为政策建议的依据，在影响因素模型的验证方面，通过模拟演绎出多个具体假设，通过实证数据验证、业界经验支持和理论解释探讨，来支撑模型的有效性。

本书还采用比较研究方法，通过对比分析中小企业和大企业的差异，以把握中小企业竞争情报组织应用的独特性。此外，还对比分析西方和我国竞争情报理论和实践，借鉴其理论，可以使我国竞争情报应用和服务的实践少走弯路，加快建设的步伐。

三 研究过程与技术路线

本书研究的过程可以分为六大阶段。

第一阶段，在文献研究的基础上，根据研究问题和目标，构建初步的研究框架。

第二阶段，对企业竞争情报应用现状进行调查。结合已有的竞争情报应用理论研究，设计初步调查问卷，并对数十家企业进行调查和专家访谈，并修正形成正式问卷。在全国十几个省进行发放和回收，历时两年多。然后利用统计分析的方法对现状进行深入分析。

第三阶段，对企业竞争情报服务现状进行调查。竞争情报服务现状调查的主体类型繁多，覆盖面宽，采用定性调查和定量调查相结合、普查与重点抽查相结合的方法。对于多类服务主体的服务概况，采用案例分析、二手数据搜集、网站观察、访谈等进行调查；针对科技信息机构的服务主体的成熟度，采用定量统计分析和指标设计的方法进行重点调查,通过重点剖析反映全局的作用;通过企业感知体验的视角,对各类服务机构的服务供需等状况进行全国普查。

第四阶段,进行企业竞争情报应用影响因素研究。其一,在原有企业竞争情报应用理论研究的基础上,构建初步的研究框架,设计初步的调查问卷。其二,进行探索性研究,对几十家企业的中高层以及营销部门、技术部门的基层人员进行实地调查和深度访谈,明晰研究框架,提出概念模型、理论假设、变量定义和测量,搜集了企业应用竞争情报的主要影响因素作用以及竞争情报应用效果的例证,开发出正式问卷,并请专家对问卷进行评价和建议。其三,设计初步调查问卷,对问卷的信度和效度进行预检验和修正。其四,在竞争情报较发达的地方发放正式问卷,并对其进行数据处理,利用结构方程模型进行概念模型和理论假设的验证,以得到研究结论。

第五阶段,进行竞争情报服务影响因素的研究。重点针对两大关键因素进行研究:第一,多类型主体的服务能力影响因素。对于服务能力影响因素的定量研究,首先,在分析原有的服务研究基础上,构建初步的研究框架,设计初步的调查问卷。其次,是探索性研究,然后对代表性的多类服务主体(公共及高校图书馆、地方及科技信息机构、科技局、商业化公司)进行实地调查和深度访谈,提出概念模型和理论假设。其三,发放调查问卷进行预检验和修正。其四,发放正式问卷,并对其进行数据处理,利用因子分析法来验证概念模型和理论假设,同时配合案例分析、访谈等方法,以得到研究结论。第二,对于服务网络构建影响因素,主要采取复杂网络基本理论和实地调查、深度案例分析、逻辑推演、半结构化访谈等方法进行研究。

第六阶段,进行研究总结,采用归纳法、比较研究法、案例分析法,并结合相关理论,从内外部两条主线提出中小企业竞争情报体系建设的行动路径和政策性建议。

本书的技术路线如图1-3所示。

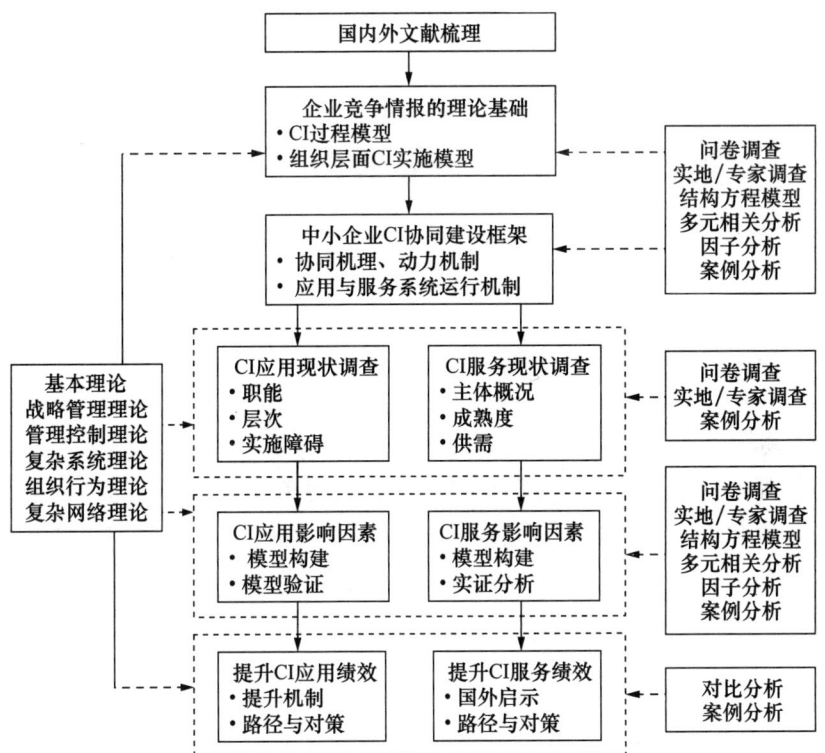

图1-3 本书的技术研究路线

第二章　企业竞争情报的理论基础

由于主客观因素的影响，迄今为止，理论界和实践界对企业竞争情报循环过程模型、本质、功能、组织实施等基本问题的认识不明晰或尚存分歧，甚至对有些问题的认识非常有限。因此，本书首先运用认知理论对竞争情报过程模型进行重新审视和构建，进而运用复杂系统理论和组织管理理论对竞争情报的本质、功能、组织应用机理等基本问题进行深入剖析，从而为后续研究提供理论铺垫。

第一节　竞争情报过程模型重构

一　现行企业竞争情报过程模型的不足

1. 国外竞争情报过程模型

（1）传统竞争情报过程模型——Herring 模型

Herring 模型是业界广泛认可的模型。它刻画了竞争情报价值链的线性构成过程，即情报的规划与定向、搜集、处理、分析与传播的过程。该模型背景是 20 世纪 80 年代竞争情报工作处在行业环境和竞争对手数据搜集分析的启动阶段，主要面向战术决策层。该模型重视情报需求分析，从竞争情报部门及人员开展工作的视角提出了关键情报课题的概念（Herring，1999）。

（2）用户驱动的过程模型

这是一个从 Herring 模型调整而来的、侧重"用户驱动的竞争情报—策划价值定位"的模型。该模型背景是企业处于 20 世纪 80 年代后期，情报工作重点是解决应用成功和失败问题。其改进之处在于：纳入决策者信任机制和共同的生产、传播、执行的环节，来实现情报价值链高端环节的增值（Prescott，2003）。

（3）面向知识管理与决策过程模型

这是一个在 Herring 模型基础上调整而来的、面向知识管理战略的竞争情报过程模型。该模型的背景是企业实施知识管理，面向高层决策服务。其改进之处在于：纳入了情报整合者和情报知识控制者以及知识服务机制，以解决竞争情报服务于企业的知识获取、共享、应用和创新等活动，实现情报价值链各环节全面提升（Rosenkrans，1998）。

2. 国内竞争情报过程模型

国内竞争情报价值链模型是基于 Herring 模型改进而来。包昌火等（2004）对竞争情报价值链作了较详细的表述，其主要强调数据—信息—知识—情报—决策—结论。陈峰（2003）对经典竞争情报过程模型进行了细化，指出了决策者获取竞争情报的途径。其他国内学者大都基于该框架，对电子商务环境和动态环境下的价值链特点进行分析（宋文官，2006；刘冰，2007）。鲍杰（2006）提出了基于知识管理的企业竞争情报过程模型。

综上所述，已有研究从不同角度深化了对竞争情报过程的认识，但是始终围绕竞争情报价值链实现的视角，并且主要是在 Herring 模型的拓展上，如加了一些组织因素，而对竞争情报循环的认知过程和任务情境关注的较少。因此，需要从情报认知层面和组织认知层面对竞争情报过程模型进行重新诠释。

二 基于意义构建理论的竞争情报分析过程

分析是竞争情报过程价值链的高端部分，竞争情报过程执行得成功与否的关键之一在于情报能否被有效地释义和理解。理论研究和实践表明：竞争情报实践的主要困难在于参与者对竞争情报存在较大程度的感知和操作障碍（Rouibah，2008）。对竞争情报不愿采纳或者竞争情报实施后却不能产生绩效的原因在于两个方面，一方面是由于文化传统以及管理者的能力特质等因素的制约，另一方面主要是因为竞争情报循环过程的复杂性。理论和实践研究结果显示：一些管理层不是不想进行竞争情报的实践活动，而是很多情况下陷入海量信息中而不知如何识别有用的信息，对一些细微的、支离破碎的、模糊的战略相关信息感知不到它们的重要性而没有及时和有效处理（Blanco，2003）。这些信息被称为竞争情报中的弱信号。因此，如何理解竞争情报中的弱信号以及理解决策者的认知过程是理解竞争情报过程模型的前提与基础。

1. 竞争情报包含弱信号（Weak signal）管理问题

竞争情报关注的是用于支持发现机会和威胁的所有有用类型的信息。而这些信息中除了含有强信号外，还存在着大量的不易觉察的"弱信号"。Ansoff（2005）最早提出商业情报中弱信号的概念，即弱信号是关于外部环境变化的不确定的、难以理解和观察到的、不完整的信息和迹象。本质而言，强信号与弱信号是按照所揭示趋势的信息量的大小而划分的。强信号是一个告知事情已经发生或者确认一个决策的信息，弱信号只是进展中的部分信息，具有模糊性、不确定性、破碎性、貌似不相关性、有预见的、噪音污染性等。弱信号对于竞争情报实践具有重要价值。Heil（1991）将商业情报定义为系统的定向、搜集、传递和转换相关弱信号成为可行动的决策支持信息的战略管理工具，并认为检测弱信号有利于达到对竞争环境的理解。Kerfoot（2004）认为弱信号的价值在于预示危机、警示企业，识别弱信号应作为管理者的主要工作。根据多项调研：80%高层主管存在对弱信号及竞争情报感知的障碍，这造成了竞争情报工作难以执行、经理缺乏该情报应用能力等问题。弱信号可以促进知识发现与知识交流以及使得信号发出者在竞争中获得收益等（赵小康，2009）。

由于弱信号的复杂性，使得其与强信号相比，在获取、处理、分析等过程中更为复杂。如：强信号可以通过被动方式从商业传言、销售报告、趋势分析和技术预测中获取（沈固朝，2009），而弱信号由于其复杂性以及在实践中的无法预知性，需要围绕特殊关注的问题，从多个情报源里面运用假设及推理方法来努力地进行捕捉、辨识和管理，充分利用群体智慧对其理解和利用。这实质是采用意义构建的方式对竞争情报中的弱信号进行解释。显然，这要求竞争情报循环过程将意义构建纳入考虑。对弱信号的解释是战略决策中的重要任务，但是关于管理者如何利用弱信号进行解释、识别机会和威胁是一个竞争情报学和组织行为学需要共同深入探索的重要课题。

2. 基于合作式意义建构的企业竞争情报分析过程模型

竞争情报的分析是 CI 的核心和增值部分，竞争情报应用成功与否的关键因素之一在于对情报信息是否能进行有效的释义和理解。从认知理论看，竞争情报分析的本质是合作式意义建构的过程。

（1）竞争情报分析是意义构建的过程。尽管不同学科领域的不同学者给出的定义有所不同，但最根本的理解是将意义构建视为人们给一个发生的事件赋予意义（即释义）的过程。关于意义构建的基础理论主要有三种：其一是传播学者 Dervin 的方法论层次的意义构建理论；其二是资讯科学领域，如全球人机互动社群每年定期举办的意义建构工作坊，从资讯搜寻角度讨论意义建构；其三是 Lacoff 与 Johnson 的实用层次的意义构建理论。Dervin 理论的核心内容是信息不连续性、人的主体性以及情境对信息渠道和信息内容选择的影响（Dervin, 1999；Dervin, 2003）。此后，诸多学者在此基础理论上深入拓展。从图情学的角度分析，意义建构被视为针对所收集到的信息进行再现以使分析者感知到资讯的结构、形式与内容的过程（Russell & Pirolli, 2009）。可见，面向竞争情报分析的意义建构主要是搜集竞争环境和对手的各种信息尤其是对弱信号进行解释和释义的过程。

（2）竞争情报是一个合作式意义构建的过程。它不仅需要个人认知世界的方法和行动，也需要组织其他成员一起建构意义。面向竞争情报分析的合作意义建构，目的在于团体协力搜寻与创造一个共享的描述以完成共同任务，也就是进行有效的知识共享和沟通交流，达到对环境的一致的理解，以便能提高战略决策的效率（Wu, 2009）。在这个过程中，先是个人的意义构建行为（搜集、评估、过滤等），接着是个体意义构建行为融入到团体意义构建行为中，即团体层面的信息整合、个人知识结构被团体知识结构修整和优化（同化和顺应）、团体意见的形成等。合作式意义构建发生在个体、群体、组织三个层面。

（3）面向竞争情报分析的意义构建是一个处于非结构化情境的复杂认知过程。由于组织内外部环境具有高度复杂性和变化性，各种事件形成错综复杂的联系，这种意义构建是一个复杂的推理启发式的过程，在信息不完备的条件下其本质上是一种半结构化和非结构化的决策问题。同时由于这是一个多主体参与的项目，因而竞争情报各环节的参与者，尤其是意义建构团队，面临着如何在动态变化的环境下有效快速地执行相应的搜集、处理、释义的任务（Markulis & Strang, 2001）。

三 认知观下的竞争情报过程模型重构

目前，情报学研究范式从系统驱动向用户驱动再向认知方向发展。现行的情报认知观主要是源于早期的德梅认知观与以福尔曼为代表的社会认知观的融合。国内外情报认知观主要关注：情报分析的认知过程、情报信号意义构建、基于认知观的信息检索、情报过程参加者的认知结构、信息行为、人机交互过程、情境与影响因素、多元表示、情报的用户需求和利用、情报使用中的意义建构等。我们以此为指导，结合企业竞争情报的问题，对企业竞争情报过程模型进行重构。

基于上述情报认知观，我们侧重关注竞争情报循环各个过程的认知过程，围绕下述思路重构了竞争情报过程模型（如图 2-1 所示）。CI 循环过程是一个由规划与定向、采集与处理、基于合作式意义构建

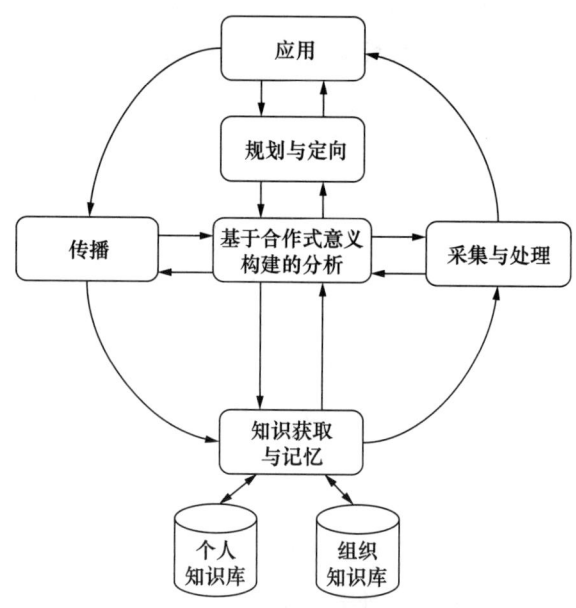

图 2-1 修正后的竞争情报循环过程模型

的分析、应用、传播和知识获取与记忆等过程组成的网络图。第一，CI 循环过程起始于规划与定向环节，主要是在识别用户情报需求的基础上，进行信息任务的规划和相应资源的分配。第二，将可供选择的情报源进行采集与处理的相关工作。第三，搜集的信息用合作式意义建构的方式进行分析，即通过群体合作方式对所搜集的处理过的竞争活动相关信息进行融合和解释，以达到了解并诠释竞争环境在发生什么，并决定如何应对的目的。第四，合作式意义建构的结果通过意义给赋（sense giving）传递至其他成员，以实现组织内部的共享。第五，将竞争情报应用于决策者的决策中，并推动决策结构的实现。值得注意的是，从竞争情报应用指向规划的连接使得该过程构成了一个完整的循环。与以往不同的是：CI 的规划与定向、采集与处理、传播和基于合作式意义构建的分析等过程都需要依赖一个知识记忆模块来执行，这是因为这些过程由参与者依赖自身的知识结构、心智模型等执行相应的 CI 过程任务，同时将每次执行后获得的经验知识存入个人和公共知识库中。同时，还应该注意到，基于合作式意义建构的分析与 CI 的规划与定向、采集与处理、传播等过程存在相互作用机制，即存在信息知识流的交互，基于合作式构建的分析过程对这些过程起着重要的支持作用。

与以往模型相比，新模型改进了以下几方面。（1）阐明了弱信号与竞争情报内涵及过程的关系；（2）运用意义构建理论重新诠释 CI 分析环节；（3）充分考虑决策的认知过程及其影响因素；（4）突破线性关系，构建网络图以建立竞争情报过程各环节交互的空间关系模型，以阐明各环节要素的交互机制；（5）置于企业情境下考虑 CI 过程模型，即将企业竞争情报系统看成是合作式情报系统，不是个体情报行为的简单组合，该思想贯穿 CI 各过程。

第二节　企业竞争情报系统是什么

一　仿生理论下的企业竞争情报系统

如图 2-2 所示，神经系统是人体起主导作用的功能调节系统，使机体适应变化的外界环境。它分为中枢神经（高级中枢脑、低级中枢脊髓）及其外周神经（脑神经、脊神经等）两大部分。大脑具有感觉、运动、语言等多种生命活动功能区——神经中枢。脊髓是脑与躯干、内脏之间的联系通道，能对身体内外刺激产生反应，并将对这些刺激的反应传导到大脑。脊神经与脑神经分别分布在躯干、四肢和头部的感觉器官，脑和脊髓还有通向内脏器官的神经（坎贝尔，2006）。

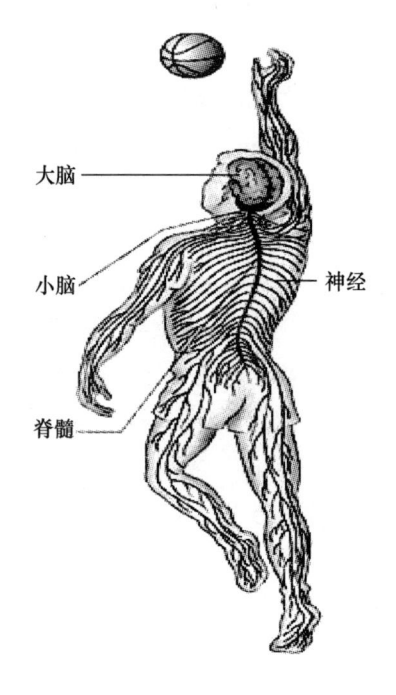

图 2-2 人体神经系统

根据西蒙的决策理论以及生物神经系统理论（西蒙，2007）[①]，企业系统可以分成两大部分：(1) 决策系统和企业竞争情报系统一起构成企业神经系统，二者相辅相成、不可分割。其中，决策系统类似大脑之类的高级中枢系统，主要负责思考、判断和决策，在组织中起

[①] 西蒙以及管理学派所说的决策是指广义的概念，包括情报活动、设计、选择和实施，而情报学以及本书所说的决策是指狭义的概念，包括广义决策过程的后三个部分。

着最高的驾驭能力。情报系统为决策系统提供情报的支持，而决策系统必须依靠信息情报系统的支持来工作。(2) 业务功能系统类似人体功能器官。它包括财务、研发、生产、销售等业务系统，负责各种业务功能的执行。

　　生物系统的各种功能不是各自孤立地进行的，而是在神经系统的直接或间接调节控制下，互相联系、相互影响、密切配合。企业系统工作机制与此类似。首先，竞争情报系统搜集各种信息，经过处理后形成情报传递给决策系统。其次，决策的指令通过信息情报系统传递给各职能部门（各个器官的终端神经元）执行。再次，决策系统和各业务系统之间的沟通与协调必须通过竞争情报系统来实现。当企业所处的环境发生变化，这也需要竞争情报系统对其感知，进而对各种业务功能不断进行迅速而完善的调整，使企业适应内外环境的变化。如图2-3所示。

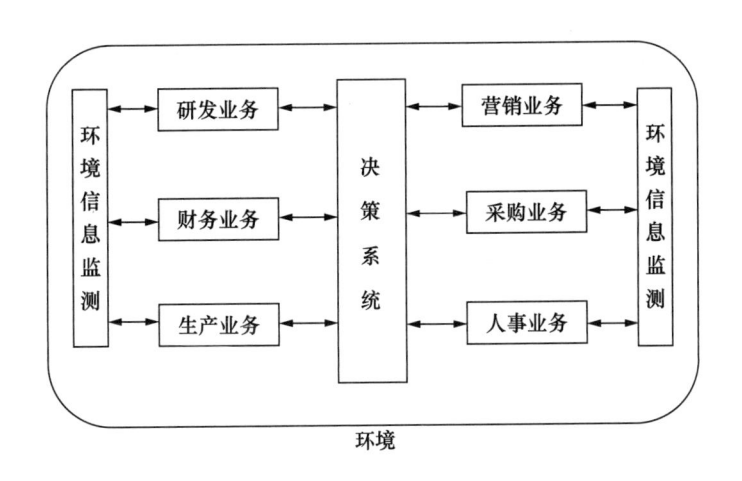

图2-3　竞争情报决策系统与业务系统的关系

　　企业竞争情报系统与生物神经系统的相似性主要包括以下三个方面：

1. 二者都具有外部环境感知和响应能力

　　国际竞争情报协会认为：企业竞争情报系统是一个持续演化中的正规和非正规化操作流程相结合的企业管理子系统，其功能是为组织成员评估行业关键发展趋势、把握产业结构的进化、跟踪正在出现的连续性与非连续性变化，以及为分析现有和潜在竞争对手的能力和动向提供支持，从而协助企业保持和发展可持续性的竞争优势。包昌火认为：竞争情报是现代企业经营管理的智囊系统，是企业领导集团的重要参谋部；它是企业感知外部环境变化的预警系统，能帮助企业及时洞悉政治的、经济的、社会的、市场的变化以及这些变化对企业可能构成的威胁和机遇；它也是企业为适应外部环境变化而做出战略决策和竞争策略的支持系统，能为企业的竞争决策提供依据和论证（包昌火等，2001）。比尔·盖茨（1999）认为：一个企业需要这种类型的神经系统——平稳和有效地运行的能力，对紧急情况和机会做出快速反应的能力，快速地为公司内部需要它的人提供有价值信息的能力，快速做出决策和与客户打交道的能力。这个数字神经系统由数字过程组成，这些过程使得一家企业能迅速感知其环境并做出反应、察觉竞争者的挑战和客户的需求，然后及时反应。

2. 二者都具有相似的运行机制

以手指受到针刺缩手过程的条件反射为例，解释生物神经机制：（1）感受器（手指）接受刺激并产生神经冲动，然后神经冲动由传入神经传导到神经中枢（脊髓）；（2）神经中枢接收神经冲动，产生新的神经冲动（即做指令）；（3）传出神经再将来自神经中枢的神经冲动传至效应器（使手回缩的肌肉）；（4）效应器接收神经冲动并做反应，产生缩手动作。需要注意的是：高级神经活动还需要在大脑皮层参与下完成。可见，神经系统工作的实质是信息的获取、转换、传递、分析和执行。

单个企业竞争情报系统的运行机制可以用图 2-4 表示。一个开放的复杂系统中，企业个体类似于一个智能体，它能够通过感知器获得大量的竞争环境信息并对其进行转换（感受器的感知、信息处理），对环境变化进行加工、评估、预测、解释（低级中枢神经的局部综合分析，高级中枢神经的全局综合分析），形成对环境应对的决策规划与指令（中枢神经的决策指令），最后实施这些决策指令（效应器的反应）。通过上述步骤，达到企业智能体对动态环境的快速响应和适应。由此可见，企业感知和响应环境也是依靠一种动态的、连续的运行机制：（1）都是由连续的、衔接一致的环节组成，各环节相互依赖、相辅相成；（2）包含信号、信息的获取、处理、分析的信息处理链这一主要部分；（3）决策指令的形成、决策结果的执行是不可或缺的环节，是信息处理链的最终价值实现所在（宋新平，2009）。

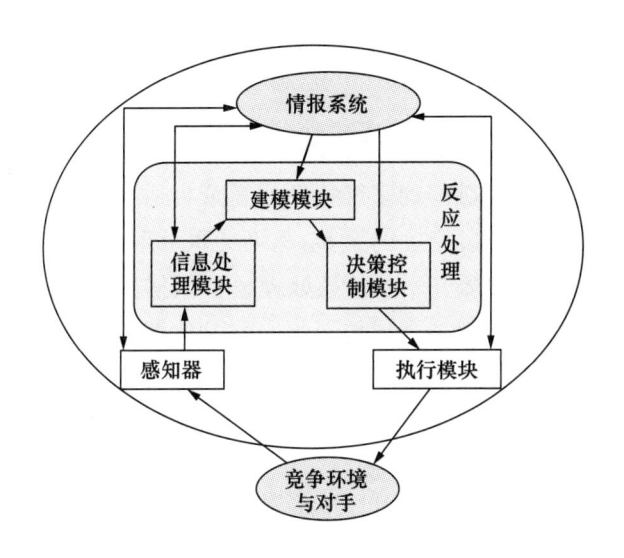

图 2-4　单个企业竞争情报系统的运行机制

3. 二者都具有分布—集中控制机制、学习机制、记忆机制、动态机制

分布性与集中性的结合使得生物神经系统对变化响应具有更强的鲁棒性，同时其记忆和学习机制赋予人类很强的适应外界环境变化的能力，尤其是高级神经中枢成为驾驭人体其他系统的关键。而企业竞争情报系统天生地嵌入在组织系统中，具有分布—集中的信息管理机制，其工作模式也是动态性的，也随着外部环境的动态变化，不断地从静态信息链的机制向动态机制演化，并且信息管理的组织结构和功能也不断优化和调整。企业竞争情报系统和决策系统特有的很强学习机制和记忆机制也使得整个企业系统在动态多变的环境中具有很强的适应性和生命力（王泽军，2011）。

二　组织理论下的企业竞争情报系统

组织理论学派早在 20 世纪 70 年代就提出了组织信息处理理论。

该理论认为：组织在创新过程中的信息流很大程度上受到组织信息处理的约束或支持。第一种观点认为：在确定的充分认知的决策环境下，组织进行信息处理的目的是降低不确定性，其主要关注信息量（Galbraith，1973）。第二种观点假设组织处于不明确和缺乏认知的决策环境中，对问题认识不清楚，所以需要通过信息处理形成共享的解释来解决问题，即为了降低模糊性（Weick，1984；Weick，1995），其主要关注信息的丰裕性。

后来，组织理论学派提出了组织解释系统的理论。该派理论认为：组织是一个具有破碎的多维特性的复杂自适应系统，其复杂程度在于提出的9级系统复杂度的第8、9级（Bouldling，1956；Schneider et al.，2006）。其本质并不是信息处理模型能捕获的，而更应该包括对环境信息的解释，这一功能使得组织与其他低级系统相区别。包含四个假设：（1）组织是一个能够处理环境信息的开放社会系统；（2）组织解释过程发生在超越个人层面，具有认知和记忆系统功能；（3）战略管理者形成组织解释；（4）组织的解释模式和能力有差异。Choo（2001，2002）认为一个企业的重要目标是对外部环境的信息加以处理和解释。解释的过程包含事件翻译、开发理解模型、产生意义、汇聚关键管理人员的概念方案等。这就暗示着具有对弱信号放大和在细枝末节上搜索情境的任务。解释系统的核心是组织的合作式意义构建，这是一个以释义为核心的创造性和搜集性过程，是面临感知和响应竞争环境任务的个体意义构建行为涌现，通过这个过程组织可以达到组织协作及知识共享，以形成并分享对外部环境的较一致理解。

比尔·盖茨（1999）认为：数字神经系统需要硬件和软件的结合，它不仅由计算机网络组成，不同之处在于它提供给信息处理员精确、及时和丰富的信息，以及这些信息带来的可能的洞察力和协作能力。仅仅依赖计算机硬件及计算机管理信息处理等硬系统是无法实现环境的感知和响应的，而必须依赖人对信息的理解、洞察和执行。

陈飓（2006）认为CIO的使命是负责内部的信息共享与沟通和外部竞争环境信息的搜集与处理，并认为竞争情报系统是一种信息管理机制。

归纳上述组织管理学派对企业竞争情报的理解为三个方面：（1）除了信息处理，企业竞争情报系统还承担了信息释义功能。这个功能涉及更多的个体和组织认知问题，从而使得该系统与计算机信息处理系统（如 ERP 等）功能相互区别且显得更加复杂。（2）除了负责感知和响应竞争环境和竞争对手等信息的外部功能，企业竞争情报系统还负责对内功能，即各系统内部、系统之间、系统与环境之间的信息沟通、协调与管理。（3）企业竞争情报系统是一个内部子功能之间、内外功能之间平衡的系统。传统的竞争情报理论过于强调竞争情报的外部功能以及战略支持的功能。但是上述组织理论给我们的启发是，对内功能是实现外部功能的前提和基础。同时，实践表明，竞争不仅仅发生在战略层面，也更多地发生在战术层面。因此，战术需要应该与战略需要一起构成竞争情报应用的全部，二者之间需要保持一种有机的、动态的平衡（Miree et al.，2002）。

概括而言，企业竞争情报系统本质是一个对内保证信息沟通与传递、对外承担外部环境的感知与响应、承担信息处理和释义功能的企业管理子系统。

三　企业竞争情报系统与其他系统之间的关系

传统管理将企业管理职能分为计划、组织、指挥、协调和控制。随着知识信息活动已成为现代企业的最基本活动，相应的情报成为一项非常重要的职能。我们必须以新的视角审视企业竞争情报与其他组织系统之间的关系。

1. 企业竞争情报系统与组织系统之间的关系

企业存在三个系统，即组织业务系统、组织系统内的竞争（信息）情报系统，以及该系统内的计算机信息处理系统。其中，前两个系统是人主导的软系统，而第三个系统是机器主导的硬系统，它们都是企业管理控制的对象。

按照 Proper（2004）的观点，整个企业的运行是通过三者密切关联、协同运行、层次驾驭的机制来实现的。并且这三个系统必须在战略、管控和操作三个层次协调下一级系统与上一级系统之间的行为，这种匹配需要对三个层次系统的有效运行和所有部门的有效协调才能实现。如图 2-5 所示。

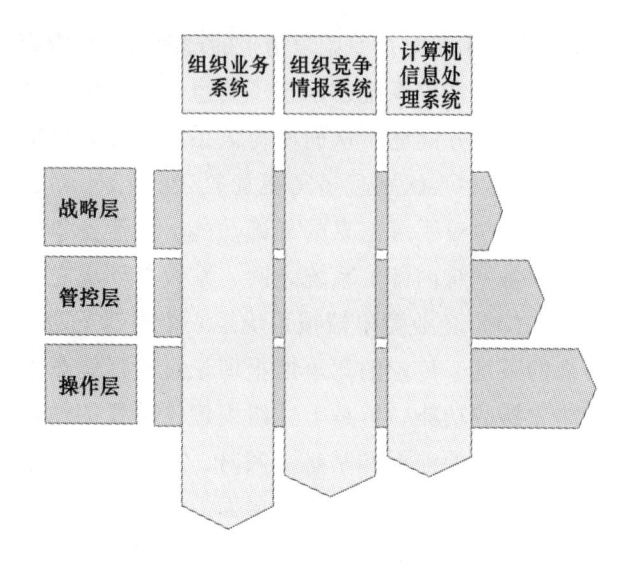

图 2-5　企业三个系统在三个层次的协同

2. 企业竞争情报系统与管理控制系统的关系

现代组织学派在设计组织的时候（Galbraith，1973），也将信息流作为组织结构的一部分加以考虑。现有的管理控制理论，按照职能将管理控制系统分为营销、研发、生产、财务等业务职能系统，并没将"信息情报管理"单独定义，但是在控制机制中提到了"信息沟通机制"。可见，企业竞争情报是一个先天嵌入组织的管理系统。组织学派的实质是把竞争情报视为"固化在组织结构和各业务流程中的机制"，是依附在或者镶嵌在职能管理控制系统的一项职能。随着对竞争情报理论认识和实践的深入，情报这个依附于其他业务的"功能"趋于独立。但是，由于信息情报与业务的不可分割性，它始终没有与各业务职能管理系统占据并行地位，而是以相对独立与嵌入混合的形态存在。如图 2-6 所示：一方面，它可以以专门"情报中心职能"的名义出现，即"相对独立形态"或"松散耦合态"。另一方面，它主要分散地嵌入于各业务职能系统，即"嵌入形态"或"紧密耦合态"。耦合的程度取决于企业战略目标、管理控制系统、文化等具体状况。

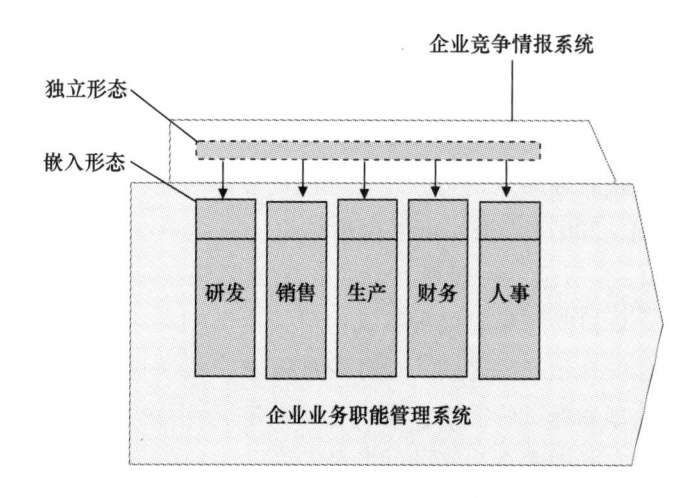

图 2-6　企业竞争情报系统与各业务职能管理系统的关系

四　企业竞争情报系统是一个复杂系统

如何驾驭竞争情报这一复杂系统，给学术界和实践界提出前所未有的挑战。这要求我们从系统与环境的视角来深层次把握。企业竞争情报系统是与竞争环境及对手信息应用过程相关联的、涉及企业内外诸多要素的有机整体，本质上是复杂自适应性系统（成思危，1999；吴晓伟，2006）。

与计算机管理信息处理系统相比，企业竞争情报系统具有更加明显的复杂特性，主要表现在以下几个方面：（1）竞争情报系统是一个人主导的人机系统，更加强调员工的认知能力（如需要丰富的信息释义的知识与经验），以及更加复杂的组织管理协调性；（2）竞争情报系统与环境的关联性更加密切，开放性更强；（3）竞争情报系统所承担的复杂释义功能具有很大的不确定性、不可重复性、非结构性，使得计算机管理信息系统结构化的信息处理机制无法胜任；（4）竞争情报系统有着更加明显的系统动态演化和较强的路径依赖性，组织实施与变革更加复杂。因此，为了充分应对竞争情报这个被管理对象的复杂性，需要应用复杂系统的理论来对其进行深层次的认知和驾驭。

此外，企业竞争情报的复杂特性还表现在：竞争情报系统与企业内部其他系统之间的复杂关系。就组织系统、组织系统内的竞争情报系统，以及该系统内的计算机管理信息处理系统而言，在人主导的程度、程序化程度、不确定性等三方面依次降低，因此，三者的复杂程度逐步减少，而可控程度逐步增大。按照复杂系统理论，复杂对象必须由一个与被管控对象的复杂性相匹配的复杂度更高的复杂系统来驾驭（盛昭瀚，2007）。据此可以得出结论，三个系统形成分层次的驾驭，如图2-5所示。一般而言，业务处理系统是最复杂的和最难以管控的，计算机管理信息处理系统的可控程度较高，而竞争情报的复杂和可控程度介于二者之间。业务管理需求在很大程度上决定着人主导的信息处理和释义的需求，而后者又决定了计算机管理信息处理的需求。目前实践中表现出来的问题是：企业重视信息化建设而忽略信息资源建设，以及竞争情报应用水平滞后于管理信息系统的应用水平。该问题恰好说明：竞争情报系统实施的复杂性和难度远大于计算机管理信息处理系统。

第三节 企业竞争情报组织实施机理

一 管理控制理论

1. 管理控制的概念与特征

企业是一个复杂的耦合运行的人造系统，是为了达到目标、由许多关联的要素组成的集合体。这样，有必要对企业的活动及其过程实施控制。为此，所有的企业都要实施管理控制。

管理控制是决定落实战略的过程（安东尼，2004），其任务是通过调节、沟通与合作使个别的、分散的行动整合统一起来追求短期或者长期目标。管理控制的功能是展出被控对象的实际状态与预期目标之间的差距。管理控制行为包括多种行为，主要有策划企业应该做什么；协调企业多个部门的行为；传递信息、品评；决定应该采取什么行动；影响人们去改变行为。

2. 管理控制与战略形成、任务控制的关系

组织是为了达到共同目标（如利润）而一起工作的一群人。为了确保目标实现，高层经理团队需要决定组织的战略。首先，即形成实

现组织目标的计划（企业战略）。其次，各部门经理会制定更加详细的战略以细化这些目标。再次，需要经理们对员工进行协调与指导，以落实战略的实施。最后，员工按照规则完成所分配的任务。由此可见，企业包含三个计划与控制职能，即战略形成、管理控制、任务控制（安东尼，2004）。三者之间的关系如图2-7所示。战略描述了企业最基本的目标导向，它引导着组织采取各种方式去实现目标。战略规划是决定企业目标和实现这些目标的计划，本质是一个新战略决定的过程。而管理控制是决定如何落实战略的过程，是落实战略的重要工具。任务控制是保证任务有效完成的过程。它与管理控制的区别在于：前者重点在于组织单元的特定任务，程序性强；后者同大范围的行为类型相关，需要在总体战略约束下做判断和决策，决策是半结构化。完成这些任务所要遵循的规划（规则）被描述为管理控制的一部分（安东尼，2004）。

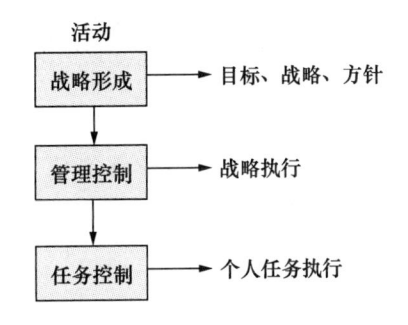

图2-7 管理控制与战略形成、任务控制的关系

3. 管理控制系统

为实施竞争情报管理控制的、互相关联的组织和机制被称为管理控制系统。管理控制系统没有统一模式，但是有多种形式。尽管不同企业的管理控制系统各异，但是系统均由正式和非正式系统组成。正式系统是通过组织正式的结构或者层次系统来贯彻政策和程序来运行的。非正式的系统是通过正式系统外的途径，突破某一相关组织的界限进行人机接触和相互作用来运行，是由人与人之间的关系决定的。一个良好的企业管理控制系统，需要形成正式与非正式两方面相互支

持、相互协调的框架，以有效地应付不断变化的环境的挑战（安东尼，2004）。

为了有效地运作，任何企业都需要设计和建立管理控制系统，其差别不在于有没有，而在于设计和建立得好不好。因此，如何设计管理控制系统对于企业的健康运作至关重要。管理控制系统的设计需要考虑以下原则：管理控制系统与战略系统的协同性，管理控制系统的适应性和创造性，正式系统与非正式系统的平衡性，管理控制系统对人行为的影响和控制的有效性等。

二　管控理论下的竞争情报控制层次理论

1. 管理控制在企业竞争情报系统中的引入

传统的竞争情报理论给出了企业竞争情报系统模型，如国内外经典的集组织、流程、技术、决策、文化为一体的世界级架构，其指明了情报系统目标、情报流程以及组织实施所依赖的网络基础设施（包昌火，2001；谢新洲，2001；吴晓伟，2006）。其局限性在于从静态视角阐明系统的构成要素，而对组织实施内部机制机理尚未探明。

传统管理控制理论对企业情报系统研究的局限性在于：沿着理性设计的思路，根据环境、组织和人的变化，围绕目标设定、信息获取和控制机制而追求整体系统的优化，始终将竞争情报系统作为依附于业务的非独立的系统，对竞争情报系统的复杂性以及设计与优化也没有引起充分重视。究其原因，主要源于竞争情报与决策都属于复杂的认知问题。由此带来诸多问题：一方面，关于竞争情报的理论认知和实践操作都滞后于其他业务管理控制系统的认知；另一方面，随着组织和环境变得日趋复杂，动态环境下决策系统对竞争情报系统提出了更高要求。显然，以嵌入的形式进行竞争情报职能及流程控制不能满足需要。

美国竞争情报从业者协会前主席约翰·普莱斯特认为企业竞争情报系统是一个正式与非正式流程相结合的企业管理子系统，而其他一些国外研究隐含了"竞争情报是企业管理控制系统"的思想。例如，Savioz（2004）认为技术情报是一个需要设计的管理系统。Lichtenthaler（2004）认为技术情报过程包含了结构化机制、特定问题和项目驱动的混合机制，及非正式机制。Nosella（2008）指出：不同企业的技术情报过程不同，本质在于其系统化特点不同。受此启发，我们认为管理控制理论可以从源头上阐明竞争情报系统的组织实施机理。因此，应将管理控制理论引入竞争情报理论中。

2. 竞争情报管理控制的三个层次

为了确保战略目标的有效实施，不仅需要通过管理控制三个层次对业务活动进行控制，也有必要对竞争情报的活动及其过程实施控制（安东尼，2004）。与管理控制的三个层次所对应，竞争情报控制分别包含整体战略层次、管理控制层次、任务控制层次。如图2-8所示。

（1）竞争情报战略层次

它是指竞争情报的使命与目标。情报使命是企业运营中所应担当的角色和责任，目标是情报活动所期望的成果，它们定义了情报的目的以及所要求的系统输出。

企业竞争情报的使命是竞争情报系统在企业运营中所应担当的角色和责任，企业竞争情报的目标是竞争情报系统运行所要达到的预期状态。例如，技术情报的使命与目标有：提供外部环境的预警、评估新产品、理解竞争环境中的科学技术的变化趋势、扩大技术业务、发现技术环境中的机会等（Ashton，1991）。市场营销情报的使命与目标有：营销战略制定、预测变革、市场监控、识别市场机会、赢得客户、识别优势源泉、制订营销计划等（Jenster，2010）。

任何一个组织都有战略，也必然有相应的情报使命与目标。区别不在于有没有，而在于其与战略的关联程度、知晓程度和管理实施程度，是关联程度很高、明确被表述的、有意识的实施，还是关联程度很低、隐含的、模糊的实施。而对于情报目标，几乎很少被明确地表述出来，很多时候甚至是隐含在企业业务实践中，或者在业务目标中附带着情报相关的目标及任务。这解释了，实践中不少企业尤其是中小企业看似没有情报的使命和目标。

（2）竞争情报管理控制层次

它是指落实竞争情报的使命和目标的过程，是通过管理人员的调节促使企业内的部门和个人的分散的情报行动整合统一起来落实竞争情报战略。竞争情报管控系统是指为实施竞争情报管理控制的、互相关联的组织和机制等要素总和。如同管理控制系统一样，任何企业也都天生地存在情报管理控制系统，区别不在于有没有，而在于设计和实施得好不好，有意识、主动地设计还是无意识、模糊地设计和实施。可以说，每一个企业都或多或少地、从企业建立之初就具有某种自觉不自觉搜集、处理竞争情报的行为（陈飒，2010）。这一看法与本书观点吻合。

（3）竞争情报任务控制层次

它是保证竞争情报任务有效完成的过程。完成这些任务需要遵循的规则被描述为管理控制过程的一部分，一些任务的控制要按照规划要求来完成，而有些任务并不是常规性的，无法通过一定规则来实现。

3. 三个层次的运行机理

一般而言，竞争情报的三个层次控制是通过嵌入或独立的形式在业务管理的三个层次实现的。然而，中国情境下，大多数企业是嵌入式地执行。首先，为了配合战略目标，形成了各业务战略目标，如市场份额扩大的市场战略、技术领先的技术战略等，而在战略形成的过程中，自然而然地显性地或者隐性地形成了用以支持各业务战略的 CI 使命与目标。值得注意的是，有的时候它与业务战略目标融合，而未必以明确的形式表述出来。其次，为了支持该业务战略及对其支持的 CI 目标，各业务的管理控制系统也衍生出对其依附性极强的竞争情报管理控制功能。最后，在执行各业务的具体任务的时候，也显性地或者隐性地伴随着竞争情报任务的执行。如图 2-8 所示。

以市场营销与销售业务为例，企业战略分解细化为较明确的市场战略，进而通过营销销售管理控制对销售部门及销售员工加以调节和控制，以保证营销活动的最优效果。销售员工按照一定规则执行具体的业务活动。为了配合战略的要求，竞争情报是通过 CI 使命与目标的形成、CI 管理控制的实施和 CI 任务控制的实施等三个层次控制来实现的。具体如表 2-1 所示。对于战略层面，为了支持市场份额扩大的目标，选择竞争对手信息每周监控；对于管控层面，加大竞争对手信息监控的预算；对于任务层面，加强观察和记录对手网站的次数。

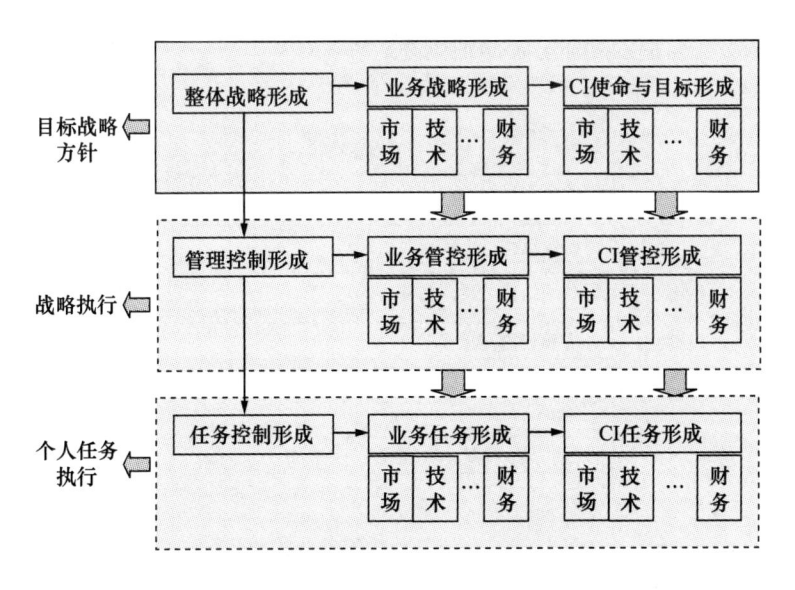

图 2-8 组织的竞争情报实施框架

表 2-1　　　　　营销销售管理控制举例

	战略实施过程举例	竞争情报实施过程举例	
战略层面	扩大市场份额	市场情报监控目标和方式确定	对竞争对手信息每周监控的目标
管理控制层面	增大广告预算、增加销售渠道、降低价格	加强和确定促销、渠道、价格、品牌等信息活动的安排策略	加大对竞争对手信息监控的预算、人力
任务层面	预定广告时间，联系新的销售渠道	选择信息源，搜集与处理方式，并执行	增加观察和记录对手网站的次数

三　管控理论下的竞争情报系统构成

根据管控理论（安东尼，2004），本书给出了企业竞争情报系统构成模型，如图 2-9 所示。这种构成模型的构成要素与传统竞争情报理论模型中的要素几乎一致，但是有所系统化和拓展。图中上面的大框是竞争情报管理控制系统，下面的大框是竞争情报循环过程。其中，竞争情报运行系统从下到上包含了四个层次，即竞争情报支撑设施与工具、竞争情报基础结构、竞争情报运行机制和竞争情报的使命与目标。下面仅对前三者详细阐述。

```
┌─────────────────────────────────┐
│         CI管理控制              │
│  ┌───────────────────────────┐  │
│  │      CI使命与目标         │  │
│  └───────────────────────────┘  │
│  ┌───────────────────────────┐  │
│  │  CI运行机制（正式与非正式）│  │
│  └───────────────────────────┘  │
│  ┌───────────────────────────┐  │
│  │  CI基础结构（正式与非正式）│  │
│  └───────────────────────────┘  │
│  ┌───────────────────────────┐  │
│  │    CI支撑设施与工具       │  │
│  └───────────────────────────┘  │
└─────────────────────────────────┘
┌─────────────────────────────────┐
│         CI循环过程              │
│  ┌────┬────┬────┬────┬────┐    │
│  │规划│搜集│处理│分析│传递│    │
│  └────┴────┴────┴────┴────┘    │
└─────────────────────────────────┘
```

图2-9　企业竞争情报系统构成模型

1. 支撑设施与工具

支撑设施与工具提供了竞争情报搜索、处理、分析与发布等过程所需要的数据基础、工具、方法、软件等，以及基础设施，从而为竞争情报循环过程提供了技术上的支持，提高了竞争情报过程的效率，缩短了情报工作的周期。

支撑设施与工具主要包括竞争情报运行所依托的企业计算信息处理和通信等基础设施（硬件、操作系统、Internet、Intranet、Extranet等）、数据基础（数据库、数据仓库和数据集市的关于本企业和竞争环境及对手的信息数据等）、业务管理信息系统（企业资源规划系统ERP、客户关系管理系统CRM、供应链管理系统SCM、技术管理支持计算系统等）、竞争情报监测、搜索、分析专用的技术工具、系统和方法（如网络搜索技术、文本组织与挖掘技术、内容管理技术、统计分析、数据挖掘、信息融合、协同工作技术、智能代理技术、可视化技术、决策分析支持软件等）等（谢新洲、包昌火，2001）。

2. 基础结构

基础结构提供了竞争情报系统运行的由人组成的载体。有正式与非正式组织结构之分。

正式的组织结构是竞争情报系统的组织保障和基础，它包括静态结构与动态机制模式。静态结构是实施竞争情报的主体，涉及竞争的职能规划、职能设置和情报人员岗位设计等方面。动态机制是指为支持情报任务的完成，组织结构动态运行的规则和机理等。谢新洲（2004）将竞争情报动态机制模式分为完全集中、重点、集中分散式模式及混合模式等。此外，国外学者给出了更多模式的分类，如自上而下、自下而上等等（Jenster，2010）。实践中，企业竞争情报组织结构和运行机制的选择是由企业的情报需求和管理模式决定的。企业竞争情报多采用上述模式的部门的混合，即混合模式，以达到各种模式的扬长避短和运行机制的灵活性。

非正式组织结构主要指社会（人际）网络。社会网络是社会资本的载体，也是人际情报活动的重要载体之一。情报的社会网络分为：企业家的社会网络、情报人员的社会网络和企业的社会网络。与企业家个人关系网络不同，企业社会关系网络是企业之间社会关系网络的互动，伴随着企业的成长过程逐渐形成的。

社会网络作为非正式组织结构的主要构成，即竞争情报理论中所说的人际情报网络。它是由某些个体（个人、组织等）间的社会关系构成的相对稳定的系统，也是一种重要的非正式组织。社会网络包括企业内部的社会网络和企业外部的社会网络。内部社会网络包括内部员工、内部会议、内部研讨、聚会。外部社会网络包括专家网络（咨询公司、高校、科研机构、信息服务机构）、公共网络（政府部门、行业协会、商会、广告机构）、市场网络（供应商、经销商、零售商、客户）等。

3. 运行机制

运行机制指明了系统要素之间的相互关系及作用机理。按照管理控制理论，竞争情报的管理控制机制分为正式和非正式系统。正式系统是通过组织正式的结构或者层次系统来贯彻政策和程序运行的。非正式的系统是通过正式系统外的途径，在突破某一相关组织的界限进行人机接触和相互作用来运行，是由人与人之间的关系决定的（安东尼，2004）。由此可见，正式和非正式系统相辅相成，共同支持竞争情报的运行。

一方面，竞争情报系统可从正式系统获得支持，如情报的目标任务、工作流程、计划制订、强制员工实施、绩效评估、正式沟通和协调机制建立等。这些是企业竞争情报系统得以顺利运行的前提和基础。即使有些小企业的竞争情报系统运行在无意识的、模糊的状态，也会较小限度地、不可避免地使用正式组织结构（如兼职情报工作）、正式沟通方式、制度、会议等，无法真正地脱离正式管控的支持。

另一方面，非正式系统是正式系统的有效补充，它既有助于建立灵活的临时性模式，也能增强情报系统的适应性。这是由情报的先天特性所决定。首先，除了正式系统，情报更多的是依托非正式系统，即内外部社会网络，而后者显得更为重要。其次，运行过程更多地依赖个体行为和知识来实施。再次，由于运行过程伴随着隐性知识的转移与共享，而非正式控制方式，如非正式沟通（个别交谈）、非正式协调（信任）、非正式奖励（认可）等对其有重要影响。

四　管控理论下竞争情报实施机理

基于管理控制系统的实施机理（安东尼，2004），我们给出了竞争情报系统的实施机理（如图 2 - 10 所示）。首先，内外部环境对企业战略有着较大的影响。其次，战略层面因素直接影响业务及竞争情报的组织结构、管控机制、文化，而后三者相互影响员工行为；影响的结果直接体现在对竞争情报支持管理决策绩效的改变，最终可能间接反映在对企业绩效的影响上。

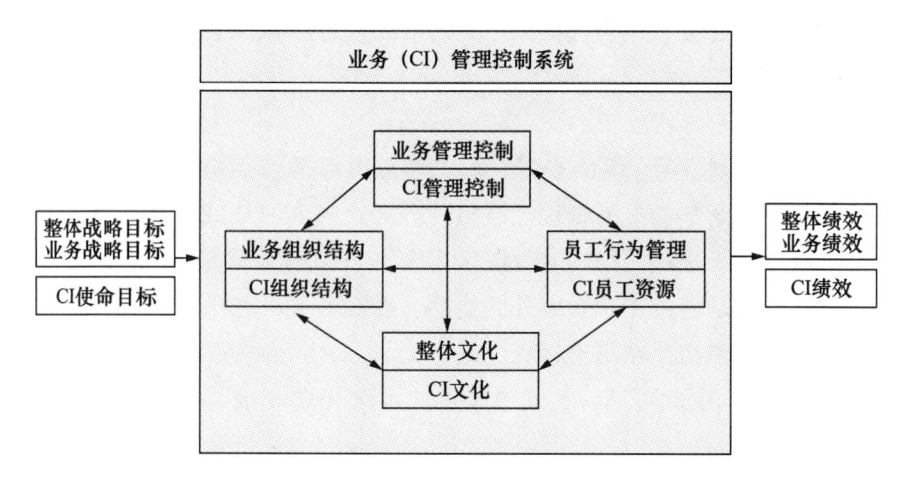

图 2 - 10　管控理论下的企业竞争情报的实施机理

值得注意的是：随着企业的不同，竞争情报与业务的耦合程度不同，竞争情报活动目标与业务目标的耦合独立程度也不同，被施加管理控制的程度也不同，最终对企业绩效的影响也不同。

第四节 企业应用竞争情报的组织行为

一 组织层面竞争情报应用行为

从组织行为学理论看，企业竞争情报应用是组织层面的实施过程。它是一个复杂的自适应过程，具有明显的复杂系统特性。该系统包括微观和宏观两个层次。

微观上看，企业竞争情报应用主体是由个体、群体、组织三个层面组成。这三个层面主体根据自身的情报应用需求得到激发后，而做出各种情报应用行为。组织应用竞争情报的行为的机制具体包括：(1) 企业个体均对情报活动有不同的认知、需求、动机等；(2) 企业个体是在特定的工作群体中，与他人协作配合来执行信息情报工作的；(3) 由于组织目标的约束力、企业内部的凝聚力以及企业与员工的共同价值观等因素，共同形成组织层面上的情报行为。具体而言，由于竞争情报职能覆盖于企业各部门和各职能，除了竞争情报专职部门、人员和企业管理决策层，营销、研发、生产、财务等职能部门都是基本的情报行为主体，这些个体以一定工作方式组成特定群体，然后形成一个情报应用的组织层面的共同体。

宏观上看，三个层次主体之间以及主体与环境之间的相互作用，在整体层面涌现出更为复杂的结构、现象和行为，即环境扫描系统。按照 Agilar（1967）的理解，将环境扫描系统分为从低到高的不同层次，即临时型、反应型、预警型、全局系统型（见表 2-2）。这本质上也是组织层面竞争情报行为模式的分类。

二 个体层面竞争情报应用行为

管理信息系统（MIS）属于复杂信息技术，下面以 MIS 与竞争情报的个体应用过程做一对比，以阐明竞争情报的个体应用行为。

表2-2 组织层面竞争情报行为模式分类

模式	描述	特点
临时型	是一种不定期、不正式的扫描模式，受到某些外部偶遇事件或者危机的驱使展开的临时性的、突击性的、补救性的活动，扫描范围限于特定环境，是一种面向特定事件的应急措施	被动性强，无目的，不系统
反应型	为了了解环境变化带给企业的影响，确定了扫描范围，扫描任务分解到各职能部门，不定期对一些问题进行研究	无预见、主动性和系统性较强
预警型	周期（定期）性地对外部环境进行局部扫描，如技术、市场或者行业环境	预见性强，局部为主
全局系统型	运用正规化的网络扫描系统和系统化的方法，连续地对整个外部环境扫描，希望在复杂多变环境中保持竞争优势	系统性、全面性和预见性强

1. 个体特性有所不同

（1）竞争情报应用过程中，组织中的个体角色更加多元化，包括情报用户（各层次的决策者）、搜集者、处理者、分析者、发布者等。而MIS应用只包括用户这类个体。

（2）用户应用的目的和过程不同。MIS用户主要是使用经过机器系统转换过的信息，以满足业务执行的需要，其任务主要是对战术层业务流程的自动化以及结构化决策任务的支持。而情报加工者是依靠以人脑主导的智能和机器辅助的处理方式进行信息的搜集与处理，形成情报知识产品，以知识共享方式传递给情报用户，而后者将情报与自身的知识、经验融入自身的决策过程，其任务主要是战术和战略层面的决策。

（3）个体应用的主动性和自觉性不同。企业计算机系统个人应用行为几乎都是被动的、强制的、由压力驱动的，而企业信息情报行为更多是主动的、自觉不自觉混合的。

还有，个体的认知性和普及性不同。企业个体可能由于主客观因素的制约而没有使用过或者听说过 MIS，而企业个体都或多或少听说甚至不自觉地参加情报行为。

2. 个体应用的层次类型不同

个人信息技术行为使用层次包括不使用、了解情况、准备使用、机械使用、常规使用、改进、集成、更新等（Davis & Venkatesh，1996）。与此类似，竞争情报行为也可以分为几种从低到高的层次，如 Aguilar（1967）将决策者搜集外部环境信息的模式从低到高分为4种类型：无目的观察（Undirected viewing）、条件化观察（Conditioned viewing）、非正式搜索（Informal search）和正规化搜索（Formal search）。不同监视模式主要取决于决策者的特质（教育背景、年龄、决策风格、竞争情报意识）、解决问题的重要性和迫切性，以及其他因素等。如表2-3所示。

表2-3　　　　　　　　个体层面竞争情报行为模式分类

模式	描述	特点
无目的观察	决策者暴露于信息环境中，没有特定的目的，缺乏问题的预知，通过个人社交活动和随机的信息偶遇得到情报，信息搜集基于非常规的方式和机会	被动性强，无目的，不系统
条件化观察	决策者事先有明确的目的，有明确的信息范围，针对特定信息浏览、监视和观察，以捕获有关情报，观察的信息源限于日常文件、报道、出版物、信息系统	被动性强，目的性强，不系统
非正式搜索	主动模式，决策者根据特定目的，进行有限的不系统的搜索，以获得所需情报，如新产品开发与投放市场中对市场顾客的监控，干中学的模式	主动性强，目的性强，不系统
正规化搜索	主动模式，决策者按照预定的计划、程序和方法搜索特定的信息以支持某个特定问题的解决，如市场研究、趋势分析和预测	主动性强，目的性强，系统性强

第三章 中小企业竞争情报体系协同建设的分析框架

理论和实践研究表明：中小企业竞争情报应用中存在一些不能理解或者无法解决的现象、矛盾和问题。如：与大企业相比，为何中小企业应用竞争情报的驱动力显得不足？其循环过程及组织实施与大企业相同么？为何中小企业对外部情报服务有依赖却又不愿采用？国外经验表明：中小企业不是"a little big company"，直接套用大型企业竞争情报理论不能有效解决中小企业特殊性问题。下面，将围绕中小企业与大企业的差异性，探讨中小企业竞争情报系统的构成、特性以及运行机制，进而给出协同建设的分析框架。

第一节 中小企业竞争情报系统的构成与特性

一 系统构成

按照 CAS 理论，企业竞争情报系统是由情报应用子系统、情报服务子系统和外部环境组成。情报应用子系统包括涉及情报的规划、设计、实施等与企业内部应用相关的活动要素之和。情报服务子系统包括涉及第三方情报服务活动相关的活动要素之和。情报外部环境是指对情报应用、情报服务子系统产生影响的各种外力因素之和。各系统间、系统与环境之间、系统内部各要素间通过一定形式进行信息、知识、物质、能量、人员、文化等交流和反馈，产生交互作用。

如图 3-1 所示，大企业往往采用自建模式，虽然也会采用外部情报服务，但是更多地依赖于自建。由于资源限制，常将情报循环的一部分环节外包，使得情报循环过程发生空间和时间上的分割。这使得中小企业竞争情报系统的构成和运行机制具有不同于大企业的特殊性（如图3-2所示），相比之下，中小企业多采用内外协作模式，即对外部服务的依赖程度高，使得外部情报服务系统成为中小企业竞争情报系统不可或缺的一部分。因此，中小企业竞争情报系统功能主要包括外部环境监测与响应系统、情报规划与定向、情报采集与预处理、情报处理与分析、情报服务与应用。需要注意的是，中小企业竞争情报循环过程应该由企业与情报服务方共同参与，尤其是情报需求的规划以及情报产品的运用都需要供需双方的参与（宋新平，2010）。

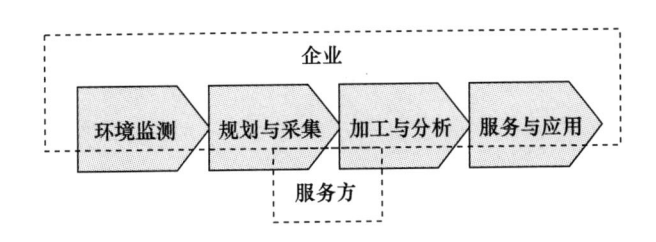

图3-1 大企业竞争情报系统建设模式

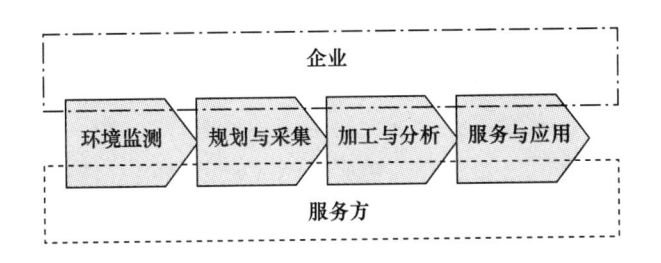

图3-2 中小企业竞争情报系统建设模式

二 系统的复杂特性

与大企业相比，中小企业竞争情报系统具有不同于大企业的特殊性。

1. 中小企业竞争情报系统的动态适应性更强

动态竞争环境中，每个企业在同其他个体以及环境的交流和作用中，不断感知环境变化和对手反应，实施合适的竞争策略进行回应。在新一轮变化的竞争环境中，企业修正自己的行为模式，促使情报系统也向更高层次演化。为了生存和发展，先天弱小的中小企业必须表现出比大企业更强的动态自适应性，即它们应该建立比竞争对手领先一步的动态竞争优势。这种优势是建立在通过快速响应环境变化而获得的竞争情报能力之上，而不是建立在规模和实力之上的。这样可使中小企业扬长避短，将其船小易掉头、经营管理灵活的特点转变成优势。

2. 中小企业竞争情报系统的子系统要素更多、交互作用频繁

对于大企业而言，系统运行主要依赖功能较发达的应用子系统，而服务子系统是次要部分，两个子系统间交互甚少。对于中小企业而言，应用和服务子系统之间的交互非常频繁，而且服务子系统包含多服务主体关联的多要素。诸多中小企业按照产业集群、动态联盟等多种战略网络形式聚集、形成更高层次的系统，即组织网络竞争情报。从系统层次上看，中小企业的情报应用网络和服务网络纵横交错，网络要素进一步演化成互相作用和协同的复杂状态，使系统内部增熵进一步增大，致使整个系统呈现出更强的复杂性。

三　协同建设的机理框架

复杂系统视角下，中小企业竞争情报系统的理想目标不仅仅是竞争情报对企业绩效的提升以及线性价值链的增值，而是表现在系统的不同层次。宏观上看，整个系统的运作和谐有序，情报各环节的相互联系、相互协调、密切配合，构成一个完整的情报良性循环。情报价值链整体增值，呈现出不断增值的螺旋上升趋势。中观上看，竞争情报对企业价值贡献度高，企业绩效和核心竞争力提升，情报服务效率明显提升。微观上看，子系统内部要素明显整合和优化，情报实施与企业内部活动要素充分融合，情报服务流程不断优化，情报流能够突破两大子系统内外的边界，在整个系统内顺畅流动。

综上所述，中小企业竞争情报体系建设机制的关键就是加强企业竞争情报应用系统和服务系统的建设。中小企业竞争情报体系协同建设的机理框架如图3-3所示。

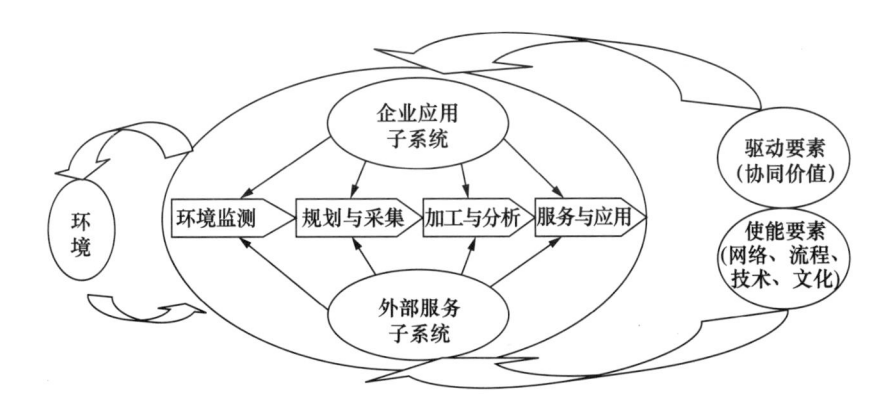

图 3-3 中小企业竞争情报体系协同建设的机理框架

与大型企业相比，中小企业竞争情报系统建设具有自身的特殊性和复杂性。

(1) 供需双方的特点以及系统价值链的特点，对中小企业竞争情报系统建设提出高要求。

中小企业情报价值链是一个多向的、立体的、多层面的价值增值网络。价值增值不仅受到系统内部要素的影响，还受到子系统之间、系统与环境协同运作因素的影响。此外，一方面，中小企业规模小、资源受限、管理落后等特点决定了企业应用系统的要素建设存在较大的难度。另一方面，服务系统的要素建设涉及企业、政府、行业、区域、中介服务机构等多个内部要素建设以及多方跨界合作。这都加大了系统建设难度。

(2) 要求进行应用和服务子系统的协同建设，提高系统运行的有效性。

实践表明：协同性差是阻碍系统价值链增值的关键原因。如：中小企业实际情报运作存在的供需不匹配、流程脱节、效率低、质量低、连续性差等。因此，我们需要在有限资源约束的框架下，考虑价值链整体全面优化；强调网络、流程、文化、技术等要素在两个系统的投入，强调供需方之间的协同性，提高中小企业竞争情报系统的有效性。

第二节　中小企业竞争情报系统的动力机制

一　企业应用竞争情报的动力机制

现实中，可以看到企业对竞争情报应用程度不同，有些企业已经导入正式情报系统，而有些企业尚处在原始的竞争情报系统，那么，是什么因素驱动企业应用竞争情报的呢？图 3-4 给出企业应用竞争情报的动力、动机和行为之间的关系模型，即动力机制模型。

企业竞争情报的应用源于企业内部和外部一系列机会的诱发，它们构成了企业应用竞争情报的动力。动力包含内部的和外部的。内生动力源于企业参与市场竞争和自我发展的内在需要，企业对经济利益最大化的追求，以及企业家精神的驱动。内生动力是企业竞争情报行为产生的基础和根源，贯穿竞争情报活动的始终，发挥持续的驱动作用。外部环境在很大程度上影响和约束了组织行为。当内外部驱动因素协同作用时，在一定条件下就形成了企业应用竞争情报的动机。

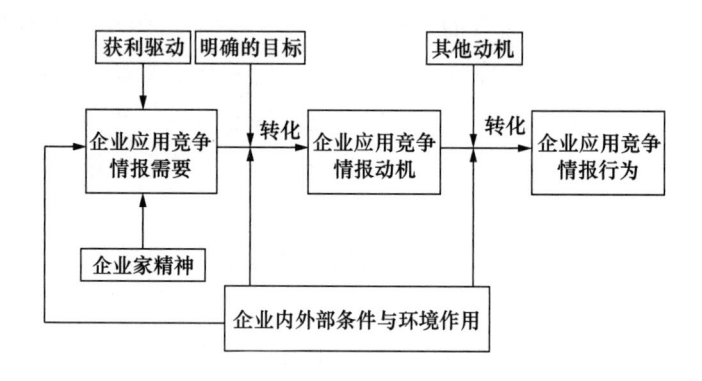

图 3-4　企业应用竞争情报的动力机制模型

二　中小企业应用竞争情报的动力机制特点

中小企业应用竞争情报的动力机制特点如下。

1. 中小企业应用竞争情报是基本运营管理的驱动

中小企业开展竞争情报的初衷首先是进行业务日常运营以获得生

存。例如：初创型企业较多地将精力集中在市场、融资等基础信息的搜集，以获得市场和资金。

2. 中小企业应用竞争情报是出于战略管理实施的需要

不确定环境下，采取独特的战略定位和构建动态能力，有助于中小企业追求动态竞争优势而获得持续收益，对于中小企业具有生死攸关的意义。这种战略选择强调动态能力[1]（冯奎，2007）。而动态能力获取的前提是对环境变化的感知与理解（Kumar，2002；Teece，2007）。

企业家导向和市场导向是中小企业战略导向的重要选择。企业家导向使得中小企业不满足现状而主动努力寻找机会，面对竞争对手积极应战，面临市场竞争提前行动，更加关注潜在的顾客需求和技术发展，即关注情报应用（Atuahene & Ko，2001）。市场导向战略强调对市场快速响应，中小企业因此对顾客、竞争者、市场环境更加了解，使得情报应用成为有效实施市场战略活动的前提（Kohli & Jaworski，1990）。对于中小企业，企业家导向越强，越倾向采取市场领先战略，越倾向及时感知环境动态并快速响应，则企业绩效就越大（Gary Knight，2000）。

3. 中小企业应用竞争情报主要源自外部压力

大企业应用竞争情报主要出于内部管理需要，如技术创新的需要，而中小企业与此不同。首先，按照中小企业成长五阶段模型理论[2]，实际中，大部分中小企业不能超越第一阶段，其主要出于生存的需要，缺乏向更高阶段演进的动力。其次，由于资源有限，中小企业常常感知较大的环境压力，其应用竞争情报的需求和动机也就越强，具体表现是企业层面对环境扫描努力更大（McGee，2003）。可见，中小企业应用竞争情报更多来自外部压力而较少是由于自身管理发展需要的驱动。这一点与中小企业实施 IT 及知识管理的动力类似（Sparrow，2001）。如图 3 – 5 所示。

---

[1] 动态能力包括机会感知、机会把握、战略重构三个维度。
[2] 中小企业成长包括五个阶段，即存在、生存、成功、接管、公司制。

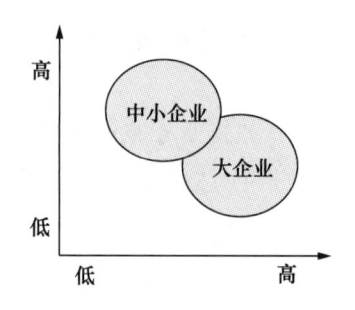

图3-5 大中小企业应用竞争情报的驱动力特征

4. 与大企业相比，中小企业竞争情报的需求有其特殊性

首先，由于数量庞大、所有制类型多、所处发展阶段不同，直接导致中小企业竞争情报需求具有类型多、范围广、变化性、个性化侧重等特点。其次，中小企业竞争情报需求更具侧重性、低层次、隐含性，即以项目性为基础的、"短、平、快"的、针对特定竞争对手的、可操作性强的信息情报，表现为对战术情报需求多，而对战略情报等有隐含需求。中小企业对关系到日常经营活动的战术层面情报关注度高且有着现实需求，而对关系到企业长远发展的、综观的、预警型的、战略层面的情报重视不够（宋新平，2010）。国外学者也发现：创业企业和小企业比大企业使用更多的直接市场相关信息，如客户行为与特征、市场细分、市场增长、竞争者的战略、销售与服务等（Mohan - Neill，1995）。

5. 与大企业相比，中小企业竞争情报应用动力显得不足

需求只有在一定条件下才会转变成动力，一是需要到一定强度产生满足需要的愿望，二是具有一定的现实条件。当二者具备时，中小企业竞争情报的需求受到激发成为动力并引发竞争情报的采纳与应用行为。与大企业相比，中小企业更多地受到内外多种因素的制约，如人财物的匮乏、组织特质、战略管理与定位、CEO特质及行为、信息资源的可得性等，使得其需求呈现出强度较弱和隐含性强的特点，这使得需求有时候还不能转化成动机乃至行为或者使得情报动机表现出内隐性特点，导致竞争情报应用动力不足。

第三节　中小企业竞争情报应用系统的运行机理

一　中小企业管理特征决定竞争情报系统特性

一个企业到底采用何种竞争情报体系建设模式，应当根据自己的需求和组织管理特点来决定（谢新洲、包昌火，2001）。理论和实践表明，规模直接与组织应用和竞争情报的建设特征相关联，如：竞争情报功能的运行层次、竞争情报部门的设置、竞争情报的需求、竞争情报应用多少、竞争情报的处理过程和能力、外部服务应用、企业家情报行为等。与企业 IT 应用相似（Raymond，1985），规模并不是直接对这些特征起作用，而是通过影响企业的管理模式、资源、成熟度、时间演化等因素间接对竞争情报应用模式和运行机制发挥作用。概括而言，企业竞争情报系统需要和其独特管理情境相匹配。中小企业特殊的管理模式决定了竞争情报的系统特性，具体如图 3-6 所示。

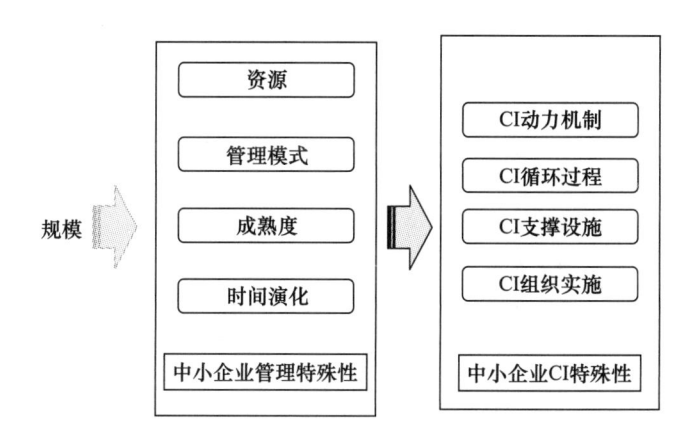

图 3-6　中小企业管理特殊性决定竞争情报系统特性

与大企业相比，中小企业管理通常具有以下特征（如表 3-1 所示)。正是这些特征,使得中小企业应用竞争情报表现出独特性,既有有利的特性,也有不利的特性(如表3-2所示)。它们进而使得中小企业竞争情报应用系统在循环过程机制、基础设施、组织实施机制等方面表现出与大企业不一样的特性。

表3-1　　　　　　　　　中小企业管理的特征

	管理特征
组织结构	◆规模小,结构简单,易于协调配合 ◆组织扁平化,管理层级少 ◆结构和信息流灵活 ◆业务活动的分支有限且不够明晰 ◆专业化程度低,分工较粗
管理模式	◆大多数由企业家个人创业建立、拥有和主宰 ◆所有者也是战略层面的经理,决策权高度集中,决策团队成员较少 ◆管理决策机制简单、灵活,易于快速响应市场 ◆直接的、模式化的管理风格占主导 ◆高层领导可见性强,其更接近于运作层 ◆高层领导适中的管理技巧和能力
文化与组织行为	◆统一性较强而派系少,有组织的、流动的文化 ◆倾向于企业层面的观念模式,而不是职能部门的 ◆员工行为较多受到经理和所有者的伦理和价值观影响 ◆领导命令多而授权少
管理系统	◆管理系统、过程和程序,简单的规划和控制系统 ◆非正式的评估和报告系统,灵活的、自适应的过程 ◆聚焦于运作过程,而不是战略过程 ◆业务活动较少被正式规则和程序所控制 ◆较低的标准化和正式化程度 ◆人为主宰的程度较大,而制度化和规范性弱、业务流程随意性大
人力资源	◆适中的人力资源 ◆适中的知识和技能,各类专家偏紧缺 ◆员工为多面能手,培训教育和员工发展方式以小规模和临时性为主 ◆密切的非正式工作关系 ◆对变革抵抗阻力较小

续表

客户与市场	◆顾客规模较小 ◆通常是本地和区域市场，国际化程度较低 ◆通常与客户接触频繁且密切，对客户了解较多
战略	◆灵活性、动态性和不确定性更强 ◆有时甚至可能是隐性的、非明确的战略 ◆长期计划在管理中作用很小，而短期计划作用较大 ◆战略期限短
战略管理行为	◆战略通常是突发形成而不是事先制订，战略过程多由危机驱动 ◆战略导向受企业家的个性、特征、价值观和志向等影响大 ◆正式的过程为主 ◆属于直觉或者经验型战略，战略决策常缺乏令人信服的分析和评价

表 3-2　　　　　　中小企业应用竞争情报的特殊性

	优势	劣势
组织结构	◆高层领导接近底层，易理解情报问题，充当情报应用的典范角色 ◆集中化控制使任务实施执行力强	◆多数高层没太多时间思考战略问题 ◆多数高层缺乏管理技能
管理模式	◆信息沟通短而直接，指令传递快 ◆比大企业灵活、敏捷	◆专业化程度低和分工粗导致知识宽泛而不专精，导致技能不足
文化与组织行为	◆统一的价值观使得易接受变革	◆文化易被高层领导的价值观塑造 ◆约束少
管理系统	◆较易适应新项目和系统	◆非正式化可能导致变革的拒绝、情报的获取与共享
人力资源	◆快速接受变革 ◆容易熟悉、协作 ◆容易获得变革支持	◆难以分派专人从事 CI ◆缺乏高素质员工启动情报工作 ◆培训教育少致使技能缺乏
客户与市场	◆容易获得市场情报	◆情报工作的系统性不够
战略	◆侧重情报对短期战略支持	◆动态性导致情报目标和运作模式的多元化和复杂性
战略管理行为	◆企业家情报行为作用大，容易抓住情报重点	◆情报过程的隐性和突发性 ◆倾向使用直觉知识而不是情报

二 中小企业竞争情报循环过程

与大企业相比,中小企业竞争情报循环过程具有支离破碎性,表现出非正式性、个人知识和隐性知识主导等特性。

1. 中小企业竞争情报搜集过程

中小企业竞争情报搜集过程倾向于使用人际的、非正式的信息源和非正式获取方法。一般而言,中小企业认为人际信息源的价值明显高于非人际信息源,使用人际信息源的频率也高于非人际信息源。人际信息源中,客户和家庭、朋友是使用最频繁的人际信息源;非人际信息源中,书面信息源比口头信息源使用较频繁。中小企业对非正式信息源使用的频繁程度高于正式信息源。中小企业倾向于用非正式的信息采集方法,对非正式方法(如阅读期刊、个人网络、电话联系等)的使用频率明显高于正式方法(如焦点组访谈、结构化访谈、电话调查和数据库分析等)(Smeltzer, 1988; Mohan - Neill, 1995)。

与大企业相比,中小企业倾向使用人际的、非正式的信息源的原因在于以下几个方面:缺乏必需的资源,缺乏高级的信息管理系统,情报活动集中在管理层而不是团队身上,环境信息的可得性与质量不够等。与大企业相比,中小企业倾向于使用外部信息源。其原因在于:大企业一般会借助内部较完善的管理信息系统、内部专家。与此相比,中小企业缺乏历史和内部积累的历史数据,而更多地要依赖咨询专家、行业专家等外部信息源。

电子商务为中小企业提供了更多廉价的、更丰富的、可以从公开合法渠道获得的信息源。电子商务环境中,中小企业可以从政府、基金会、行业协会、大学、竞争对手网站、客户数据库获得企业需要的市场信息,而网站上的招聘广告、领导讲话、财务报告、专利检索都是潜在的情报来源。然而,网络信息源虽然是中小企业最有潜力的信息源,但是目前应用普及度仍然不高。

2. 中小企业竞争情报分析过程

中小企业竞争情报分析过程倾向使用非正式性的、简单的方法,以及以个人经验知识为主的分析决策方式。其一,是由中小企业固有的决策分析方式和国家情境决定的。中小企业自形成以来,就受到简单、实用的哲学指导思想,并且习惯于非正式化的管理方式,必然自觉不自觉地将其带入分析决策方式中。与欧美、日本等国家和地区的 CEO 相比，中国的 CEO 很少采用管理决策的定量分析工具（Martinsons & Davison，2007）。国内研究进一步证实了这一点：对于多数中小企业而言，对一般的 ERP 偶尔使用；对决策分析辅助性工具很少听说或没有听说；经常使用财务分析等简单低级方法；使用高级分析方法的较少；认为个人的经验知识及推理对于高层管理决策很重要，并对其有较大程度依赖（宋新平，2010）。其二，是由情报使用者的认知模式决定的。Julien 等（1999）认为随着环境不确定度的增大，小企业主发现自己经常处于不完全信息状态下，就不得不依赖于感觉。其三，也在一定程度上受到中小企业没有完备的计算机辅助分析工具等因素的影响，但这并不是决定性因素。

值得关注的是，合作式意义构建的分析与决策方式和企业家的心智模型、个人知识及推理和决策方式对中小企业层面分析决策行为有重要影响，其影响大于大企业。内部集体研讨会议，是中小企业常用的一种方式，其作用在于可以使中小企业激发创新性思考，对语言意义的建构、不同知识的汇合与创新产生重要影响，从而有利于资料的定量分析，对于中小企业知识管理具有重要作用（Sparrow，2001）。而国内的一项研究表明：中小企业对内部研讨会议分析方式偶尔使用比例高达 90%（宋新平，2012），这一结论恰好支持这个观点。

3. 中小企业竞争情报的传递与共享过程

非正式交流是通过人与人之间直接接触所进行的交流，是信息、情报、知识传播的主要途径。已有研究表明，80% 的专家信息来源于非正式信息交流渠道。在采纳与应用创新方面，人际传播则显得更为直接和有效。按照组织内部信息存储和传递的方式，信息可以分为书面和口头两种。前者是正式渠道传递信息的主要来源，后者是非正式渠道传递信息的主要来源。

中小企业缺乏足够多的正式通信网络，由于常常缺乏正式制度的约束，情报主要以非正式的形式储存、传递和共享，如以口头形式传递，并储存在个人大脑中而不是正式的组织知识库，通过研讨的方式共享等。可见，非正式的情报传递与交流在中小企业组织内部交流中占据重要地位。

三　中小企业竞争情报基础设施

1. 信息化设施

与大企业相比，中小企业竞争情报所依赖的信息网络设施较为薄弱。特点如下：(1) 信息化基础设施弱于大企业，表现在上网、局域网建设、电子商务网站建设等方面；(2) 存在时间、人力、财力等方面的约束；(3) 对信息化成本敏感，侧重短期回报；(4) 倾向于使用一次性投入资金少的、稳定性、实用性、个性化和灵活性更强的 IT 产品；(5) 使用计算机信息管理系统支持运作的简单模块，如办公自动化、财务、进销存等项目；(6) 倾向于使用软件租用的公共服务模式。

总体而言，中小企业竞争情报循环过程的信息化程度较低。其一，我国企业竞争情报循环过程支持软件整体水平偏低，这主要由于软件本身原因，以及客户对这些软件的认知度较低造成。其二，信息化设施薄弱在很大程度上制约了竞争情报支撑设施。就分析过程的支持技术而言，国内企业尤其是中小企业对决策支持系统、商务智能等使用比例很低，且主要限于对运作层面而不是战略决策。国外研究者发现：中小企业已经认识到决策支持系统的价值，但是对决策支持分析工具的使用比例和程度普遍偏低，并且应用目的主要是辅助运作层的管理决策。决策支持系统使用的障碍因素可能是：缺乏胜任的雇员、资金、经验以及适合的决策支持系统软件包等（Duan，2002）。

2. 人际网络设施——社会网络

与大企业相比，中小企业竞争情报所依赖的社会网络特点有所不同：

（1）中小企业情报网络基于阶段的动态演变性与不同的主导模式

相比于大型企业，不成熟阶段的中小企业家的人际情报网络对于企业层面的竞争情报活动具有更大的重要性。处于不成熟阶段（创立期和成长初期）的中小企业由于资源缺乏而面临困难，只能依靠企业的外部网络来获取包括情报在内的各种资源。企业尚未形成自身的社会关系网络，只拥有企业家的个人社会关系网络。

随着企业所处阶段的不断演变，企业家个人的情报网络的主导地位下降，而中小企业自身的情报网络的重要性上升。企业创立初期，在主要依靠先赋性网络获得各种资源的同时，也获得各种信息情报。随着企业由创立期向成长期过渡，企业家根据发展需要积极地与各种机构负责人建立新的社会关系网络；与此同时，企业家个人人际情报网络也得到不断拓展。随着中小企业走向成熟，企业自身的关系网络上升到最重要的位置，企业家个人网络则退于次要的位置，而企业自身的人际情报网络的重要性也超过了企业家的个人情报网络。

（2）中小企业情报的内部社会网络先天较弱

这主要是由于员工数量少、竞争情报部门或者工作人员数量少、内部专家少等客观因素的制约。

（3）中小企业对外部社会网络的依赖程度高于大企业

这主要是由于中小企业的资源有限所导致的外向依赖型运作模式。

与大企业相比，外部社会网络对于中小企业情报网络的重要性显得更加重要。以技术创新为例，绝大多数中小企业采用开放式创新的模式。在这种模式中，中小企业与其他企业、上下游企业、大学科研机构、科技情报服务机构、商业化公司、客户市场、政府等形成多种类型的关系网络，通过此网络便可以获取所要的信息、情报知识，进行创新活动来获取收益（郑慕强，2009）。

四　中小企业竞争情报组织实施

1. 组织实施模式

在大企业中，一般采取层次性的组织结构、集中式的组织运作模式。以集中分散式为例，最上层是以最高管理层和情报部门负责人构成的 CI 集中控制和领导中心，下面是专职情报部门和嵌在各个职能部门的各情报组。情报部门的专职人员专门对来自内部和外部的信息进行综合分析与处理，传递给决策者使用。

而在中小企业，多采用扁平的组织结构和重点式的组织运作模式。最上层是最高管理层和职能主管兼任情报工作的 CI 临时性领导机构。下层很少设置情报专门部门和情报专职人员，而多以兼职的方式将情报职能嵌在业务管理中。

实践表明，大部分中小企业没有设立独立的情报部门，情报工作的开展更多的是依附于其他的部门，全职人员较少，运行模式的规范程度不如大企业。这是由两方面决定的。其一，中小企业对竞争情报的认知度和重视程度比大企业偏低。一般而言，中小企业认为竞争情报不太重要，因此给竞争情报资源投入。其二，中小企业组织管理活动追求的是满足目标前提下的低成本和眼前实际收益。大部分小型企业没有针对竞争对手进行情报收集及分析，可能收益并不明显或者受益企业比例较低（Groom & David，1998）。

2. 组织实施特点

（1）个人主导

本质上看，企业竞争情报的组织行为是由个体、群体及组织等三个层面的行为组成。然而，多数中小企业的竞争情报行为还没有像大企业一样上升到组织层面，而是以个体行为为主。实际上，中小企业情报应用行为是建立在一些非协作的、支离破碎的、自发的个人情报行为（信息的获取、存储和传递行为）基础上。在情报、知识管理的活动中，相比于大型企业，中小企业需要更加关注和发挥个体的自发性、技能、经验、知识、潜能等。本书第四章的统计结果恰好验证了这一点。

（2）企业家主导

与大企业相比，企业家特质对中小企业管理实践的贡献度更加明显。与此相似，与大企业相比，中小企业家对内外环境和任务的认知和反应方式更强，对竞争情报的影响更强。由于没有专职部门，中小企业更多依靠同时兼任战术和战略功能的企业家个人来执行，这使得其情报活动与大企业有明显的不同（Smeltzer，1998）。研究发现：在日本，对于企业中情报收集的主体而言，平均来说47%是经营者，30%为各部门，但是具体来说取决于企业的规模，企业越大，情报收集越分散于各部门。销售额500万日元以下的企业64%以经理人员为主收集，而销售额在5亿日元以上的企业情报收集主体只有4%是经理人员，而由各部门收集占主体的则占83%。销售额5亿日元以上的企业有一个与众不同的特征，就是有7%的单位以专职情报部门作为情报收集的主体（高士雷，2010；缪其浩，1994）。本书第四章的统计结果验证了这一点。

此外，企业家对中小企业情报的影响程度也随着企业发展阶段的演进而不断变化（高士雷，2010）。对于初创型中小企业而言，竞争情报系统是建立在企业家个人社会资本运作基础上，此时的竞争情报工作由企业家主导，对企业层面的决策过程影响很大，主要是一个非正式和临时的过程。随着中小企业不断成长，竞争情报活动范围由企业家扩展到各部门，即上升到企业社会资本运作阶段。在成熟阶段，企业社会资本和竞争情报专门小组相结合。

（3）个人知识、隐性知识主导

由于个人行为主导的特点，中小企业竞争情报的行为表现出隐性知识主导的特点。中小企业中一些个体可能出于自发目的从非正式信息源捕获原始信息，只将自己感兴趣的东西记忆在自己的脑海中而不是共享的知识库中。由于捕获过程需要经过搜集者的先验隐性知识处理（同化过程），并且由于信息失去了原有的语境，致使原先的信息发生一定程度上的失真和扭曲，实质是形成了包含原始信息和搜集者先验知识的新知识，然后它会以会议的形式口头传递，或者传递给需要者。可见，中小企业情报的获取、存储和传递行为较多地伴随着情报工作者的隐性知识处理。

值得注意的是，中小企业竞争情报管理更多的是隐性知识的管理。隐性知识遍布中小企业的每个角落、组织结构和人际关系（Ngah & Jusoff，2009）。然而，隐性知识转化成显性知识较为困难，并且，隐性知识转化需要一定的条件。因此，个人隐性知识转化为团体，乃至组织层面的显性知识是中小企业竞争情报应用的关键。

此外，由于中小企业知识管理存在一些特有的断层行为特征，如破碎学习（fragment）、孤立学习（Isolation）、基于角色约束的学习（Role - constrained）、含糊学习（Ambiguity）等，影响组织学习的效能，可能会在很大程度上对中小企业竞争情报活动产生影响（Sparrow，2001）。

（4）非正式性主导

首先，情报活动天生具有非正式性。情报本质上不容易在正式结构中发现，而是通过消息的秘密来源来发现。对于情报的检索和识别这个复杂任务，除了正式组织，还更多地需要非正式的网络、组织、机制和流程来实施。情报天然地分布在组织的每个角落，在这分布式的环境中，非正式角色，如中央连接者（Central Connector）、边界跨越者（Boundary Spanners）、专家、架桥者、看门者对组织情报的管理变得非常重要（Awazu，2004）。

其次，虽然有一些中小企业试图实现向制度化管理的方向转型，但由于规模、人财物等资源的限制，以及制度体系、运作系统和信息系统等方面的不完善，中小企业管理模式和实践常处在"规范化"和"非规范化"之间。因此在缺乏制度严格约束的环境下，中小企业竞争情报的组织管理主要通过非正式而不是制度化、规范化的渠道和途径来实现，即表现出较明显的非正式特征。

概括而言，中小企业竞争情报的搜集、处理、分析（意义构建）、传递、共享等整个循环过程表现出较强的非正式特点。

第四节　中小企业竞争情报服务系统的运行机理

一　竞争情报服务的内涵

1. 竞争情报服务内涵

竞争情报服务是为了满足竞争环境中管理决策的需要，而利用信息处理技术，是对各类信息开展搜集、加工、整理、分析、传递，向客户提供解决问题的方案、策略、建议、规划或措施等信息产品的知识密集、技术含量高的服务。本质而言，竞争情报服务是信息咨询服务发展的高级阶段。按照国家统计部门现行的统计分类体系，信息咨询业是第三产业中社会服务业的一个组成部分，它分为咨询服务业和计算机应用服务业两个领域。

由于竞争情报服务被泛化为"信息情报服务"，本书给出两种界定。狭义所指的竞争情报产品和服务，是指与管理决策关联度高、针对性强的谋略型产品。广义所指的竞争情报产品和服务还包括与管理决策关联度弱的、具有一般意义的信息产品提供和服务，也被称为竞争情报的替代与互补的产品与服务。

2. 竞争情报服务分类

按照产品加工程度和知识产品特征，将竞争情报服务分为产品和服务两大类。产品类包括两类：一是信息资源类，是指提供给用户的一切载体形式的、加工较浅的信息数据，包括文献、数据、样品、平台、文摘、简报等数据与信息产品等；二是产品与方案类，是指深加工的、编码类的知识产品，包括调查报告、分析、研究报告、实施方案、简报等。服务类是指程序化知识和过程支持类知识等服务项目，主要提供难以编码的隐性知识，其主要包括教育培训、竞争情报体系建设、方案实施等，也包括参与用户竞争情报系统运营并执行一部分工作，如情报监测、搜集、分析、对手跟踪等（陈飚，2011）。

信息资源类产品属于信息服务，而方案类产品和过程类服务属于知识服务。前者采用基于信息序化的服务方式，后者则采用基于融合用户决策的自主创新的服务方式。前者呈现静态、不连续、低复杂度、低知识含量、低增值的特点，而后者呈现动态连续、高复杂度、高知识含量、高增值的特点。一般而言，信息资源类多由信息型中介提供，而方案类多由综合型中介提供。然而，实际中，大多数中介提供上述类型的混合，但是依据自身的优势而有所侧重。

二　竞争情报服务形成动因

1. 宏观视角分析

从经济学视角看，中小企业竞争情报服务的形成有其内在机理。如下两个方面所述。

首先，中小企业竞争情报服务市场供需的形成源于社会分工的深化，以及企业内部职能的外化产生对服务的市场需求。中小企业竞争情报服务市场供需的形成是专业分工逐步细化、市场经济逐步深化的必然结果。从信息咨询业演进历程可以清楚地看出，早期的信息咨询业服务内容多限于单一信息服务（数据、事实、文献），然后发展成专业（行业）咨询，目前正朝着综合咨询、高级咨询（如战略咨询）、产品细分与个性化（如竞争情报）等方向发展。同时，由于人财物等资源和信息情报处理能力的局限性，中小企业在生产经营过程中出于自身定位考虑，需要将竞争情报成本外包给专业化服务机构。由此可见，中小企业对竞争情报的需求取决于两个内在原因，既取决于企业竞争情报职能分工的程度或专业化程度，也取决于外部化所需成本和所可获收益间的权衡。归根结底，企业情报供给是由服务需求决定，中小企业对情报服务的有效需求不断刺激服务产品的有效供给。

其次，非营利性组织和政府服务的介入，是对情报服务市场失灵的补充。尽管市场机制是迄今为止最能有效地配置资源的一种方式，但是由于垄断、外部效应、公共物品等因素的影响，市场机制的作用也会受到限制，从而出现市场失灵的情况。事实上，在中小企业情报服务体系的形成过程中，市场机制同样存在缺陷，中小企业所需的各类服务不可能完全依靠市场来提供，市场在服务提供过程中同样会出现失灵。具有公共物品属性的中小企业服务产品的非竞争性导致该服务的市场供给不足（陈锋，2010）。市场在服务提供过程中的失灵使得政府和非营利性中介组织服务的必要性凸显。在为中小企业提供服务时各有优劣，这就决定了政府和非营利性组织作为中小企业竞争情报体系的服务提供者。

再次，从公共服务理论看，为了追求交易效率的提高和交易成本的降低，公共服务形成了两次分包，初次分工导致了横向服务外包，二次分工导致服务从横向外包向服务网络演化（吴玉霞，2012）。

2. 微观视角分析

从供需双方的微观视角看，中小企业竞争情报服务动因是由企业和服务主体的特性所共同决定的。

（1）动因的有无及强弱由企业自身特性决定。一方面，由于市场竞争加剧，极大地加大了决策难度，企业的经营迫切需要各类情报以及专家的参谋，通过情报咨询途径可以获取技术市场动态、降低经营成本，提高企业的竞争力，减少风险。另一方面，由于人、财、物、技术等局限性，中小企业仅依靠自身的情报管理机制的运作无法获得经营过程所需的情报，比大企业更加需要借助外部中介注入知识资源，以便弥补自己的知识劣势。

（2）动因的有无及强弱由服务主体特性决定。知识高密集型服务业服务的目的是通过知识经营来维持和发展的。一般而言，由于采取的是自负盈亏、自主经营的模式，商业化公司常常面临生存的困难，其服务动因最强,而且动因大多是侧重于基于利润获取的外部动因和基于战略创新的内部动因。相比之下,半官方的情报机构和业务中介的服务动因较弱,因为它们大多基于区域影响、行政影响等外部因素的驱动。

三 竞争情报服务体系框架

我国中小企业竞争情报服务体系(Small and Medium Sized Enterprise Competitive Intelligence Service System,简称 SME – CISS)是一个社会化服务网络。

自原国家经贸委中小企业司在 2000 年颁布《关于培育中小企业社会化服务体系若干问题的意见》起,健全中小企业服务体系就成为在我国基本国情下促进中小企业发展的重大战略。中小企业服务体系建设一直是一个不断摸索的过程。目前,正在形成一个多层次、多渠道、多功能、全方位的社会化服务网络。该网络中与情报相关的服务要素的组合即构成了中小企业情报服务网络。服务体系与情报服务体系的区别在于:前者是综合型服务,后者是专门型服务,后者属于前者。前者也称为中小企业综合服务体系。

按照复杂网络理论,中小企业竞争情报服务网络的运作中,不仅强调不同行动主体在不同的利益驱动下各自提供相应的服务,还要求不同行动主体在服务提供的过程中的合作与竞争,以共同构筑有效的支持网络。一方面,网络中的不同主体因作用不同而互为补充。主导者(政府)负责网络的规划,整合者负责网络的协调,提供者负责情报服务的加工与提供。另一方面,网络中存在不同类、同类主体间的服务竞争,从而促使各主体提供更优质的服务。图 3-7 给出了多主体构成的网络结构,即中小企业竞争情报服务网络的构成框架。由此可见,中小企业竞争情报服务体系是一个多元化主体之间的分工、互补、协作的专门型服务网络,提供多层次、多方式、多形式的情报服务。

网络中主体分为以下几种:(1)主导者,其主要角色是负责网络建设的规划。主要包括经贸委、科技局、商务部、中小企业局、地方中小企业局、乡镇企业局等政府机构。其有两个主要作用:首先,通过直接配置资源和间接的政策干预来发挥在服务体系中的作用,如制

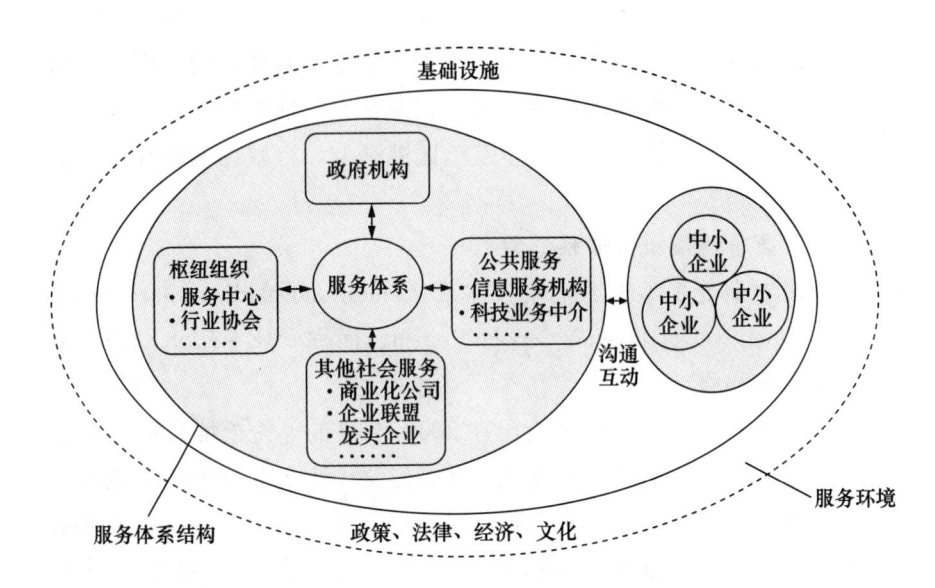

图 3-7 中小企业竞争情报服务网络的构成框架及运行机理

定实施中小企业业务及信息服务立法、政策、资助计划和项目,创立中小企业服务中介等。(2) 整合者(枢纽组织),其主要角色是政府和企业之间的桥梁,是中小企业竞争情报服务体系的核心支撑系统,承担情报服务资源的整合和业务协调。主要包括中小企业服务中心、行业协会等。其主要作用是:既承担一些基础的信息提供职责,也协助政府相关部门制定、实施配置工作计划,指导信息资源配置活动,协调企业间利益关系等。(3) 公共服务提供者,包含公共信息服务机构和其他公共科技业务中介。后者包括两大类,一类是公共研发中心、工程与技术研发中心直接参与企业具体业务过程的中介,一类是技术市场、产权交易所、人才中介组织等资源配置型中介。(4) 社会化及其他服务提供者。主要是商业化公司、企业联盟、龙头企业等提供的服务。

四 竞争情报服务体系运行机理

1. 服务体系的运行机理

如图 3-7 所示,中小企业竞争情报服务网络是一个复杂的系统,具有立体多维互动性、纵向演进性、横向交流性等特点,它是在纵横结合和内外互动中,实现发展与创新、演进与嬗变的;是由各种形态、结构和性质各异的子系统构成,其形成是一个服务系统(主体子系统)内要素相互作用、服务系统与服务对象子系统之间,以及服务主体子系统与外部环境互相影响的不断演进过程。服务系统和谐运作除了强调服务系统与目标系统之间的和谐共生机制,还需要主要依赖三种机制,即服务主体的协同互动、服务资源的互通互补、服务环境的互利互信(刘东,2008)。以下从主体—资源—环境的视角探讨服务体系的运行机制。

(1)服务主体的互联、互动。服务主体要素是 SME – CISS 构成的基础。首先,政府相关机构、公共信息服务机构、商业信息服务机构以及其他社会力量构成一个分工明确、职责清晰的组织架构。同时,各服务主体在平等的基础上相互协作、相互促进,既发挥各自的优势,又克服各自的资源限制和功能局限。体系的有效运行,是通过功能引导和利益协调,打破服务主体之间的壁垒,使性质不同、功能各异的各类主体实现各自目标和整体目标。

(2)服务资源的互补、互通。服务资源要素决定 SME – CISS 的功能,影响服务的力度和范围。资源、资金、人才、信息知识的顺畅流动和相互补充,打破服务资源在区域、部门和行业内外流动的障碍,降低资源流动成本,提高资源的利用效率,有利于资源的优化配置和整体功能的发挥。

(3)服务环境的互利、互信。服务环境要素是体系运行的必要条件。服务主体的活动和服务资源配置都是在一定的服务环境下实现的。良好的服务环境,可以降低服务主体实现互联、服务资源实现互补的社会成本,形成合理的利益分享机制。

在 SME – CISS 运行中,多种类型构成要素不是独立存在,而是通过利益驱动、功能引导、政策推动等多种机制,来实现系统不断演化的。服务体系的目标是多种服务提供者与其服务对象在长期互动中寻求动态的供需平衡,提高体系运行效率,同时找出制约体系运行的障碍和"短板"加以弥补,实现系统的动态匹配。

2. 从时间维度看,服务体系是网络动态演化的结果

从复杂网络看,中小企业竞争情报服务体系也是一个不断演化的网络。服务网络演进是社会资本的累积,通过服务机构自身拥有的资

源与其他机构合作,以获得更多的情报服务,并在复制已有的网络结构及其特征中不断成长,由此形成了网络的演变。从重构演进模式理论看,结构洞对行动者而言,是一个可以获取信息或者控制利益的重要位置。按照结构洞理论(Burt,2009)①,服务网络构建就是不断寻找并占据新的结构洞,由此构建网络节点联系,造成服务网络结构的演变。

在服务网络形成初期,是以核心节点为重点形成的网络,在不断自组织的过程中,网络依赖三种模式进行变化:(1)渐变。新的节点加入、信息资源不断累积而没有引起网络结构发生质变。(2)分化。服务资源累积到一定程度,聚集一类或者几类服务,每个子网络演变出子网核心。(3)聚集。如:网络分化到一定程度,出现结构洞,围绕结构洞产生演变,形成多核的网络均衡状态。理想情况下,服务网络应该具有多核的网络均衡状态、较多的节点联系、少结构洞、良好的网络稳健性、明显的网络层次性(黄玮强,2009;冯秀珍,2011)。

从公共服务与网络相关理论看(吴玉霞,2012),情报公共服务在横向分工上的推进,会导致新的中间服务形态的出现,产生新的横向产品和服务。情报公共服务在纵向分工上的推进,会导致新的生产层次的出现。横向分工水平的提高将会促进纵向分工水平的提高,为下游产品和上游产品中生产的纵向分工创造机会。若横向和纵向两个维度分工水平同时提高,则情报公共服务生产过程中就会出现复杂交错的多层次和多形态的服务形式,最后就结成了错综复杂的情报公共服务供给网络。这一点,可以从美国、加拿大等发达国家的企业信息情报服务网络的演化过程中看到。

---

① "结构洞"是网络中关系稠密地带之间的稀疏地带。结构洞中没有或很少有信息与资源的流动。

第四章 我国中小企业竞争情报应用现状调查分析

本章从不同服务主体的运作状况，以及服务成熟度状况等两个方面进行全面的调查、评价和分析，进而运用系统论对中小企业竞争情报应用现状及存在的问题进行深入剖析，为进一步识别问题的症结和优化系统运行提供客观依据。

第一节 问卷设计与发放

为了对我国中小企业竞争情报应用现状进行摸底，笔者设计了相应问卷，包含4个部分共17个题项，有的下面还包括若干小题。第一部分包含填写者和企业的基本信息；第二部分包含企业竞争情报应用概况；第三部分包含企业竞争情报的需求与服务概况。

本次调查从2012年1月起至2013年5月止，开始在全国范围内发放问卷。问卷发放主要通过以下三种方式进行，第一种方式是向各大高校的MBA和工程硕士的学员、江苏知识产权培训中心、全国竞争情报年会发放问卷；第二种方式是通过科技局、出入境检验检疫局等政府机构代为发放；第三种方式是利用个人关系网络，委托他人发放给CEO和企业专职情报人员等，并回收问卷。

共计发放问卷2300份（以纸质问卷为主，还包括Word版本的电子问卷和网页版电子问卷），共回收1375份，其中有效问卷1086份，回收率为59.8%，有效率为79.0%。

本次问卷基本统计信息如下：

（1）从被访者所在部门看，市场销售部门占28.3%，生产采购部门占 12.0%，技术研发部门占 17.5%，行政管理部门占 19.4%，财务部门占 12.3%，其他部门占 10.5%。[①]

就被访者的职务而言，副经理、总经理等高层管理者占 27.4%，部门主管等中层管理者占 48.2%，基层管理者占 11.1%，一般职员占 13.3%。

（2）被访企业所处省份分布具体如图 4-1 所示，可以看出本次问卷调查所涉及的企业最多的是东部省份，其次是中部省份，也有一些来自西部省份。

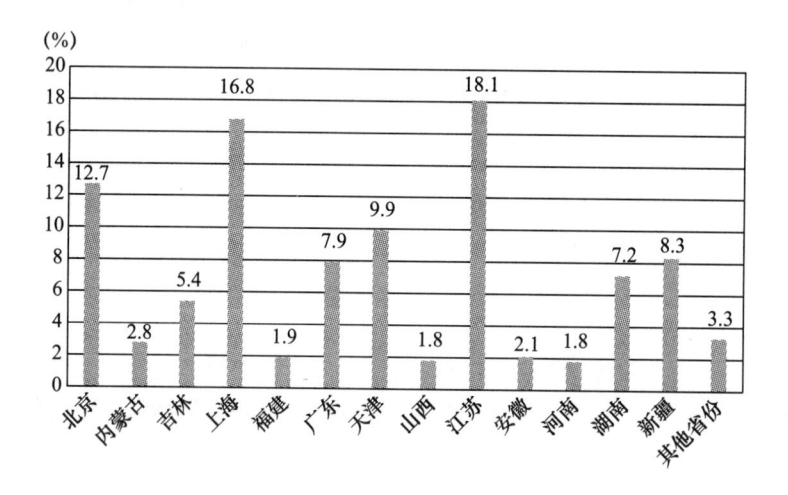

图 4-1 被访企业所处省份分布状况

（3）从企业年龄看，成立时间不足 5 年的企业占 15.7%，介于 6 年至 10 年的企业占 29.3%，介于 11 年至 20 年的企业占 33.4%，介于 21 年至 30 年的企业占 8.1%，30 年以上的企业占 13.5%。

（4）从企业性质来看，国有企业占 31.9%，集体企业占 2.9%，民营企业占 34.4%，外资企业占 17.2%，混合型企业占 2.0%，合资企业占 9.5%，跨国公司占 2.1%。

（5）从被访企业的行业分布情况来看，制造业所占比例高达

[①] 本书涉及的百分比均进行四舍五入处理，合计数可能不等于 100%。

66.3%，主要分布在电子电气、机械、生物、医药、能源、材料、化工、纺织、建材、食品、轻工、汽车等行业；非制造业行业占33.7%，主要分布在建筑、零售、对外贸易等行业。具体行业分布如图4-2所示。

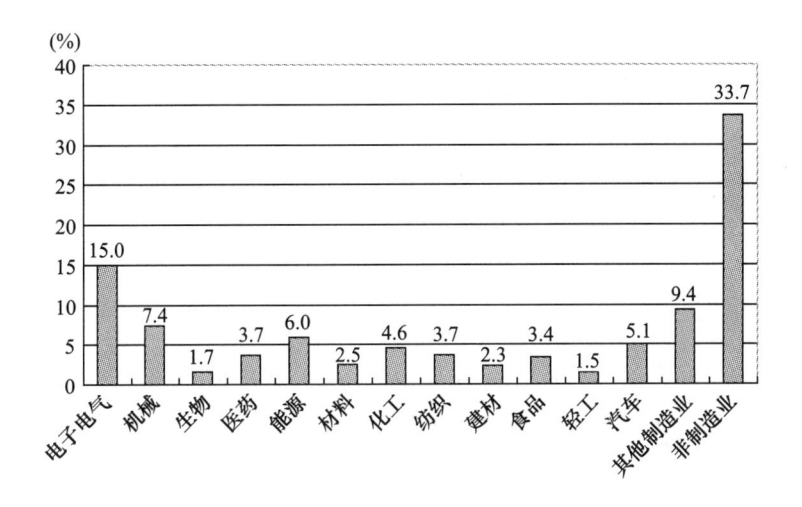

图4-2 被访企业所处行业分布状况

（6）从企业员工人数看，低于1000人的企业占到67.5%，1000人到2000人的企业占到8.2%，2001人到5000人的企业占到8.2%，5000人以上的企业占到16.1%。从这里可以看出，按照2011年的旧的中小企业规模划型标准，2000人以下算中小企业，则本次调研中的中小企业样本接近76%，故基本代表中小企业情况。

（7）从被调查企业年销售额看，低于1亿元的企业占43.1%，1亿至3亿元的占14.9%，3亿至10亿元的占到15.1%，10亿元以上的占到26.9%。

（8）被访者中有68.0%的人基本了解竞争情报的含义，12.7%的人确切了解含义，很清楚其如何运作，只有19.3%的人对这一概念不甚了解。

本着普遍与重点兼顾的原则，我们在整体样本统计的基础上，进一步对关键的题项按照规模分段和地区分类进行统计，从而有利于摸清大、中、小企业以及东中西部企业竞争情报的差异。

第二节 中小企业竞争情报应用概况调查

1. 企业信息化状况

如图4-3所示,在所有被访企业中,拥有财务管理系统的达到了68.5%;拥有办公自动化系统的达到67.9%;拥有采购、库存、营销软件的也达到50.3%;其他的信息系统或软件和这三个系统相比在使用率方面具有明显的差距。

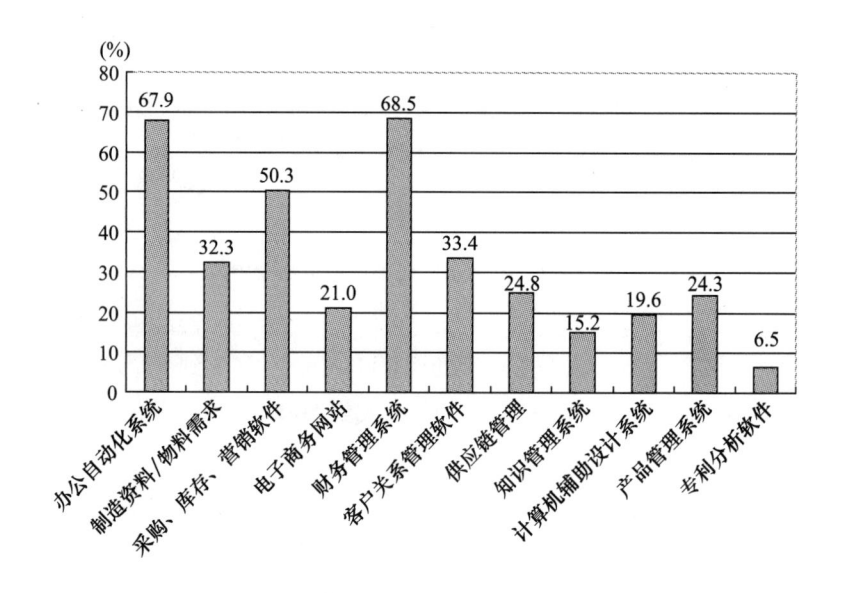

图4-3 被访企业信息系统使用状况

同时,我们也能够看出,在目前企业信息化中被企业广泛采用的信息系统或软件还是比较传统的、能够给企业带来即时效益的系统。其中只有财务管理系统,办公自动化系统和采购、库存、营销软件这三类系统,其使用率超过50%。相比之下,电子商务网站、知识管理系统和专利分析软件等新型的系统在被访企业中被采用的比例并不高，这主要是因为这些系统为企业带来的效益要经过很长一段的时间才能显现，并不能起到立竿见影的效果。对于中小企业来说，它们在资金、技术、人员等方面都比较有限，它们追求的是短期的、能够看得见的效益。故对于中小企业而言，它们并没有很高的积极性来采用这些系统。

2. 竞争情报技术工具和方法的应用状况

如图 4-4 所示，所采用的竞争情报工具及方法主要包括搜索引擎、管理信息系统、统计分析软件、战略决策支持系统以及网上监测系统等。其中，采用最多的工具和方法是搜索引擎、管理信息系统和统计分析软件等。可以发现，这三类方法和工具都是比较传统、使用成本比较低以及对技术要求不太高的。相比之下，专业的、新型的竞争情报软件使用的较少。

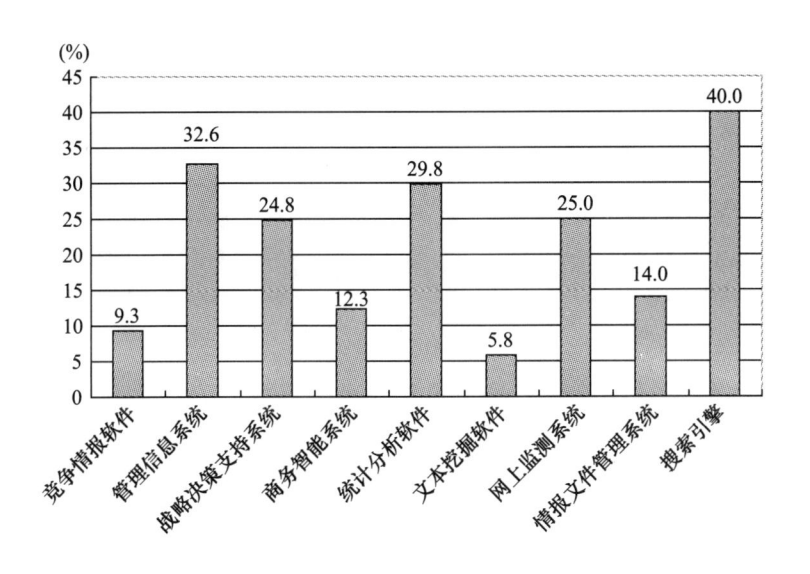

工具	比例(%)
竞争情报软件	9.3
管理信息系统	32.6
战略决策支持系统	24.8
商务智能系统	12.3
统计分析软件	29.8
文本挖掘软件	5.8
网上监测系统	25.0
情报文件管理系统	14.0
搜索引擎	40.0

图 4-4 被访企业竞争情报工具应用状况

造成这个现象的原因可能是对于一些企业，特别是中小企业来说，资金、技术和人员等都是比较有限的资源。而采用一些新型的情报方法和工具需要有更多的资金，更高的技术要求，也要有更加专业化的人员的参与，这些都限制了中小企业采用新型的竞争情报方法和工具。

另外，对于一些企业来说，由于管理思想和管理观念的落后，它们的领导者并不注重竞争情报的发展，只追求短期的效益，不能从企业的长远发展方面来正确对待企业的竞争情报能力，忽略了对新型竞争情报方法和工具的使用。

3. 竞争情报组织设置部门

如图4-5所示，就竞争情报部门而言，88.8%的企业将情报任务分散在各职能部门，并且很大一部分企业将竞争情报职能设在营销部门，该部分占到了36.2%，只有11.2%的企业设有专门情报部门，说明企业的情报工作主要由各职能业务部门负责。

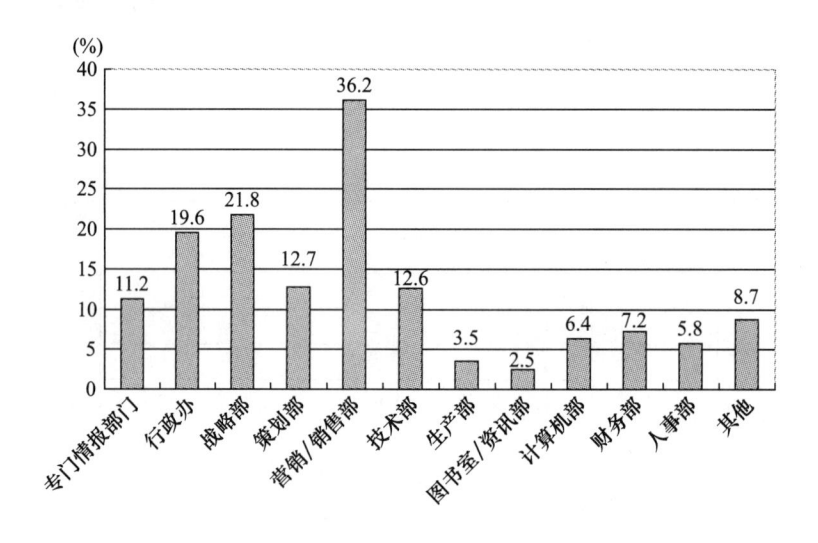

图 4-5　被访企业竞争情报职能分布

4. 专兼职人员

在被访企业中，有专职情报人员的占46.3%，有兼职情报人员的占47.9%。专、兼职情报人员数量的统计信息如图4-6、图4-7所示，在本次调查的被访企业中，虽然有接近一半的企业都有自己的专、兼职情报人员，但是从图4-6和图4-7中也可以清楚地看出，专、兼职情报人员数量大都在5人以下，具有20人以上专、兼职情报人员的企业数量不足被访企业总数量的10%。

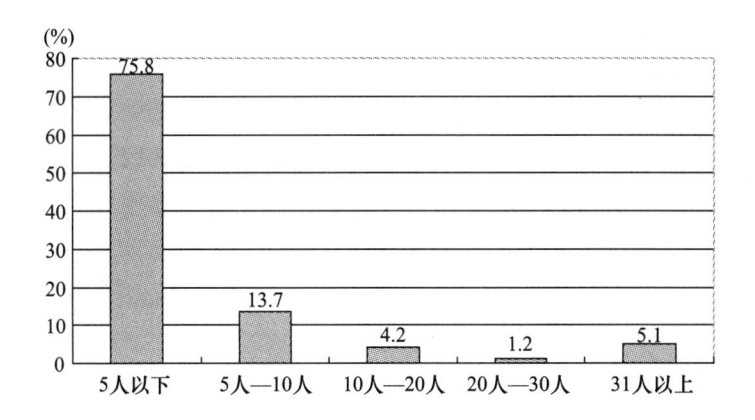

图4-6 被访企业专职情报人员不同数量占比

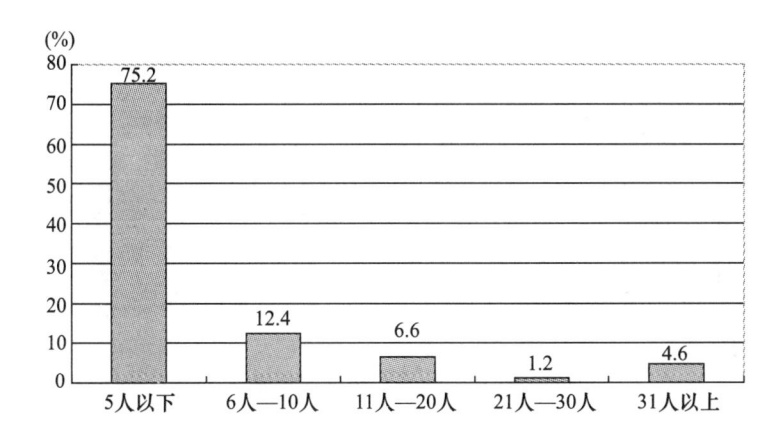

图4-7 被访企业兼职情报人员不同数量占比

综合而言，企业专兼职的情报人员数量不是很多，但这并不意味着企业对竞争情报需求不强劲或者少数的情报人员就能满足企业情报需要。实践中，多数企业仍然把竞争情报当作附带完成的工作任务和职能，而没有写入特定岗位的正式描述。这与国外研究相一致（Jenster，2010）。在这种情形下，问卷填写者对"什么是情报专职和兼职人员"这一问项的理解不到位，可能导致该统计值小于实际的企业专兼职的情报人员数量。

5. 竞争情报预算

(1) 整体统计

被访企业中无竞争情报预算的占到 22.2%，有预算的占到 9.9%，77.8% 的受访者表示对所在企业的竞争情报预算状况不了解。对比无预算和有预算的企业数量，可知大多数企业没有竞争情报预算。即便在有竞争情报预算的企业中，其预算资金也是非常少的，59.6% 的企业在竞争情报方面的预算低于 5 万元，可见企业对竞争情报的资金投入较少（见图 4-8）。

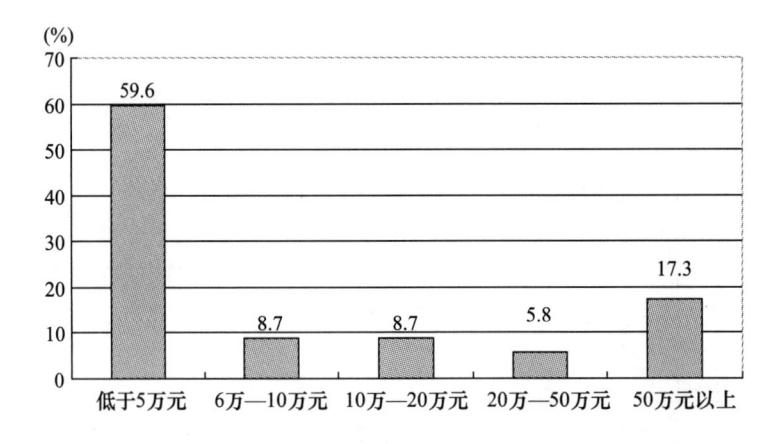

图 4-8 被访企业竞争情报预算情况

(2) 按照东中西部统计

图 4-9 给出了东中西部的竞争情报预算情况比较。从中可以看出，东部、中部、西部企业在竞争情报建设方面具有预算的比例分别为 23.0%、12.2%、8.1%，比例是逐步降低的。东部、中部、西部在竞争情报建设方面没有预算的企业比例分别是 16.8%、19.1%、29.7%，比例是逐步升高的。由此可见，对于竞争情报建设的资金投入状况是东部企业好于中部企业，而后者又好于西部企业。

第四章 我国中小企业竞争情报应用现状调查分析

6. 竞争情报收集部门
（1）整体统计

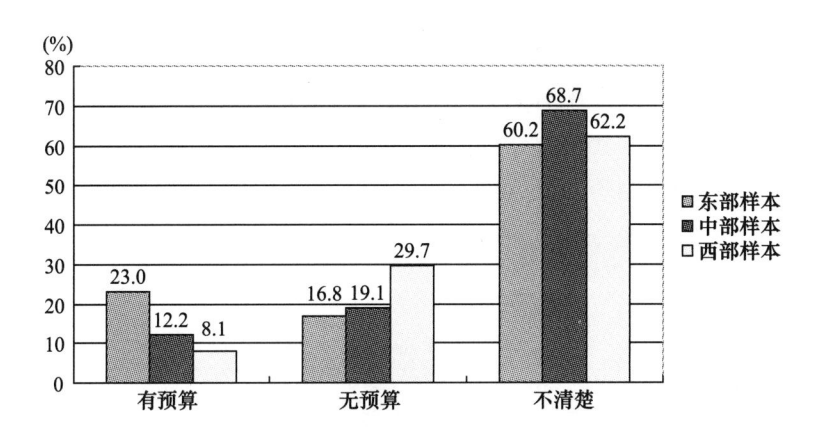

图4-9 被访企业竞争情报预算情况（按东中西部统计）

从图4-10中可以看出，由专门情报部门来收集企业所需的各项情报的企业数量只占被访企业总数量的17.7%，而企业情报活动由企业各职能业务部门来负责的企业数量占被访企业总数量的82.3%，远远高于设立专门情报部门的企业。

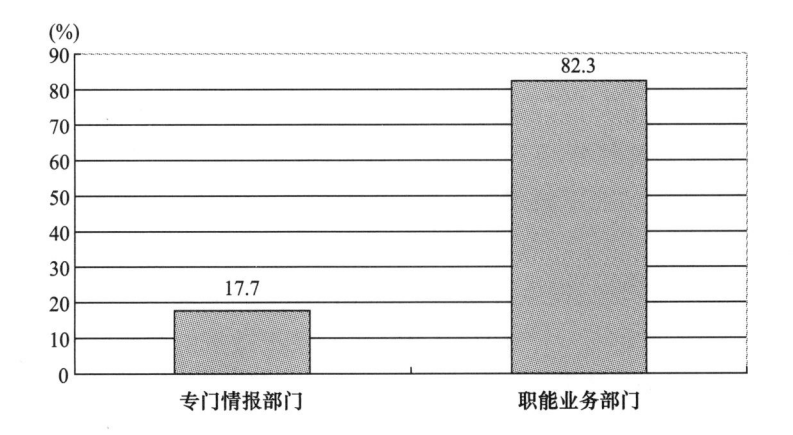

图4-10 被访企业竞争情报部门设置情况

从图 4-11 中可以看出，对于搜集主体，部门主管及 CEO 占主导，达到 59.8%，而并不是我们想象中大部分应该由企业的专、兼职情报人员来开展。除了企业的中高层管理者开展竞争情报活动，企业中的普通业务人员也是竞争情报活动的开展者和实施者，从本次调查中可以看出，在企业中有 25.8% 的情报活动是由企业的普通业务人员开展实施的，这一比例要远远高于专职情报人员的 14.4%。

综合看来，竞争情报收集工作分散在各个职能业务部门并由中高层管理者及普通业务人员兼职负责。

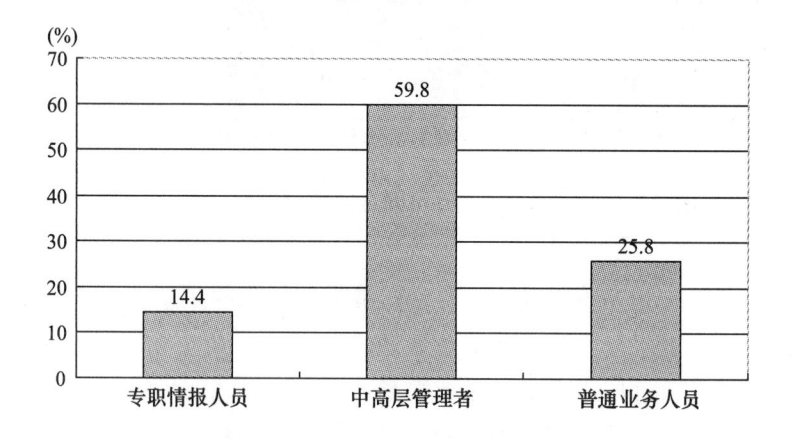

图 4-11 被该企业竞争情报收集主体

（2）按照规模统计

本调查进一步对该题项按照规模进行分段统计。即按照企业员工人数将企业规模划分为三个等级，即低于 1000 人、1000—2000 人、高于 2000 人。按照不同规模等级，对被访企业组织层面的情报搜集主体进行统计，结果如图 4-12 所示。可以看出，在这三个规模等级中，被访企业的情报搜集任务基本上是由职能业务部门承担，这一比例均高达 80% 以上，由专门情报部门进行情报搜集的企业不足 20%。比较来看，随着企业员工人数的不断增加，即随着企业规模的不断扩大，由专门情报部门搜集情报的企业所占比例有所提升，而由职能业务部门搜集情报的企业所占比例有所下降，这说明与中小企业相比，大企业有组建专门情报部门来搜集情报的倾向。

第四章 我国中小企业竞争情报应用现状调查分析 | 77

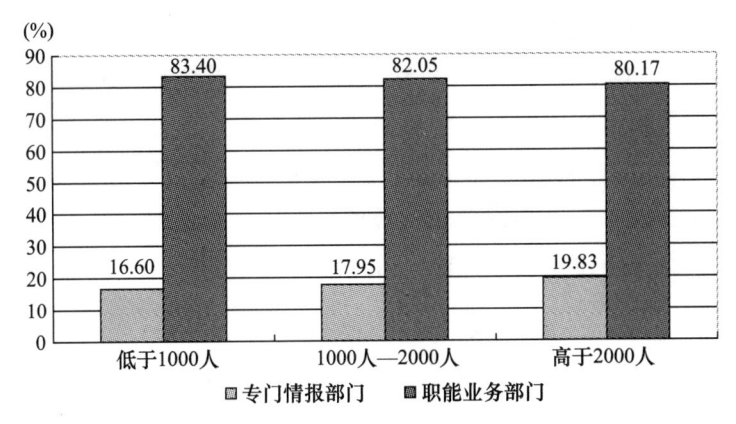

图4-12 被访企业组织层面情报搜集主体（按规模分段统计）

按照不同规模等级，对被访企业个体层面的情报搜集主体进行统计，结果如图4-13所示。可以看出，在这三个规模等级中，被访企业的情报搜集任务主要是由中高层管理者承担，这一比例均高达50%以上。比较来看，随着企业规模的不断扩大，由中高层管理者主要负责情报搜集任务的企业所占比例有明显的下降趋势，即由62.62%下降到55.17%、52.22%；与低于1000人的企业相比，高于1000人的企业由专职情报人员主要负责情报搜集任务的比例有明显提高，即由10.59%提高到20%以上。上述分析结果表明，与中小企业相比，大企业中由专职情报人员搜集情报的企业所占比例更大。

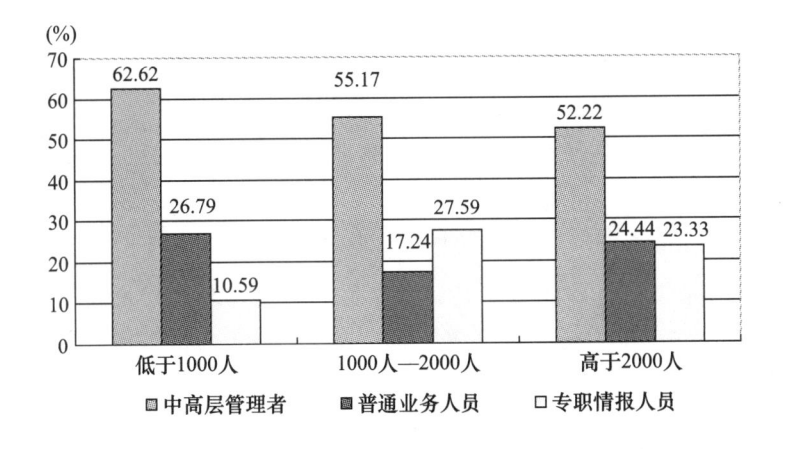

图4-13 被访企业个体层面情报搜集主体（按规模分段统计）

7. 竞争情报组织模式

从图4-14可以看出，37.5%的企业为重点分布式，即由接触情报最频繁的重点职能部门（如营销部、研发部）兼任公司层面的情报处理职能。也就是说大部分企业并没有专门的情报职能部门，比较普遍的现象就是情报工作由企业内对情报需求比较多的特定业务职能部门负责。从整体可以看出，情报运行模式较为分散。

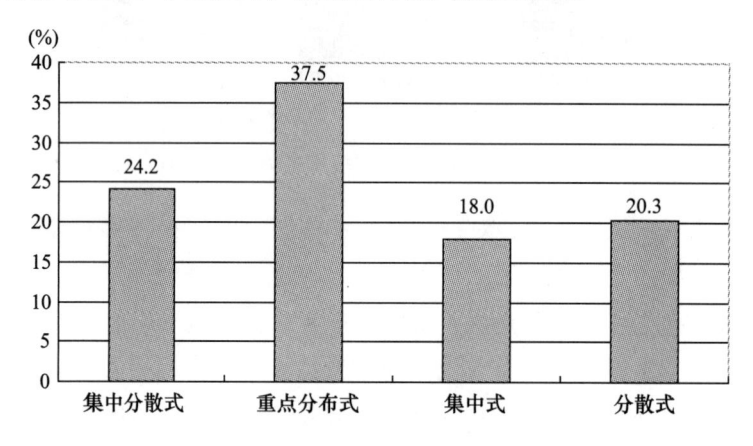

图4-14 被访企业竞争情报组织模式

8. 企业竞争情报工作组织实施状况

（1）整体统计

图4-15给出了竞争情报工作组织实施统计。在情报目标合理程度、岗位职责界定清晰程度、流程制度正式化程度、计划协调性这四个维度中，竞争情报工作组织实施状况很高的企业数量占被访问企业总数的比例都低于5%，其中，情报部门和岗位职责界定清晰合理程度这一维度的竞争情报工作组织实施状况达到很高水平的只有3%。在四个维度中，企业竞争情报工作组织实施状况达到较高水平的企业数量占被访问企业总数量的比例也都低于15%。而在所有被访问的企业中没有情报目标、职责界定、流程制度或计划协调的企业数量则高达20%左右。从中可以看出，大部分企业的竞争情报工作并没有合理的安排、正式的组织与实施，具有很高的随机性。

总体而言，绝大多数企业在竞争情报工作组织实施过程中的目标制定、职责界定、正式化流程、计划协调都处在较低层次，不甚理想。

第四章 我国中小企业竞争情报应用现状调查分析 | 79

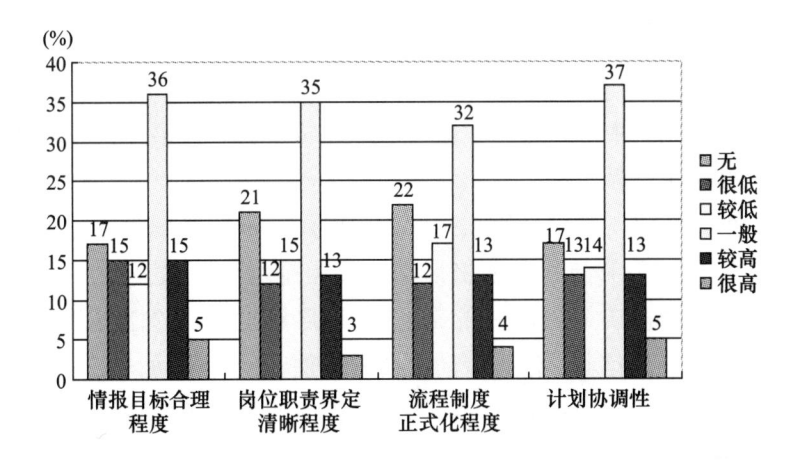

图 4-15 竞争情报工作组织实施状况

注:"无"表示没有情报目标、职责界定、流程制度或计划协调。

(2) 按照东中西部统计

为了对东中西部竞争情报的组织实施状况有效比较,将很高、较高、一般、较低、很低、无分别赋予权重 5、4、3、2、1、0,由此计算得到东中西部的情报目标合理程度、岗位职责界定清晰程度、流程制度正式化程度、计划协调性,如图 4-16 所示。可以看出,东部企业在情报目标合理程度、岗位职责界定清晰程度、流程制度正式化程度、计划协调性四个方面均高于中部企业和西部企业。西部企业在这四个方面都处在较低层次。

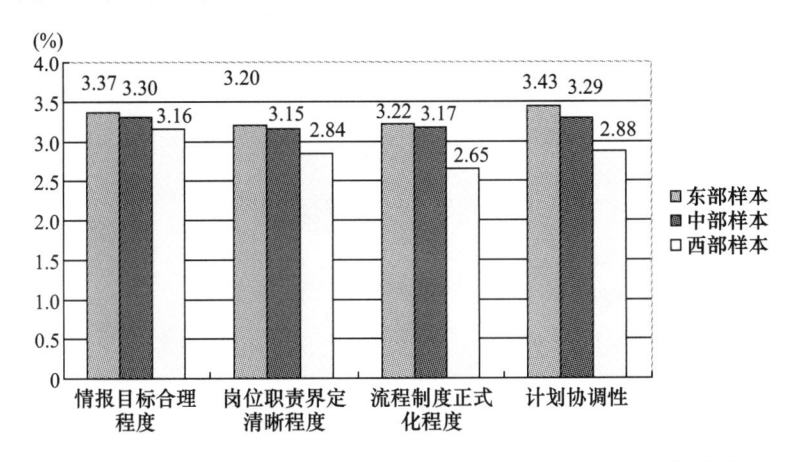

图 4-16 被访企业竞争情报工作组织实施状况(按东中西部统计)

9. 竞争情报发展阶段

（1）整体统计

从图4-17中可以看出，35.2%的被访企业处在第一阶段，即没有正式情报工作及人员，偶尔涉及相关活动纯属个人行为；18.4%的被访企业的情报工作处在第二阶段，即以图书资料管理为主，没有建立正式情报组织和流程，情报活动主要是临时性，对企业决策影响小；28.6%的被访企业处在第三阶段，即已建立正式的情报组织网络和流程，但规范化弱，情报活动主要是事件、项目驱动，支持战术决策多；10.8%的被访企业处在第四阶段，即情报组织网络和流程制度化较强，搜集和分析较深入，为战略决策服务多；仅有7.0%的被访企业处在第五阶段，即情报制度流程正规化和系统性很强，情报网络覆盖宽，搜集和分析能力很强，情报活动与战略决策融合促进，对外部环境感知和响应能力强。

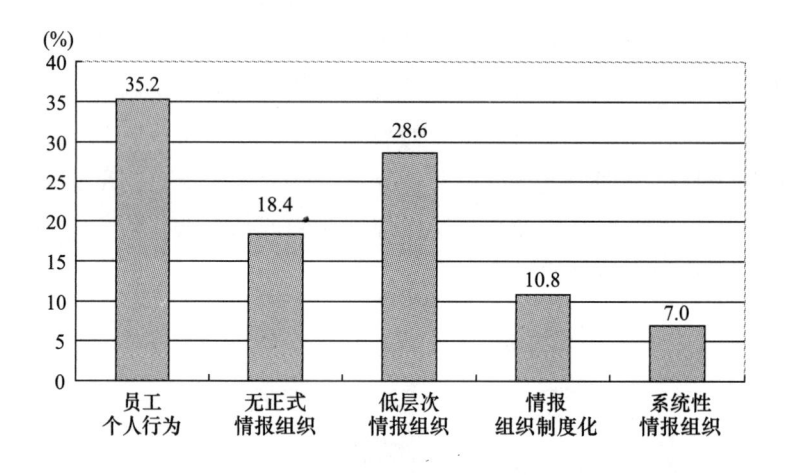

图4-17 被访企业竞争情报发展程度

（2）按照规模统计

本部分按照不同规模分段是指按照企业员工人数将企业规模划分为三个等级。

表4-1给出了按照规模分段统计的企业竞争情报发展程度状况和均值。均值越高代表情报工作的正式化程度越高、系统性越强。由

此可见，随着企业规模变大，发展程度均值由 2.022 上升到 2.305、2.813，提高较为明显。

表 4-1 被访企业竞争情报发展程度均值（按规模分段统计）

规模	低于 1000 人	1000—2000 人	高于 2000 人
均值	2.022	2.305	2.813

图 4-18 给出了按照不同规模分段统计的情报发展程度的具体情况。可以看出，随着企业规模不断增大，"员工个人行为阶段"所占企业比例有明显下降趋势，由 41.13% 降为 32.14%、19.64%；"系统性情报组织阶段"的企业所占比例有明显提高，由 4.11% 上升到 7.14%、14.88%。上述结果表明：大企业竞争情报系统化发展程度整体高于中小企业。

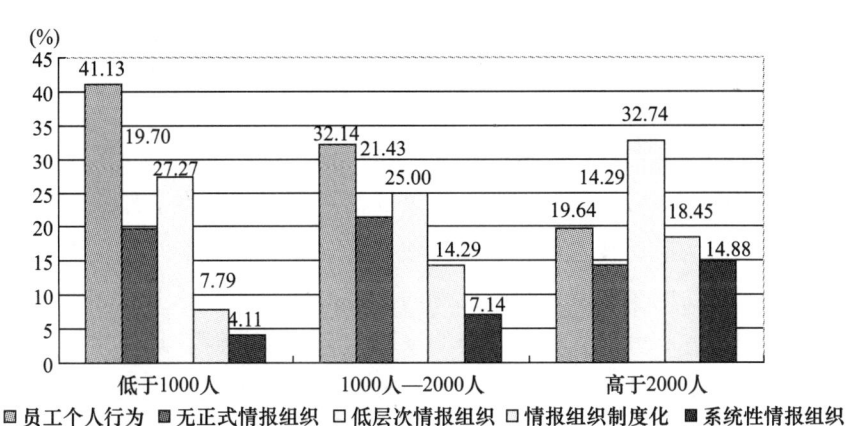

图 4-18 被访企业竞争情报发展程度（按规模分段统计）

（3）按照东中西部统计

本部分给出了企业竞争情报东中西部的对比，如图 4-19 所示。对于东部企业，处于 1（员工个人行为）、2（无正式情报组织）、3（低层次情报组织）、4（情报组织制度化）、5（系统性情报组织）阶段的企业比例分别为 26.5%、11.8%、26.3%、19.2%、16.1%。对于中部企业，处于 1、2、3、4、5 阶段的企业比例分别为 33.3%、13.8%、35%、12.2%、5.7%。对于西部企业，处于 1、2、3、4、5 阶段的企业比例分别为 37.8%、18.9%、35.1%、5.4%、2.7%。就竞争情报的开展总体阶段而言，东部企业好于中部，而中部好于西部。

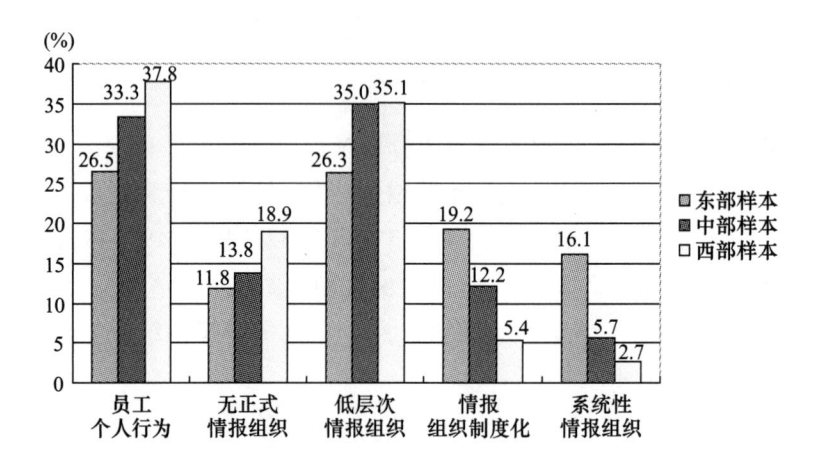

图 4-19 被访企业竞争情报发展程度（按东中西部统计）

10. 竞争情报对企业各方面的影响

如图 4-20 所示，虽然认为竞争情报活动对企业在战略决策、战术决策、市响应、技术创新、经济效益五个方面的影响水平很高的企业数量占被访问企业总数量的比例的不足 10%，但是认为竞争情报活动对企业这五个方面有较高的影响水平的企业却占到了 30% 左右，而且，认为竞争情报活动对企业这五个方面影响水平很低或较低的只有很少一部分企业。可以看出，绝大多数被访企业认为竞争情报对企业在战略决策、战术决策、市场响应、技术创新以及经济效益方面都有着较高程度的积极影响。

11. 竞争情报导入状况

对于企业的竞争情报工作，52% 的企业打算保持原有信息情报工作机制，35% 的企业打算导入/加强竞争情报工作，13% 的企业已经导入/加强竞争情报工作。

第四章 我国中小企业竞争情报应用现状调查分析 | 83

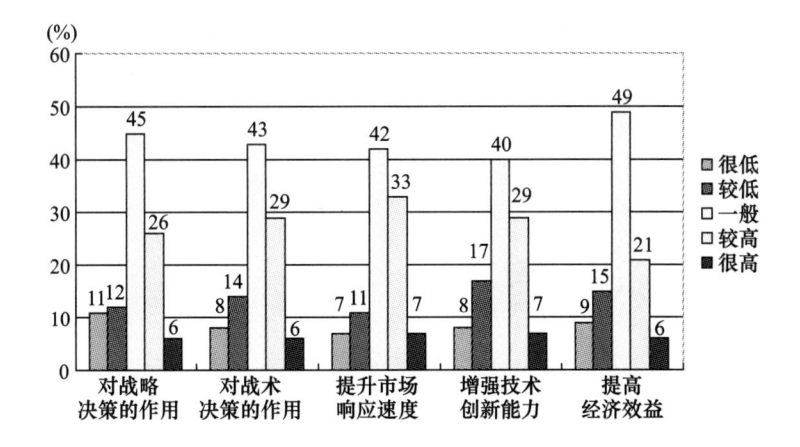

图4-20 被访企业竞争情报对企业的作用

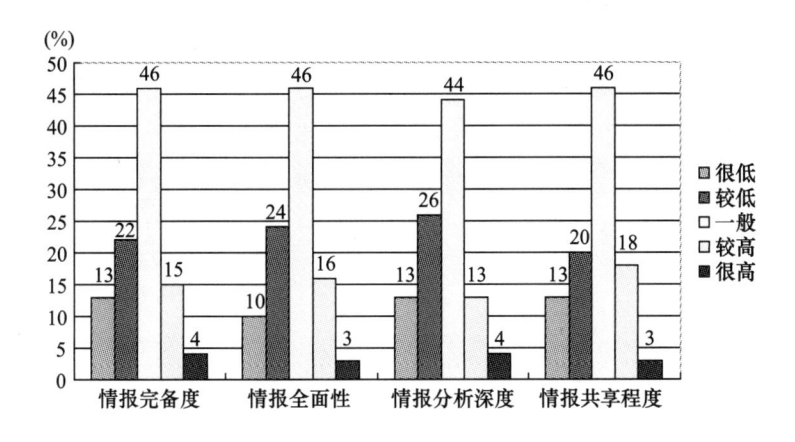

图4-21 被访企业竞争情报循环过程状况

12. 竞争情报循环过程状况

图4-21从情报完备度、情报全面性、情报分析深度、情报共享程度四个方面反映了被访企业竞争情报的搜集、分析以及传递的状况，这四个方面包括关于对手和外部环境的情报数据完备度、利用内外部情报源搜集数据情报的全面和先进程度、用定性及定量方法对情报分析的细致深入程度、情报知识在整个组织内传递共享的程度。从图4-21可以看出，在情报完备度、情报全面性、情报分析深度和情报共享程度四个方面达到很高水平的企业所占比例都低于5%，其中情报完备度和情报分析深度为4%，另外两个方面仅有3%；而认为

在这四个方面达到较高水平的企业所占比例也都低于20%。反而认为这四个方面的水平很低或较低的企业比例较多,认为其水平很低的都在13%左右,认为其水平较低的也都在20%以上。由此可知,绝大多数被访企业在上述四个方面都处在较低层次,有待进一步加强。

第三节 中小企业竞争情报需求与服务调查

1. 企业对各种情报服务项目的需求程度

图4-22和图4-23给出了选取的6种类型情报服务项目的需求程度和满意度。这6种情报服务项目依次为行业分析(趋势、投资、预警、产业链等)、宏观环境分析(经济、法律、政策)、竞争对手研究(目标企业调查、监测)、投资立项分析及可行性报告等、专利基本分析(检索、侵权、失效等)、国内市场研究(产品、客户、广告、价格)。需求程度和满意度按照高低进行排序,分值越低,表示需求或者满意程度越高。

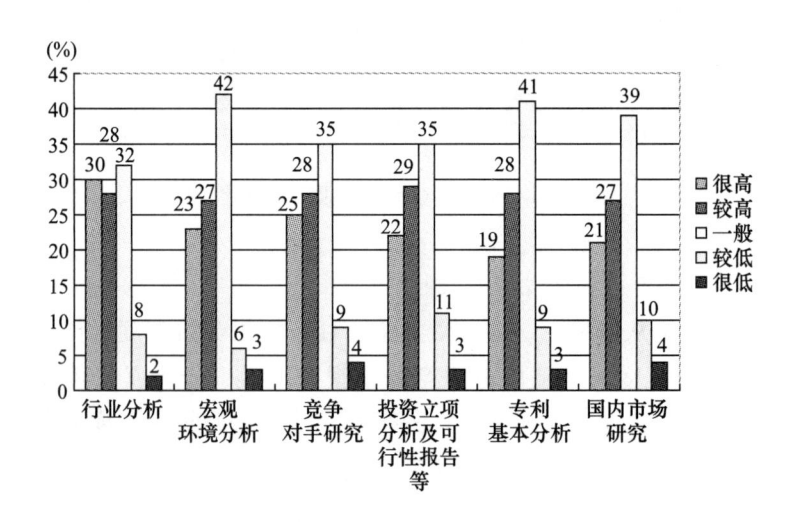

图4-22 被访企业情报服务项目需求程度

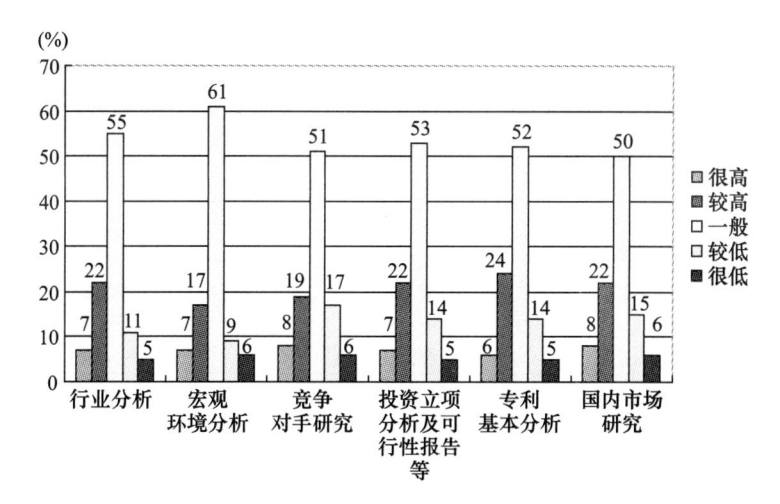

图 4-23　被访企业各种情报服务项目满意程度

如图 4-22 所示，企业对 6 种情报服务项目的需求程度总体比较高。其中，对行业、宏观环境、对手、投资立项、专利、市场 6 种情报服务项目需求程度很高的企业所占比例分别在 30%、23%、25%、22%、19%、21%，接近 20%，最高的达到 30%。对 6 种情报项目需求程度较高（一般）的企业所占比例是 28%（32%）、27%（42%）、28%（35%）、29%（35%）、28%（41%）、27%（39%）。对 6 种情报服务需求程度较低的企业所占比例都在 11% 以下。对 6 种情报服务需求程度很低的企业就更加少，占企业总数的比例都在 4% 以下。

表 4-2　各种情报服务项目的需求度均值和满意度均值

信息情报服务项目	需求度均值	满意度均值
行业分析（趋势、投资、预警、产业链等）	2.23	2.84
宏观环境分析（经济、法律、政策）	2.38	2.89
竞争对手研究（目标企业调查、监测）	2.39	2.95
投资立项分析及可行性报告等	2.44	2.87
专利基本分析（检索、侵权、失效等）	2.49	2.89
国内市场研究（产品、客户、广告、价格）	2.50	2.89
基础技术情报（标准、样本等）	2.66	2.93

续表

信息情报服务项目	需求度均值	满意度均值
技术战略深度分析（态势、监控、预测）	2.67	2.98
外贸市场研究（投资、贸易数据、预警等）	2.73	3.01
竞争情报知识培训	2.82	3.11
竞争情报体系构建	2.82	3.08
企业竞争战略分析（竞争策略、财务评估）	2.82	2.99
专利高级分析（态势、布局、对手等）	2.85	3.02
在线监测服务（网络广告、网站、口碑等）	2.88	3.07
竞争情报软件购买	3.03	3.13

如图4-23所示，企业对6种情报服务项目的满意程度普遍比较低。对6种情报服务项目满意程度很高的企业数比例都低于10%，对6种情报服务项目满意程度较高的企业数比例在20%左右，但是对6种情报服务项目满意程度一般或者更差的企业数占被访问企业总数的比例却很大，甚至达到60%以上。

表4-2给出了各种情报服务项目的需求程度均值和满意度均值。从需求程度看，均值在"一般需要"和"较低需要"之间，对竞争情报软件的需求程度均值是"一般需要"，而对其他服务项目的需求程度均值是"较低需要"。从满意度看，均值在"不太满意"和"比较满意"之间，对外贸市场研究、竞争情报知识培训、竞争情报体系构建、在线监测服务等项目的满意度均值略高于其他项目。

综上所述，企业对情报服务项目的需求程度较高，但是企业对能够获得的情报服务项目的满意程度却较低，这样就形成了一种需求大但需求不能得到很好满足的矛盾。

2. 对各种信息情报服务中介的使用频率

图4-24、图4-25给出了企业对不同服务渠道的使用频率和满意度。表4-3给出了企业对不同服务渠道的使用频率均值。

总体而言，企业对所有的服务渠道都有使用。具体而言，使用渠道的频繁程度从高到低依次为行业协会、本行业信息服务机构、经商贸主管部门、商业化公司、科技局/厅。总体上企业对各种服务渠道满意度偏低。具体而言，企业对行业协会、本行业信息服务机构、经

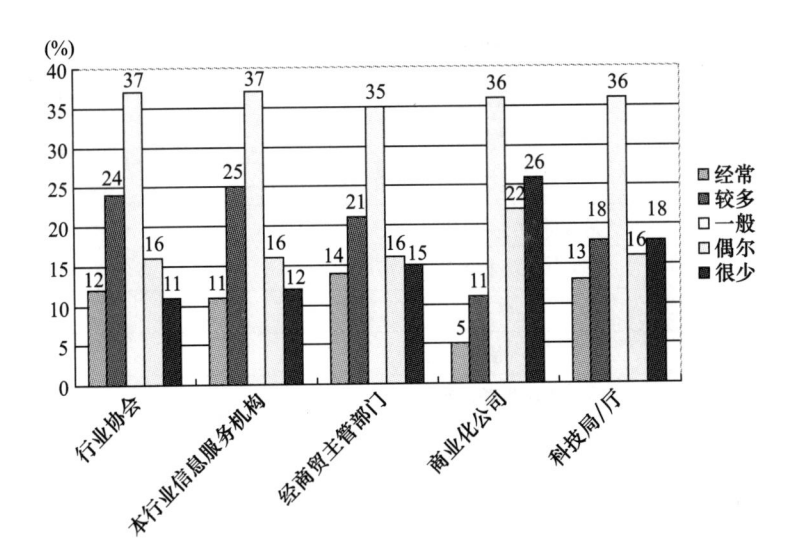

图 4-24　被访企业竞争情报服务渠道使用频率

商贸主管部门、商业化公司、科技局/厅等各种渠道的高满意度分别为 9%、7%、9%、6%、7%，较满意度分别为 25%、23%、20%、14%、20%，不太满意的达到 12%、14%、13%、20%、13%，很不满意的在 5% 左右（见图 4-25）。

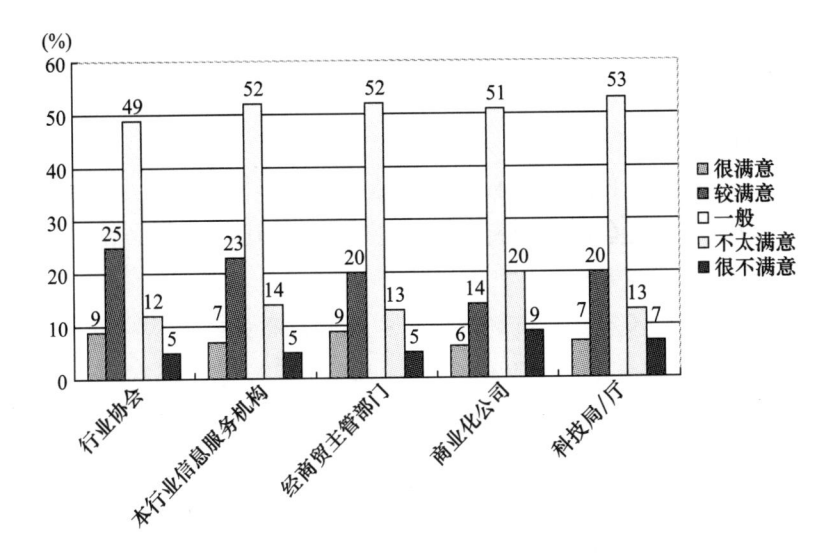

图 4-25　被访企业情报服务渠道使用满意度

表 4-3　　　　　被访企业信息服务获取渠道使用频率

信息服务获取渠道	均值
行业协会	2.91
本行业信息服务机构	2.94
经商贸主管部门（经信委、发改委、商检）	2.96
商业化公司	3.00
科技局/厅	3.06
本行业科研院所	3.16
产业集群、产业园区	3.20
省区域服务平台（公共研发、科技信息）	3.21
专业情报网、B2B 平台、情报软件系统	3.23
国家、省知识产权和专利情报服务平台	3.25
中小企业信息服务平台网站	3.29
中小企业管理机构	3.29
省市科技信息研究所	3.37
专利服务机构	3.38
生产力促进中心、创业中心、孵化器	3.39
国家图书馆企业信息服务中心	3.48
高校图书馆	3.54
省市公共图书馆	3.56

3. 服务质量评价

被访企业针对各类情报服务中介提供的市场情报、技术情报、行业分析以及企业竞争战略分析的质量评价分别如图 4-26、图 4-27、图 4-28、图 4-29 所示。

如图 4-26 所示，就市场情报服务而言，质量好评从高到低依次是行业协会（35%）、商业化公司（34%）、本行业信息服务机构（30%）、政府（29%）、本行业科研院所（28%）、专利服务机构（25%）、省市科技信息研究所（20%）、图书馆（15%）。服务质量为中评的企业数比例达到 50% 以上。质量差评的从高到低依次是图书馆（32%）、省市科技信息研究所（23%）、专利服务机构（21%）、本行业科研院所（16%）、商业化公司（15%）、政府（19%）、本行业信息服务机构（12%）、行业协会（11%），质量差评比例高说明它们的市场情报服务业务很少，或能力较弱，或其业务没有被企业知道。

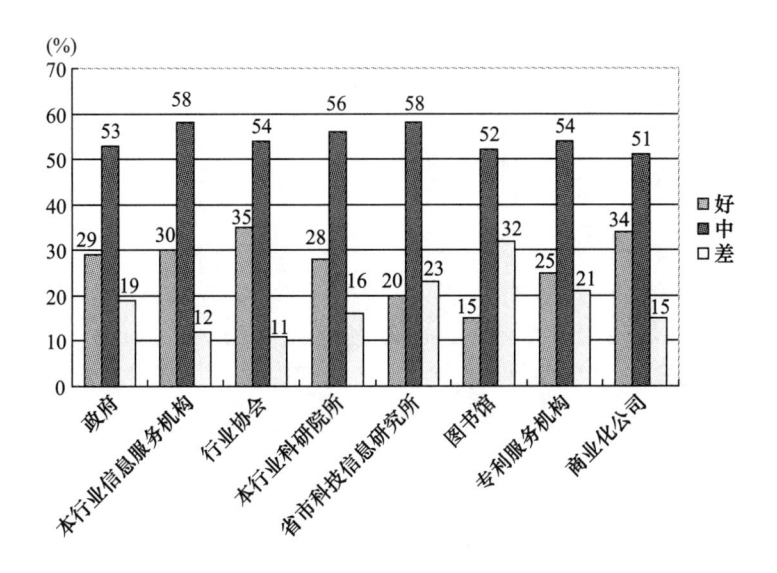

图 4-26 市场情报服务质量

如图 4-27 所示，就技术情报服务而言，本行业科研院所、行业协会、专利服务机构和本行业信息服务机构的好评较高，分别达到31%、30%、28%、27%；图书馆的差评最多，达到31%，其次是政府和省市科技信息研究所，都是22%，说明它们的技术服务业务很少，或能力较弱，或其业务没有被企业知道。

如图 4-28 所示，就行业情报服务而言，行业协会、本行业信息服务机构和商业化公司的好评较高，分别达到37%、33%、33%；图书馆的差评最多，达到30%，其次是省市科技信息研究所和专利服务机构，分别是21%和20%，说明它们的行业情报服务业务很少，或能力较弱，或其业务没有被企业知道。

如图 4-29 所示，就战略情报服务而言，商业化公司、行业协会和专利服务机构的好评较高，分别达到31%、29%、28%；图书馆的

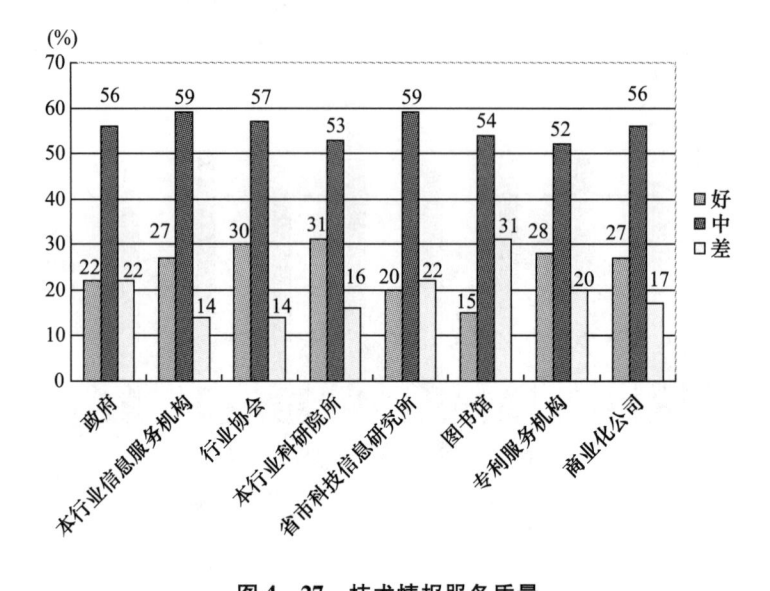

图 4-27　技术情报服务质量

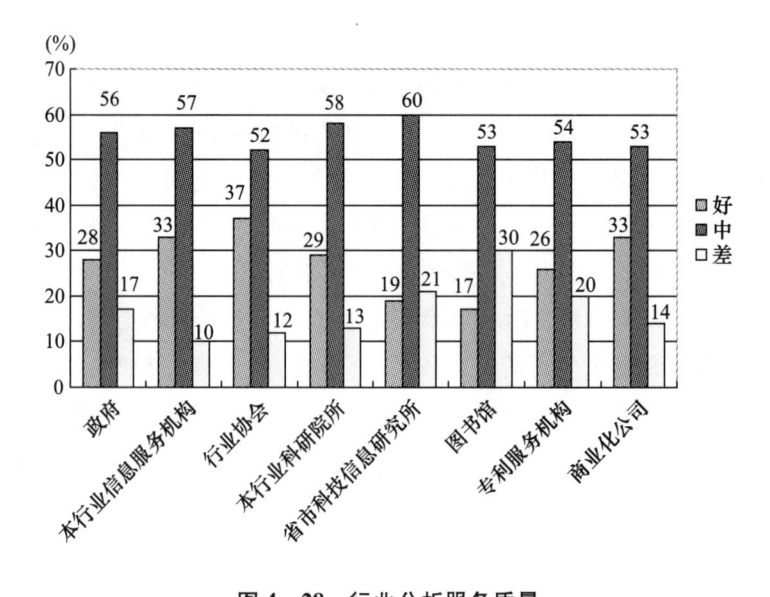

图 4-28　行业分析服务质量

第四章 我国中小企业竞争情报应用现状调查分析 | 91

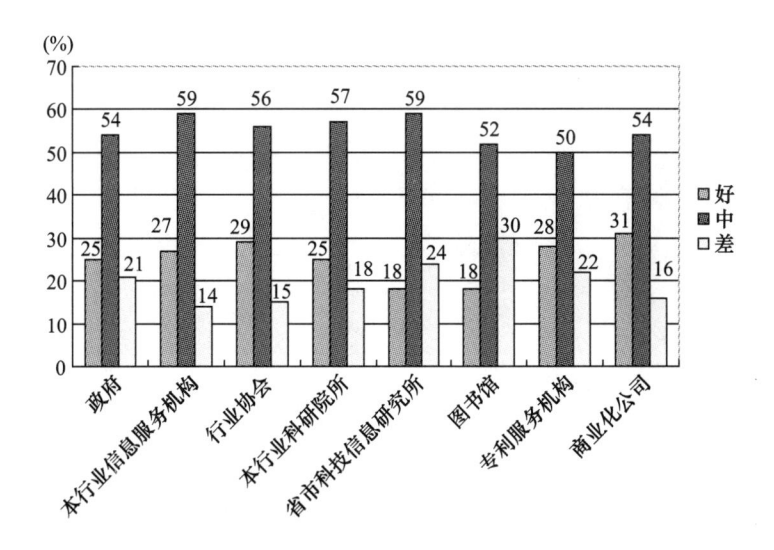

图 4-29 被访企业竞争战略分析服务质量

差评最多，为30%，其次是省市科技信息研究所和专利服务机构，分别是24%和22%，说明它们的战略情报服务业务很少，或能力较弱，或其业务没有被企业知道。

4. 各类中介服务问题

可以看出各类服务中介都在不同程度上存在以下问题：服务创新意识，市场机制没有建立或者运行不畅，服务项目少，缺乏满足需求的信息，价格过高，服务质量不佳，企业不知道去何处寻找合适的中介服务机构。此外，42.5%的被访企业认为行业协会缺乏服务创新意识，38.1%的企业认为商业化公司的情报服务价格过高。如图4-30所示。

就服务问题而言，按照比例汇总方法的问题严重程度从高到低依次为：服务创新意识薄弱、服务项目少、价格高、市场机制不足、质量不佳和较难找到合适中介。就个体而言，行业协会突出的问题是缺乏服务创新意识和服务项目少；本行业信息服务机构突出的问题是市场机制不足和缺乏服务创新意识，省市科技信息研究所突出的问题是市场机制不足和服务项目少，高校图书馆突出的问题是缺乏服务创新意识和服务项目少，省市公共图书馆突出的问题是服务项目少和缺乏

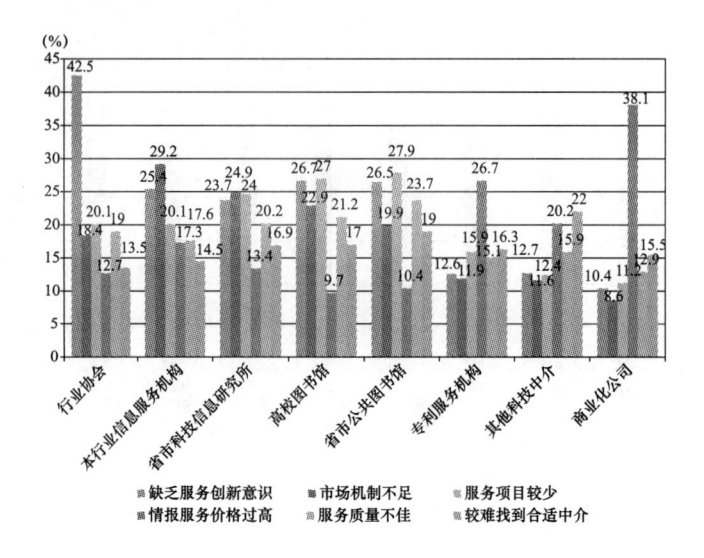

图 4-30　被访企业各类情报服务中介存在的问题

服务创新意识，专利服务机构的突出问题是价格过高和较难找到合适中介，商业化公司的突出问题是服务质量不佳和较难找到合适中介。

第四节　中小企业竞争情报应用现状分析

基于上述数据调查，对我国中小企业竞争情报应用现状分析如下：

（1）我国企业对竞争情报整体认知度不高，不仅不清楚竞争情报含义，而且不知道如何组织实施。对竞争情报重视程度不够，表现为人、财、物投入偏少。

（2）我国企业竞争情报组织上多以业务职能部门为主的形式运行，情报任务分散在各职能部门，且以兼职部门和兼任岗位为主。竞争情报搜集的主体是中高层管理者。

（3）整体看，我国企业竞争情报应用尚处在较低发展阶段，表现在53%的企业处在第一阶段和第二阶段。考虑到本书搜集的样本中，500人以下的小企业样本较少，实际中这部分小企业还很多。所以推测有60%—70%的企业处在第一和第二阶段。

（4）从基于规模的关键题项的对比分析可以看出：整体而言，中小企业的竞争情报发展程度低于大企业。企业规模越大，则开展情报工作的正式化和系统程度越强；企业规模较小，则开展情报工作的非正式化和系统管理的程度低，个人行为特点突出。大、中、小企业的竞争情报工作具有明显不同之处，如大企业更加倾向于专门情报部门和专职情报人员的搜集模式，小企业更加倾向于职能部门、兼职情报人员以及中高层管理者的搜集模式。

（5）从东中西部的关键题项的对比分析可以看出，东、中、西部的中小企业竞争情报工作呈现出从高到低发展的态势，主要表现在竞争情报的发展阶段和循环过程等两个方面。其首要的原因是观念意识的落后导致西部企业对竞争情报重视和经济投入不够。此外，可能还存在基础设施落后、人员技能不足等原因。

基于上述数据调查，对我国中小企业竞争情报的需求及服务现状分析如下：

（1）整体而言，企业情报的需求和供给存在较为明显的不平衡和脱节现象。我国企业对外部竞争情报服务项目的需求程度较高并且多元化，然而，对各类服务中介的质量满意度偏低，使用频率不高且不均衡。中小企业虽有强劲的竞争情报需求，但是由于经济实力弱，而不愿意购买竞争情报产品或服务。

（2）整体而言，多类主体的竞争情报服务能力不足。服务问题普遍存在，突出表现为：服务创新意识不足，市场机制没有建立或者运行不畅，以及服务内容少、定价不合理、服务质量不佳等。

第五章　我国中小企业竞争情报服务现状调查分析

中小企业竞争情报服务体系的形成与完善是一个渐进的过程，各类主体在中小企业竞争情报服务体系的形成与运作过程中发挥着怎样的作用呢？本章从不同主体的服务现状，以及服务成熟度两个方面进行全面的调查、评价和分析，进而运用系统论对整个服务体系存在的问题进行深入剖析，为进一步识别问题的症结和优化系统运行提供客观依据。

第一节　关键主体的竞争情报服务现状评价

在企业竞争情报的供给过程中，不同层面主体对情报的供给不同，主要包含公共信息服务机构、商业化竞争服务商、政府及相关中介。我们采取多种方式对各类主体进行专门考察。对于种类繁多的公共信息机构，首先通过文献查阅及在中国科技信息机构数据库（http://www.ei86.net/cstii/）和网站浏览等方式对某类机构进行普查和初步过滤分析。其次，还采用案例分析、访谈、重点对象剖析、实地考察等方式。对于商业化公司与政府及相关中介，先采取文献查阅及在Google和百度等搜索网站进行初步筛选，再通过案例分析、访谈、重点对象剖析等方式对其进行分析。

一　公共信息机构服务状况

1. 区域性科技信息机构

（1）概况

区域性科技信息机构是以国家级、省级、县级信息机构构成的、支持地方经济发展服务为主的综合性信息资源及决策支持体系。早期主要为地方政府提供服务，如科技发展动态、地方科技规划、技术监测与评估等。近年来，区域性科技信息机构的业务范围拓宽、服务对象变得多元化。企业对象已上升到85.8%，成为科技信息机构第二大服务对象（郑彦宁等，2007；郑彦宁等，2010）。

（2）服务现状

由于目前市级科技信息机构服务业务很少，重点调查对象是31个国家级和省级机构。

调查结果表明：①整体层面看，省级科技信息研究所在企业情报服务方面较前几年有较快的发展，绝大多数省级科技信息研究所企业情报服务业务量不断增加，服务内容层次从信息服务过渡至知识服务，服务水平有一定程度提升。在产品上整体表现出两个趋势：一方面，情报产品向深度拓展，即将基本专利检索服务拓展为以专利情报为核心的深层次、多品类的技术情报产品；另一方面，情报产品向横向拓展，即将技术情报种类扩展至经贸情报、行业情报、竞争对手情报等。就不同区域比较，东部科技信息机构的业务量和水平明显高于西部。

②省级科技信息研究所服务能力良莠不齐。近年来涌现出一批服务探索的先锋。它们认识到自身信息资源和经验的优势，积极实施创新战略，依托现行的优势拓展服务项目。服务品种较多，服务各具特色，具有品牌知名度，正在凝聚一批客户。上海科技信息研究所等联盟不仅提供众多的服务品类，并且推出中小企业情报专项服务品种和平台、专利情报及培训等；湖南科技信息研究所建立了专门的产业、企业情报服务平台以及中小企业竞争情报服务平台。而其他的省级科技信息研究所的服务项目目前处在较低层次，服务品种非常有限。然而，其他大多数省级科技信息研究所为企业提供一些基本信息服务项目，如馆际互借/文献传递、代查代检/翻译服务、查新与专题服务等。也有个别省级科技信息研究所开展很少的企业情报服务业务，如海南科技信息研究所等。

2. 行业科技信息机构

（1）概况

行业科技信息机构是由隶属于国务院各部（委）和地方政府的行业信息机构构成的、以创新发展需求为导向的行业型信息资源及决策支持体系，是企业情报服务的主力军。我国比较重视行业科技信息资源的建设，早在2005年就强调行业信息资源共享机制在企业创新发展中的作用，随后启动一些项目，并对行业科技信息机构进行隶属关系和运行机制的改革。

（2）服务现状

目前，行业科技信息机构呈现多元化分布格局，朝着数字化、网络化方向迅速发展，达数千家。包括两类：一类是骨干行业科技信息中心（机构）。核心行业包括国务院各部（委、局）属机构18个，行业协会属机构28个，国家企业化管理信息服务机构25个，国家属科研院所、高校和部门的行业科技信息中心或政府部门主导的行业科技信息机构29个，行业信息增值服务商13个。这类机构中，国家管理或主导的机构及行业机构占主导，大约为总数的50%。另一类是企业联合组建的信息服务机构。重点观察140个左右骨干行业机构的网站（胡潜，2009）。

调查结果表明：①总体而言，行业科技信息机构的业务量不断增加，服务内容层次从信息服务过渡至知识服务，服务水平有较大提升。骨干行业科技信息机构的服务能力强于企业组建的信息服务网。与企业组建的信息机构相比，骨干行业科技信息中心（机构）开展服务的历史较长，经验多，品种丰富，较熟悉企业需求。这主要是由于：它们由国家管理及行业机构主导，运作资金由于来自政府或行业协会，因而较为充足，拥有较多的资源和服务（占63%）、行业客户资源等。

②骨干行业科技信息中心（机构）服务能力快步提升。在产品上朝着专业化、知识化、集成化方向发展，不断拓展服务品种和凝聚客户。近年来，涌现了一批服务探索的先锋，如中国化工信息中心、中国机械信息中心等。中国化工信息中心不仅提供一般的信息服务，还提供较多品种的、深加工的知识产品服务，如产业规划、投资分析、市场调研等，以及其他集成化服务，如应急救援、贸易预警、国际会展交流等。

③企业组建的行业信息服务机构服务能力弱，还停留在信息服务层次，信息产品种类很少，尤其是深加工的、高知识含量的产品少，有的甚至是单纯的商务性服务，难以满足企业深层次发展的需要，服务水平较低，并且在服务品种上可能与骨干行业科技信息中心（机构）有重复。例如：中国石油化工网以特有的网、报、刊一体化模式，形成了独特的信息服务和商业服务的战略优势。其主要提供的信息服务有市场报告、进出口数据等，同时还致力于打造化工品市场、设备市场、人才市场、技术市场、会展中心等电子商务平台。

④行业科技信息机构大多聚集在东部，这些机构所开展的服务业务量和水平高于西部。

3. 公共图书馆

（1）概况

国内公共图书馆是由省、市、县（区）、乡镇及社区公共图书馆组成、涵盖各个学科领域的综合性藏书体系。近年来，图书馆开始探索企业情报服务，虽起步较晚，但重视程度高、发展快。2005年，国家级图书馆开展"企业信息服务年"活动，开始专设企业信息服务中心，面向社会企业开展服务。2007年11月，苏州会议通过了《全国图书馆企业信息服务苏州宣言》。

（2）服务现状

根据2012年的《中国统计年鉴》，全国公共图书馆数量约为720个。初步调查发现地县两级图书馆开展竞争情报服务的很少，因此重点考察31个省级图书馆和国家级图书馆。

调查结果表明：①近年公共图书馆的图书信息资源及其利用率不断加大，而其对企业情报服务刚刚拓展。从整体层面看，公共图书馆对企业情报服务的内容的深度和层次偏低，服务品类非常有限。绝大多数图书馆还处在对企业情报服务的初步认知和启动阶段，只是提供了对企业的基础信息服务项目，如图书外借/文献传递、简报、馆际互借、代查代检/翻译服务、查新与专题服务等。

②国家和少数一些省级图书馆正在积极开展企业情报服务。例如，深圳图书馆设立工商企业图书馆，为企业提供商贸、技术等服务，以及竞争情报讲座、培训。天津泰达图书馆为当地的九大主导产

业提供全球企业情报信息库、行业简报、定题服务、市场情报等信息服务。苏州独墅湖图书馆除了为企业提供科技文献、专利、商贸信息、市场、媒体监测分析等服务，还一直努力为各阶层的读者提供培训，涉及竞争情报、知识产权、信息素养等。

③很少的县市图书馆也在尝试开展企业情报服务，例如，昆山图书馆在湖南科技信息研究所的帮助下建立中小企业情报服务平台及文献传递等基本业务。值得关注的是，一些图书馆在探索不同类型公共图书馆结盟运作和入驻科技园区的企业情报服务模式。例如，东莞松山湖图书馆集专业图书馆、科技图书馆与社区公共图书馆为一体，依托科技园区的优势，积极探索面向中小企业的信息情报服务。此外，还有一些图书馆认识到了情报服务的重要性，但是还未开展情报服务。

④就区域发展均衡度而言，东部地区公共图书馆的服务开展面以及专业水平明显高于西部地区。西部地区公共图书馆开展企业情报服务的很少，只有云南、新疆等少数几家。

4. 高校图书馆

（1）概况

国内高校图书馆主要根据各高校的教学需要，侧重采集、收藏与本学校的教学及研究关系较为密切的文献资源。近年来，随着高等教育文献信息保障体系的建成并投入使用，高校图书馆文献信息资源的保障及共享能力大幅提高。2005年，50余所高校图书馆馆长签署了《中国大学图书馆合作与资源共享武汉宣言》，鼓励高校图书馆在满足本校用户需求的前提下，逐步向社会开放资源。在此背景下，一些高校图书馆积极投身企业情报服务实践。

（2）服务现状调查

根据2012年的《中国统计年鉴》，我国有大约760所高校图书馆。首先对所有的高校图书馆网站浏览进行初步过滤分析，然后对其中开展企业信息服务的对象进行重点考察。

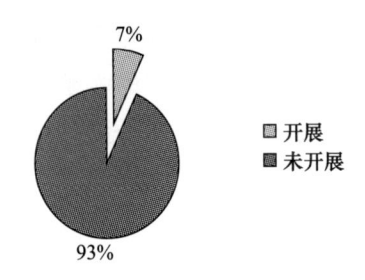

图 5-1 高校图书馆开展企业情报服务的状况

调查结果表明：①在所调查的 760 多所高校图书馆的网站中，仅有四五十个参与了企业情报咨询，不足被调查样本的 7%。大多是最基本的企业信息基础服务，如办证查阅、文献传递、简报、科技查新、代查代检、翻译、书目数据、信息检索与培训等。即便是一些高校图书馆开展了企业竞争情报服务，服务内容的深度和层次也偏低。但是，其中也不乏较高知识含量的项目，如知识产权战略、深度专利情报分析（专利地图及分布态势等）、特色产业主题库系统的二次开发提供等。"211 高校"以及教育部查新授权单位的高校的信息资源及企业情报服务潜力普遍强于西部。就区域发展均衡度而言，东部地区高校图书馆的开展面以及服务专业水平明显高于西部地区高校图书馆，尤其是广东、上海、江苏等地的高校开展了面向企业的情报服务业务，而东北、西部地区高校很少开展。

②很少一批高校图书馆率先尝试开展独具特色的服务。近年来，出现了一些社会服务先锋。如江苏大学图书馆提供科技检索与查新、专利情报检索及深度产品服务、特色行业专题数据库、信息系统开发等；中国矿业大学图书馆为煤炭企业提供专题咨询、文献传递服务，并开发一系列应用企业的信息系统等；福州大学开展有针对性的服务，如竞争情报培训，帮助企业构建数字资源等；嘉兴学院图书馆收集整理和传递本地区中小企业在生产和经营过程中所需的各种信息等；宁波大学提供宁波物流特色数据库、宁波文教用品特色数据库、科技查新报告等。

③此外，还有一些图书馆认识到企业情报服务的重要性，打算开展服务。例如，福州大学、湖北汽车学院、南京工业大学、电子科技

大学等的图书馆等已经开展此服务的战略定位分析，有的已经收集了当地企业的信息需求，有的分析了实施的服务模式等。

④更为普遍的情况是：很多高校图书馆在开展竞争情报服务过程中遇到了很大阻力。

二 商业化公司服务状况

1. 整体状况

全球市场上，各大研究统计机构对 CIS 市场一致看好。Gartner、Meta、Ovum 等咨询公司把竞争情报产品和服务规模评估在 80 亿—120 亿美元之间，对全球 2000 家规模最大企业的 IT 支出预算进行统计分析发现，80%的用户选择了 CIS 相关产品和服务。国内竞争情报市场处于成长期的前端，但发展非常迅猛（袁平，2004）。竞争情报技术、产品和服务的供给基本面是好的，但是产品及技术缺乏创新，市场总体增长慢，个别方面有较大增长。

2008 年，中国竞争情报市场规模超过 10.7 亿元，竞争情报软件（不包括知识管理）系统约 5000 万元，调研服务约 2 亿元，咨询服务约 3 亿元，数据与报告类的服务约 5 亿元，教育培训约 2000 万元。从用户结构上看，是从信息化水平较高的行业，网络环境较好、市场竞争较为充分的企业开始。从区域上看，竞争情报应用主要集中在华北、华东和华南地区（陈飓，2009；陈飓，2011）。

2. 产品及咨询类

竞争情报产品既包括与竞争决策相关的原始的和再生的数据/信息等浅加工产品，也包括对信息进行深度开发而形成的对策、建议、规划和方案等深度产品。竞争情报咨询类服务指为帮助用户顺利实施竞争情报工作过程的知识类型服务。

（1）数据信息服务商

近年来，商业化的 CI 数据信息服务较前几年有较大的进展。目前，一些早期的数据信息服务商，代表性的如赛迪、万方、同方等，利用自身的数据资源优势，不仅提供数据文献，也积极拓展产业、行业、对手等服务内容。此外，一些海外著名的商业信息服务公司，如邓白氏和 ISI 等进军中国市场（谢飞，2009）。随着大量企业逐步导入竞争情报，初步具备竞争情报功能，大量企业将开始采购情报源数据进行加工，从而促使经济贸易、行业、市场、媒体监测等市场不断发展。

（2）咨询类

它包含两类：一是专门的竞争情报服务商，这类公司数量很少；二是传统的综合型咨询公司、市场调研和行业研究公司等，这类公司占大多数，是服务的主力军。近年来，这两类服务商意识到竞争情报服务市场机会的到来，积极拓展情报的产品及服务。

其一，一些老牌专业情报服务商不断采取举措，加大行业带头作用。不仅加强服务品种的拓展，而且加强了竞争情报培训，深入到行业和企业内部。有的引入理念培训，强调针对企业高层的培训，如赛立信、东方锐眼、致远研究院等公司高层人员都在全国竞争情报年会进行了竞争情报知识宣传以及与企业面对面的互动。其二，一些专业情报服务商不断涌现。如 DoubleClick 作为全球贸易情报行业的领跑者，2003 年登陆中国大陆市场，为中国企业提供集成化的贸易情报及贸易电子商务服务。

（3）网站类服务

网站类服务是指通过网站给用户提供竞争信息及情报产品。一是商业信息网，此类网站具有信息占有量大，对信息二次开发、挖掘能力强的优势；二是 B2B 平台，此类网站利用为中小企业服务的平台，以及资讯、技术、客户、产业链、智力支持、社会网络等资源优势，开发包括情报在内的多种服务。近年来，该类服务发展很快，数量快速增加，具有很大潜力。根据 Yahoo、Google、百度检索结果，发现有上千个商业信息网和近百个 B2B 平台。

近年来，随着这类服务市场的竞争加剧，该类服务主体不断拓展信息情报服务业务，有的侧重服务项目品种的拓展，有的侧重服务模式的创新。例如中商情报网站提供商业情报收集、定题情报分析、商务报告、数据挖掘等多种服务；慧聪网充分整合和发掘庞大的行业企业数据库、行业站点、行业联盟、行业搜索引擎、网络资讯和广告媒体监测等特色资源和技术，形成了多元化的情报服务。

3. CI 软件及在线监测服务

此类服务指用于支持情报过程的系统，涵盖竞争情报的监测系统、搜索与采集系统、分析处理系统、门户和网络竞争情报服务客户端软件等。实践中，不少竞争情报软件与知识管理系统等存在功能重叠、关联和嵌入，即有的是嵌入在其他系统中，如 OA、ERP 等。因此，除了专用软件外，竞争情报软件还包括数据挖掘、知识管理、内容管理、舆情监测、网媒监测等。由于竞争情报市场的特殊性，竞争情报产品的研制与开发，自竞争情报专业组织成立的十几年中都在进行。总体而言，商品化的竞争情报系统正在形成中，多形态使得这个市场非常分散，规模不大。

虽然 2006 年竞争情报软件经历低谷，但近年来，随着企业需求的增加，情报软件服务市场快速发展。一方面，竞争情报软件商数量增多，软件功能趋于集成化、实用化。代表性的竞争情报软件包括托尔斯（TRS）、易地平方、天下互联（365Agent）、铱星、赛迪等（张向宁，2004）。另一方面，信息分析与数据挖掘、互联网监测等方面涌现出不少商业化产品，促使大量分析软件公司进入竞争情报领域。在线媒体（广告、新闻、论坛等）监测信息服务软件数量不断增加，如梅网新闻监测、谷尼网络口碑监测系统、麦知讯网络信息监测。一些互联网监测情报系统取得了较好的应用价值，如千里眼经济情报预警平台。

三 政府及相关中介

1. 政府

对于企业竞争情报服务，政府在政策法规、服务体系规划、情报的直接提供者这三个方面的支持力度都是逐渐加大。在制定相应的政策法规和政府信息服务方面，东中部经济发展较快的地区做得较好，经济欠发达地区相对较差（金惠红，2010）。

首先，政府制定和实施了关于扶持和发展中小企业服务体系、企业技术创新服务支持体系的一系列政策、法律，改进了法律及行政环境。

其次，加强了服务体系的规划、统筹。一是大力推进中小企业服务平台建设，目前，平台的建设和运营情况良好，已经面向产业集群和广大中小企业服务。二是大力实施科技资源共享平台建设，为企业技术创新提供所需的业务及情报支持，促进科技信息资源共享和利用。然而这些服务多数限于业务服务，虽然也包含信息化服务，但是多涉及信息化、电子商务服务以及浅层次的资讯服务，距离竞争情报服务还有较大距离。

再次，加大了政府直接情报服务的力度。一方面，随着电子政务的推行，各地政府通过网站为企业提供各种相关信息情报；另一方面，近年国际贸易环境风云突变，应采取多种举措推动贸易情报服务，推动贸易情报行业发展。2008 年，我国商务部中国国际电子商务中心携手上海特易信息资讯等多家公司，推出面向中小型进出口企业的外贸应用型资讯产品——EC 全球数据宝，提供专业、稳定、精确、及时的贸易情报资讯（王莹之，2010）。

2. 行业协会

行业协会是政府与市场之外的第三种力量，是政府与企业、企业与企业、企业与社会、企业与国外之间联系与交往的桥梁。但由于历史原因，我国行业协会依附于政府的官方色彩较为浓厚，运行机制尚不完善，各项职能没有得到充分发挥。如在行业技术攻关、技术贸易壁垒应对、贸易投资等方面还很弱。目前我国还没有出台相应的法律来引导和规范行业协会的发展，主要是依据于相关的政策、文件，对行业协会和商会进行引导，而缺乏激励与约束（康宛竹，2009）。

目前，行业协会为企业信息服务的功能还比较单一，主要是提供一些大众化的信息、静态的文献资料和简单的行业调查报告等。信息服务的广度和深度不够，所提供的信息对企业决策的影响力度小（杨永红，2006）。实际调查与访谈也发现，一些企业对行业协会提供的服务不认可。某些企业的 CEO 明确表示：行业协会提供的服务太少，知名度较低。本次全国调查显示：企业对行业协会服务的使用频度和满意度都比较低。

3. 科技业务中介

目前，科技业务中介是中小企业技术创新活动的主力军，数量庞大，分散性强。科技业务中介主要包括生产力中心、孵化器和一些科研院所等。

2009 年《全国生产力促进中心统计报告》报道，信息、咨询、技术、培训服务收入比重分别为 4.16%、29%、32.96%、7.14%。

由此可见，企业信息情报服务的业务量很低。主要的原因是：它们以提供业务服务为主，同时提供依附在其上的情报服务。此外，总体而言，科技中介还处于发展中，其主要存在运行机制不合理、人员素质不高、资源整合不够、规模偏小等问题（李纪珍，2006）。尽管一些中介探索了科技网络资源共享环境下的科技情报服务模式，如珠海市生产力促进中心（杨艺，2009），但是科技中介整体服务能力弱。

第二节　竞争情报服务成熟度评价

一　竞争情报服务成熟度评估理论的提出

1. 成熟度评估理论在竞争情报服务中的应用

服务成熟度这个概念最早出现在著名的咨询公司爱森哲电子服务的研究中，其源自卡耐基梅隆大学提出的软件能力成熟度模型（CMM/CMMI），其核心思想是利用等级模型及其评价以进行过程评估和改进。电子服务成熟度用于衡量政府为社会提供在线服务的能力及发展水平（Accenture，2003）。信息机构早期阶段提供以文献和数据等为主的信息服务，目前受到市场驱动，出现服务品种多元化，高知识含量的产品增多，其服务过程也呈现出从低级、不成熟到高级、成熟的演进特点。因此，需要设计适合竞争情报服务的服务成熟度框架理论及参考模型，以便进行服务过程的管理、评估、控制和改进，为情报服务的发展提供战略指导。

2. 服务成熟度评估框架

与电子政务成熟度评估目的类似，本书关注服务组织的成熟度，即评估主要关注信息机构整体层面为企业提供情报项目的能力及发展水平。但是，与电子服务不同，竞争情报服务覆盖了从低价值的信息产品到高价值的知识产品的加工和服务过程。因此，本书在改进电子政务成熟度评估体系的基础上，结合情报服务特点，提出竞争情报服务成熟度评估体系。

确定服务内容、信息资源为服务成熟度评估的两个主要维度。首先，电子政务成熟度评价体系包含电子服务和客户关系管理成熟度，前者包含内容成熟度和传递成熟度。一个信息机构所能服务的内容反映企业真正需要的核心价值所在，其提供的情报产品品种越丰富、价值增值越高、客户满意度越高，则意味着其成熟度越高。故以服务内容作为第一维。其次，从资源能力观看，信息机构本质上是获取、配置资源以实现目标的各种活动，其核心竞争力取决于信息资源及知识加工能力。故以信息资源作为第二维。由于我国现阶段企业竞争情报服务处于较低阶段，主要关注服务业务、品种、信息资源设施等现状。由此可见，该评估体系适合我国现状，有助于找出现阶段情报服务业务发展的主要制约因素。

二 竞争情报服务成熟度评估体系

1. 基本概念

（1）服务项目的分类

竞争情报产品分类是竞争情报服务成熟度评估需要首先考虑的基础问题。目前，国内外有关知识产品分类的研究比较缺乏。与物质产品不同，知识产品具有特殊的成本结构，即固定投入大，边际成本几乎为 0，具有高风险性、垄断性、无磨损性、可复制性、网络效应等，现行知识产品分类主要是基于外在表现形式和内在价值（颜端武，2009；顾元勋，2011）。

由于广义所指的竞争情报包含了信息产品、知识产品及从信息到知识转化的半成品，它们处在不同加工生命周期，具有不同特性，如有些低级的信息产品具有可共享性，而高级的如竞争者情报在一定程度上具有独享性，因而分类更加复杂。本书提出的分类模型，如表5-1所示。首先，以产品加工生命周期和客户需求角度作为第一、二层次的分类维度。第一层次的分类维度将竞争情报产品分为初级产品、中级产品、高级产品；第二层次的分类维度将产品分为 20 个大类（初级产品 3 大类、中级产品 8 大类、高级产品 9 大类）。其次，对于部分第二层次类别的产品，按照客户需求视角给出细分小类。

表5-1　　　　　　　　　　竞争情报服务项目分类

大类		说明及小类举例
初级服务项目	文献检索服务	原始文献的采集、组织、检索与传递（包括专利文献的检索与传递）
	文献专题服务	简报、快报定题服务
	信息资源库服务	学术、技术专利、经贸等数据库
中级服务项目	行业/产业分析1	行业动态、政策数据信息的搜集、分类、统计、局部专题分析等
	竞争对手分析1	竞争企业的某方面信息的搜集、跟踪、局部专题分析等
	区域分析1	区域数据信息的搜集、分类、统计、局部专题分析等
	经贸市场分析1	经济市场产品、进出口数据信息的搜集、分类、统计、局部专题分析等
	立项分析1	投资数据信息的搜集、分类、统计、局部专题分析等
	技术转移1	技术供应/需求信息的搜集、分类、统计、局部专题分析等
	专利情报1	侵权、同族、失效等专题分析等
	其他技术情报1	支持工艺（设备）革新的局部专题分析等
高级服务项目	行业/产业分析2	产业竞争力分析、产业跟踪路线图、产业损害预警信息监测、行业产业宏观分析、行业投资、上下游产业链研究
	竞争对手分析2	竞争对手与竞争态势的全面深度分析报告
	区域分析2	区域竞争力分析、区域中长期发展战略分析、可持续发展战略分析
	经贸市场分析2	对某一行业市场的全面深度分析（客户、品牌、广告、渠道、需求、价格）
	立项分析2	项目可行性分析、商业计划、项目建议书、投资可行性分析等
	查新评估	科技成果的鉴定、验收、报奖等，立项评估，项目过程监理和绩效评估
	技术转移2	技术成果转让、移植、引进的策划方案、报告
	专利情报2	专利地图、专利战略分析、专利预警、基于专利的行业技术态势分析
	其他技术情报2	产业技术路线图、技术监控、技术预测、技术跟踪、企业技术战略咨询

此框架的优点在于：兼顾客户需求和产品加工周期的视角，同时也便于评估产品的价值（即知识含量）。低、中、高级产品分别对应信息

序化低级（原始文献的采集、组织、检索与传递）、信息序化中级（面向文献专题的数据信息的搜集、分类、统计、局部分析、发布等）、知识挖掘（面向专题深度全面分析的报告等）的加工生命周期所处的三个阶段。

(2) 知识含量的测度

按照戴昌钧（2004）研究，岗位知识含量高低衡量指标体系包括输入元素知识含量、知识应用、技能、结构化程度、重复性、复杂性、时间长度、自主性等。与此类似，不同类的情报项目包含不同的知识含量。对于知识产品的加工过程，可以分解为三个模块：输入、转换和输出模块。不同类的情报项目产品可以视为输入模块，其具有不同的知识含量，是由输入和转换模块的知识含量决定的。从低级到中级到高级产品的递进，各自对应的输入模块和转换模块的知识含量越来越高，如专利文献的检索与传递、专利局部专题分析、基于专利情报的技术预警分析报告等分别对应于专利情报服务的低、中、高级产品。

一般而言，随着加工层次从初级到高级的递进，基于信息和知识整序转化过程所包含的知识含量从低到高，加工的复杂度也从低到高，决定各层次所形成产品的知识含量从低到高。本书对低、中、高级产品采用主观赋值，即知识含量低、中、高，或加工难度低、中、高。

(3) 服务项目的广度 B（Breadth）与深度 D（Depth）

基于竞争情报产品的特性对情报服务项目广度和深度进行定义。竞争情报服务项目广度定义为产品的大类，即基于客户需求的分类，分类数是20，即广度为20。深度需要考虑两个方面。某个类别上情报项目可以进一步细分小类，如产业情报大类下又分为产业竞争力分析、产业损害预警信息监测、行业产业宏观分析、行业投资、上下游产业链研究、产业政策影响等。此外，产业情报产品覆盖诸多行业。实际中，一个信息机构不可能提供所有行业的所有产品小类，而是按照所在区域特色行业提供一些"小类"的情报项目。因此，将服务项目深度定义为基于小类品种覆盖度和行业覆盖度的综合评级，即深度很深、较深、一般、较浅、很浅。

2. 竞争服务内容成熟度维

主要根据组织所能提供的产品的种类及其所包含的价值或知识量来

判断提供者是否有足够能力，用以下概念来刻画。

（1）组织（机构）提供成熟度（Organization Provide Maturity）

组织提供成熟度反映了组织对情报项目服务的能力水平，包含四个指标。单个组织提供成熟度广度（*OPMB*）是指某个组织所能提供的情报项目大类别占情报项目广度的比例。例如，某个机构服务项目成熟度广度是 0.8，表示该机构有能力并且正在提供 80% 的服务项目。单个组织提供成熟度深度（*OPMD*）是指某个组织所能提供的某大类下的小类项目的综合评价。例如，某个机构的产业/行业情报大类的成熟度深度是 0.2，则表示该机构所能提供小类的品种和行业覆盖度较少。单个组织提供成熟度知识含量（*OPMK*）是指某个组织所能提供的所有情报项目的知识含量。其值越高，表征该组织提供高知识含量产品的能力越强，项目服务水平越高。*AVOPMK* 是指单个组织提供成熟度知识含量的平均值，反映了组织提供成熟度知识含量的平均水平。

（2）项目提供成熟度（Item Provide Maturity）

项目提供成熟度反映了所有情报项目能够被组织整体层面提供的水平，包含两个指标。其一，项目提供成熟度广度（*IPMB*）是指能够提供特定大类情报项目的某类组织占该类组织整体数量的比例。例如，信息机构的"文献检索"这一项目成熟度为 1，说明该项目提供成熟度广度很高，表示该服务项目能够被 100% 的组织加工和提供。其二，项目提供成熟度深度（*IPMD*）是组织整体层面针对特定大类情报项目所能提供深度的平均值。例如：信息机构的"科技查新评估"的成熟度深度是 0.6，说明该项目提供成熟度深度较深，组织整体层面对该项目提供的小类较全面。

（3）服务内容成熟度评估体系及度量

在上述概念的基础上，本书自行构建了下述公式来定量刻画单个组织提供成熟度的广度、深度、知识含量，组织整体平均知识含量，以及项目提供成熟度的广度与深度等概念，以作为实际评估的理论依据。实际统计中，N 是类数；N_k（$K = 1, 2, 3$）分别对应低、中、高级产品的类数；M 是样本数量；P_{ij} 表示第 j 个被调查对象的第 i 个服务项目大类的取值，如果该组织提供该类项目，则计分为"1"，否则计分为

"0"。D_{ij}表示第j个被调查对象的第i个服务项目大类的深度评级，从低到高的五个级别分别转化为量值 0.2，0.4，0.6，0.8，1；W_k对应初级、中级、高级产品的重要程度系数，分别取值为 0.1，0.5，1。

$$OPMB_j = \sum_{i=1}^{N} P_{ij}/N \qquad (5-1)$$

$$OPMB_j = \sum_{i=1}^{N} D_{ij}/N \qquad (5-2)$$

$$OPMK_j = \sum_{i=1}^{N_K} W_k P_{ij} D_{ij} / \sum_{K=1}^{3} W_k N_K \qquad (5-3)$$

$$AVOPMK_j = \sum_{j=1}^{M} OPMK_j/M \qquad (5-4)$$

$$IPMB = \sum_{j=1}^{M} P_{ij}/M \qquad (5-5)$$

$$IPMD = \sum_{j=1}^{M} D_{ij}/M \qquad (5-6)$$

3. 信息资源成熟度维

它是以学术数据库、技术数据库（包括生产、专利、工艺、设备、标准等数据库）、经贸数据库（包括经贸、市场、产品、企业等数据库）、信息资源整合集成度作为子项目维，用以下概念来刻画。

（1）单个组织信息资源成熟度（Individual Organization Information Resource Maturity）

它反映单个组织的信息资源成熟度水平，用两个指标衡量。一是某类项目成熟度，即评估结果，取值为 1、2、3、4、5（很低、较低、中、较高、很高）。首先，确定对比标杆，即将国家的学术、技术、经贸、整合集成度评价结果分别确定为 5、4、4、4。然后，将评估对象与标杆进行对照。对于数据库，按照信息资源的数量、种类的完备度进行客观评价。对于信息资源整合集成度，主要从区域资源集成情况、资源建设合作单位的数量、结盟制度的完备性等方面，再结合各省科技创新服务平台和各省网站上可以查看到的资源整合与集成建设情况来进行客观评价。二是整体项目成熟度（*IOIRMO*），表征单个组织所有类项目的成熟度级别，采用单个项目成熟度的加权评价结果表示，根据重要性程度，对四类项目分别赋予权重 0.2、0.25、0.25、0.3。

(2) 组织层面信息资源成熟度 (Organization Information Resource Maturity)

它反映了所有资源项目能够被组织整体层面提供的水平，用两个指标衡量。一是单类项目成熟度，是指单类项目达到某一成熟度级别的单个组织的数量占整体被调查对象数量的比例，表征组织层面单类项目的成熟度水平。二是整体项目成熟度 (OIRMS)，是指单个组织的整体项目成熟度的平均值。

为了方便实际评估，根据上述指标自行设计了信息资源成熟度评估公式。M 是被调查样本的数量；分别以 AM_j、TM_j、EM_j、$INTM_j$ 表示第 j 个被调查对象的学术、技术、经贸数据库和整合度与集成度等各类项目成熟度的评估结果。将评级为 1、2 的视为"低"，评级为 3 的视为"中"，评级为 4、5 的视为"高"。单个组织的整体项目成熟度、组织层面整体项目成熟度分为如公式 (5-7) 和 (5-9) 所示，组织层面的单类项目成熟度公式以学术数据库项目达到"高"级别为示例。

$$IOIRMO = \sum_{j=1}^{M} (0.2AM_j + 0.25TM_j + 0.25EM_j + 0.3INTM_j)$$

(5-7)

$$OIRM_{AM} = 高 \sum_{j=1}^{M} AM_j = 高/M \qquad (5-8)$$

$$OIRM \underset{j=1}{\overset{M}{=}} OIRMS/M \qquad (5-9)$$

三 竞争情报服务成熟度评估分析

1. 地方科技信息机构的服务成熟度评估分析

主要从服务内容、信息资源维度对具有代表性的科技信息机构按照预先设计的指标进行评估，以了解整体层面的情报服务概况。然后，基于成熟度阶段模型，按照各省的服务内容和信息资源维进行可视化作图，以对整体和个体进行成熟度阶段评估。调查思路如下：

首先，以数量庞大的部委、省、市以及县级的科技情报机构为初步调查对象，对其进行全面比较和初步摸底。主要是参照中国科技机构创新能力透视列出的情报机构名称。

其次，通过对情报机构的内部员工访谈、2012 竞争情报年会以及

第五章 我国中小企业竞争情报服务现状调查分析

对部分省所的实地考察、电话访谈，发现市以及县级的综合型科技情报机构几乎很少开展竞争情报服务业务。因此，确定32个省市科技信息研究所作为最终调查对象，因为它们是各省企业情报服务的主力军，具备较强的开展情报服务业务的实力，具有较强的代表性。观察并找出主要调查对象的服务项目，从而拟定本书的调查框架体系。

2. 成熟度统计分析结果

（1）组织（机构）提供成熟度结果

如图5-2所示，从组织提供成熟度广度来看，组织成熟度广度在0.8（含）及以上的有国家、上海、湖南等5个，组织成熟度广度在0.6（含）—0.8的有广东、浙江、江苏等17个，组织成熟度广度在0.6以下的有山东、重庆、西藏等10个。

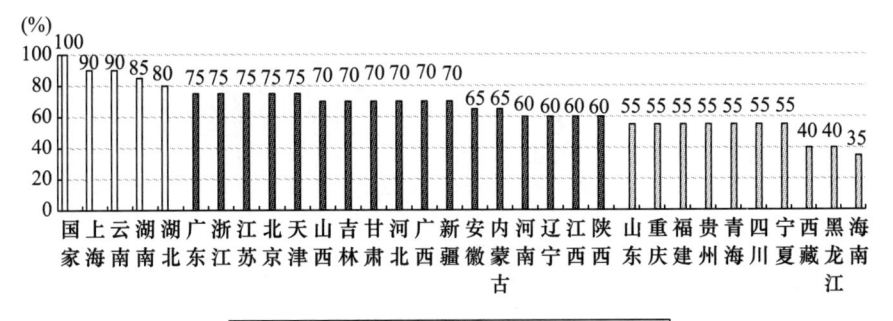

图5-2 组织（机构）提供成熟度广度

如图5-3所示，从组织提供成熟度深度来看，组织成熟度深度在0.8（含）及以上的有国家、上海、云南等5个；组织成熟度深度在0.6（含）—0.8之间的有江苏、浙江、北京等17个；机构成熟度深度在0.6以下的有重庆等10个。

如图5-4所示，从组织供成熟度知识含量来看，组织成熟度知识含量在0.5（含）及以上的有国家、上海等4个；组织成熟度知识含量在0.3（含）—0.5的有10个；知识含量处于0.3以下的有18个。由计算得到，所有的成熟度知识含量均值为0.294。

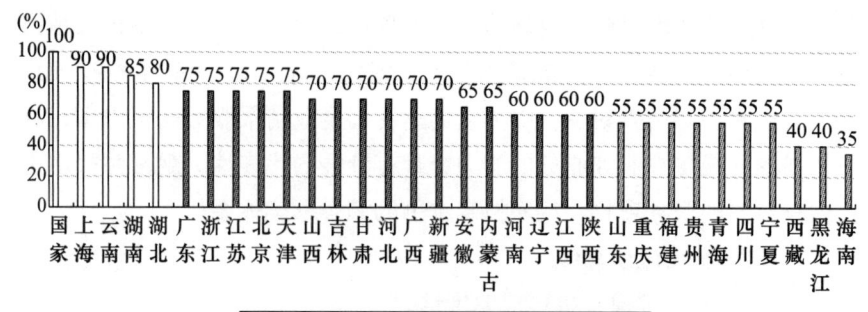

图 5-3 组织（机构）提供成熟度深度

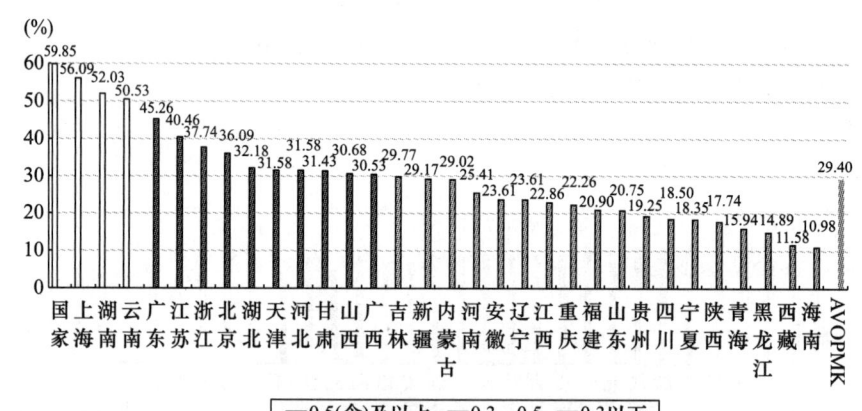

图 5-4 组织（机构）提供成熟度知识含量

(2) 项目提供成熟度结果

如图 5-5 所示，从项目提供成熟度广度来看，在 20 个服务项目中，项目成熟度广度在 0.8 以上的有 8 项，其中，初级产品 3 项，中级产品 4 项，高级产品有查新评估 1 项；项目成熟度广度在 0.5 到 0.8 之间的有 5 项，其中，中级产品 2 项，高级产品 3 项；项目成熟度广度低于 0.5 的有 7 项，其中，中级产品 2 项，高级产品 5 项。

如图 5-6 所示，从项目提供成熟度深度来看，项目成熟度深度在 0.5 以上的有 7 项，其中，低级产品 3 项，中级产品 3 项，高级产品 1 项；项目成熟度深度在 0.3 到 0.5 之间的有 4 项，其中中级产品 2 项，高级产品 2 项；项目成熟度深度低于 0.3 的有 9 项，其中，中级产品 3 项，高级产品 6 项。

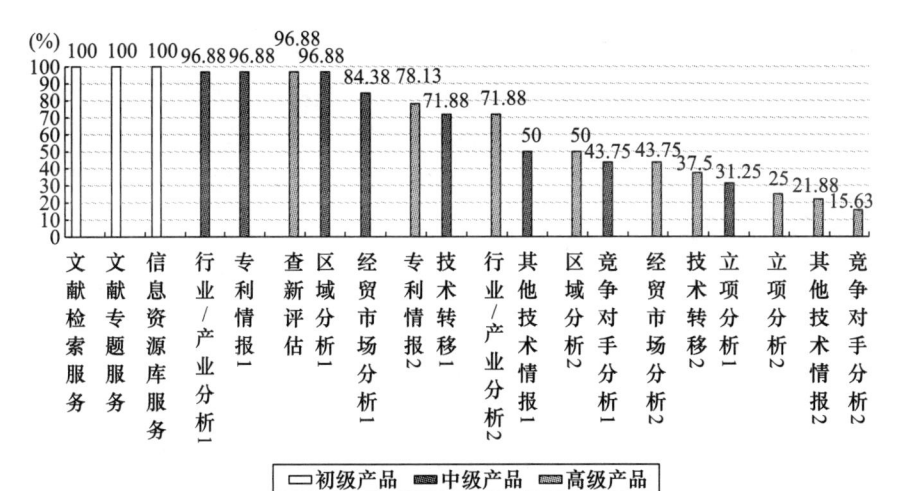

图 5-5　服务项目提供成熟度广度

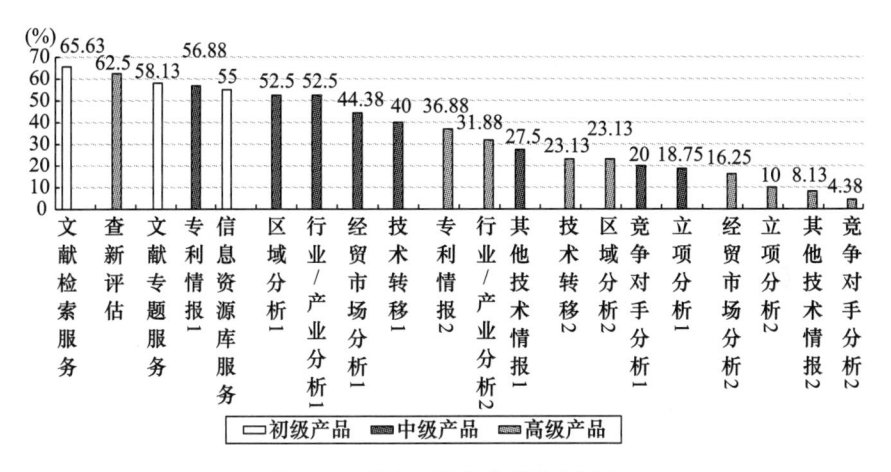

图 5-6　服务项目提供成熟度深度

3. 科技信息组织（机构）提供成熟度分析

（1）从组织（机构）提供成熟度广度来看，信息机构所能提供的服务项目广度较广。其中，少数机构提供的项目较全面；大部分机构所能提供的大类的项目较多，接近总大类的一半；部分机构服务项目较少，甚至不足大类的40%。

（2）从组织（机构）提供成熟度深度来看，信息机构所能提供的服务项目深度偏低，主要表现在对于深层次的、高知识含量的项目无力开展，如技术战略咨询、立项分析。同时，对于一般层次能提供的小类别和行业覆盖度也非常有限，个别项目的小类非常少。这说明各机构需要在服务项目细分以及行业覆盖上进行深度挖掘，从而提高机构的服务能力。

（3）从组织（机构）提供成熟度知识含量及其平均值可以看出：目前各机构的服务项目的知识含量普遍偏低，提供产品或服务以初级和中级产品较多，而知识含量高的高级产品或服务只有部分机构开展。因此，各机构需要拓展高级服务项目业务情况来提高竞争力。

（4）发达地区开展的广度较广、深度较深、知识含量较高。说明外部环境是影响科技信息机构服务项目成熟度的重要因素。同时，也能看到，云南、新疆等地一些机构由于领导重视等其他因素，服务项目成熟度也不逊于一些经济较发达地区。

4. 科技信息组织（机构）各类项目提供成熟度分析

（1）初级产品的成熟度既广又深，对于文献检索服务、文献专题服务、信息数据库服务等项目，大多数机构有能力提供，且项目的小类和行业类较全面，初级产品的深度在 0.5 以上。

（2）中级产品的成熟度广度较广，深度不太深。广度情况是：80%的机构有能力提供行业/产业分析 1、专利情报 1、区域分析 1、经贸市场分析 1 等中级产品，50%—80%的机构有能力提供技术转移 1、其他技术情报 1，只有不足 50%的机构有能力提供竞争对手分析 1 和立项分析 1。深度情况是：专利情报 1、区域分析 1、行业/产业分析 1 等中级产品的深度在 0.5 以上，经贸市场分析 1、技术转移 1 等中级产品的深度在 0.4 左右，而其他技术情报 1、立项分析 1、竞争对手分析 1 等中级产品的深度在 0.3 以下。

（3）高级产品的成熟度广度和深度都很不足。广度情况是：80%以上的机构有能力提供查新评估，50%—80%的机构有能力提供专利情报 2、行业/产业分析 2、区域分析 2，不足 50%的机构有能力提供经贸市场分析 2、技术转移 2、立项分析 2 等。深度情况是：专利情报 2 和行业/产业分析 2 等高级产品的深度约在 0.3，区域分析 2、技术转移 2 的深度约在 0.2，其他高级产品的深度在 0.2 以下。

（4）技术情报项目成熟度水平较高

整体层面的技术情报项目服务成熟度水平较高，尤其是专利情报的广度较广、深度较深，但高知识含量产品服务能力低。对于专利情报，大多数机构提供专利信息检索、专利侵权、专利以及失效的分析，但是在成熟度深度上只达到 0.57。另外，37.5% 的机构能够提供如专利地图、行业技术路线图等高知识含量产品，主要分布在上海和广东。关于技术转移项目的服务，37.5% 的机构开展得较好，主要在长三角区域。

（5）产业行业情报项目服务成熟度一般

从成熟度广度来看，研究所相继开展行业/产业分析，但以提供行业信息搜集的机构居多，其中 71.88% 提供知识含量较高的产品服务；而在成熟度深度上，知识含量较低层次的服务成熟度深度达到 0.53，知识含量较高层次的服务则只有 0.32。如上海所提供面向技术研发的行业情报；湖南所提供产业预测、产业跟踪路线图等。

（6）经贸市场情报项目成熟度水平很低

科技信息机构的商业、经贸情报服务成熟度较低。与商业化公司相比，服务项目的广度不足，深度不深。提供立项分析服务的机构比例只有 31.25%，提供市场调研等深度加工的机构只有 43.75%，大多数信息机构只是对一些原始信息进行简单搜集与发布，综合深度分析的产品还比较缺乏，并且有些机构不是自己加工而是从上游供应商购买部分商贸情报产品。

5. 信息资源成熟度

图 5-7 给出了组织层面的单类项目成熟度，而组织层面整体项目成熟度为 2.51。总体而言，各学术数据库成熟度尚可，"高"的占 25.00%，"中"的占 40.63%，"低"的占 34.37%。技术数据库成熟度低于学术数据库而高于经贸数据库，"高"的占 15.63%，"中"的占 31.25%，"低"的占 53.12%。经贸数据库成熟度最低，"高"的占 6.25%，"中"的占 21.88%，"低"的占 71.87%。技术数据库和经贸数据库大多是以二次加工的特色专题数据库出现的。在信息资源整合度与集成度方面，"高"的占 25.00%，"中"的占 21.88%，"低"的占 53.12%。

基于上述数据和分析，信息资源成熟度还不能满足商业竞争情报服务需要。存在两个突出问题：一是商业用的资源的种类不多、数据量不足，内容单一，特色资源相对缺乏；二是各机构的资源整合度和集成度还不是很高。

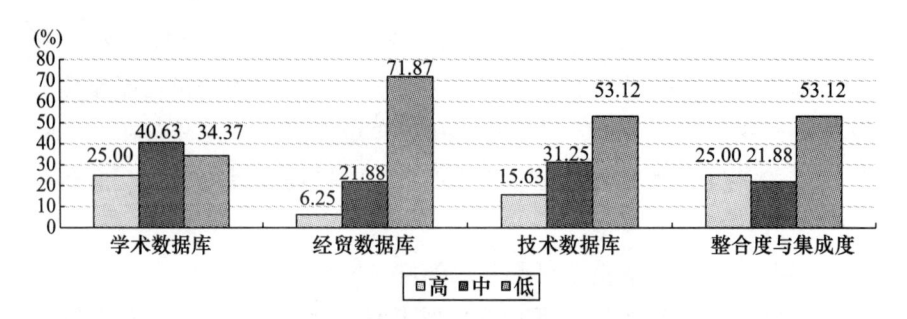

图 5-7 组织整体信息资源成熟度情况

四 竞争情报服务主体整体发展成熟度分析

1. 竞争情报服务的阶段模型

从竞争情报项目的开发及服务管理过程来看，可以借鉴软件能力成熟度（CMM/CMMI）理论将竞争情报开发能力分为 5 个等级，即初始级、可重复级、已定义级、已管理级和优化级。同时，信息机构的 CI 服务应用水平是一个不断改进与提升的过程。本书借鉴 CMM/CMMI 和电子服务成熟度的思想与理论，并结合对信息资源型机构的 CI 服务的特点，将 CI 服务成熟度水平分为 5 个等级（阶段），如图 5-8 所示。

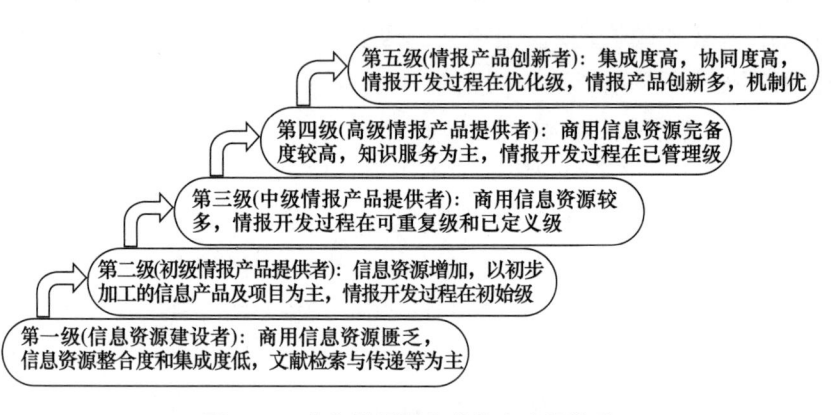

第五级(情报产品创新者)：集成度高，协同度高，情报开发过程在优化级，情报产品创新多，机制优

第四级(高级情报产品提供者)：商用信息资源完备度较高，知识服务为主，情报开发过程在已管理级

第三级(中级情报产品提供者)：商用信息资源较多，情报开发过程在可重复级和已定义级

第二级(初级情报产品提供者)：信息资源增加，以初步加工的信息产品及项目为主，情报开发过程在初始级

第一级(信息资源建设者)：商用信息资源匮乏，信息资源整合度和集成度低，文献检索与传递等为主

图 5-8 竞争情报服务成熟度阶段模型

（1）第一级别是信息资源建设者。服务组织的特征是：以学术信息资源为主，信息资源较少，尤其是商用信息资源匮乏，同时，组织内外的信息资源的整合度和集成度低；由于信息资源薄弱，组织战略集中在信息资源建设上，服务项目主要是文献检索与传递等。

（2）第二级别是初级情报产品提供者。该类信息组织特征是：信息资源较多，商用信息资源比第1级增多；服务项目的提供以初步加工的信息产品及项目为主，偶尔开发深度、加工的、知识含量较高的情报知识产品，情报项目的开发管理过程处在初始级。

（3）第三级别是中级情报产品提供者。该类服务组织具有较多的商用信息资源，信息资源尚处在外部的集成整合之中；能够开发一些情报知识产品，但是服务类别有限，主打情报项目的开发管理过程处在可重复级和已定义级，服务机制和模式尚不成熟。

（4）第四级别是高级情报产品提供者。该类服务组织的信息资源完备度较高、并且整合度较高，集成度上升到管理机制层面；能够开发深度加工的高知识含量的情报知识产品；情报项目的开发管理过程处在已管理级，内部服务机制和模式较为成熟。

（5）第五级别是情报产品创新者。该类服务组织信息资源内外部完全集成，并与上下产业链高度协同；情报项目的开发管理过程处在优化级，情报产品品种多且质量高和满意度高，情报产品及开发服务过程创新多，内外协同的服务机制健全。

2. 科技信息组织（机构）的竞争情报服务现状分析

按照单个组织的情报产品知识含量和单个组织的信息资源成熟度绘制服务成熟度的二维图，如图5-9所示。

整体层面看，我国综合型科技信息机构的CI服务成熟度不高，正在向第四、五等级别迈进。少数机构处在第三级别，如国家、上海所、湖南所，它们具有较完备的商业信息资源，所在区域的信息资源集成度较高，能够提供的大多数类别情报产品，已在产业情报和专利情报产品方面积累了较多的经验，开发过程较为成熟。大多数科技信息机构处在第二级别，信息资源的完备度和集成度还在不断的加强中，逐步引入了一些商业数据库，信息产品较多且质量较高，而知识产品不足，主要限于专利情报、产业情报等，虽然偶尔开发高含量知识产品，但是经验甚为缺乏且过程管理能力不足。也有极少数机构停滞在第一个级别和第二个级别之间，如海南、西藏、青海等。

3. 其他类型机构的服务成熟度分析

如果以上海科技信息研究所、中国化工信息中心、赛立信分别作为地方、行业科技信息机构和商业化公司的代表性样本，对其服务成

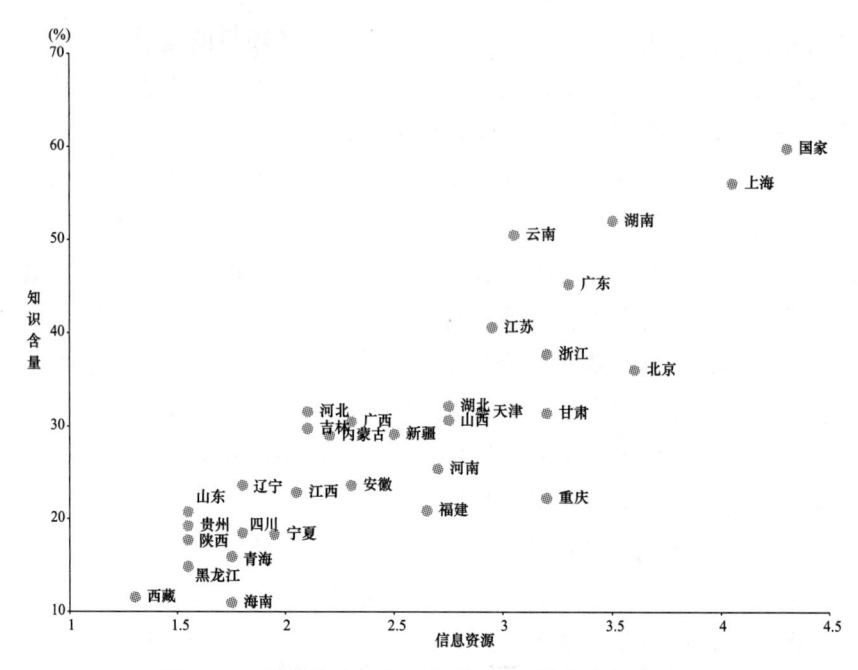

图 5-9　科技信息组织（机构）CI 服务成熟度阶段

熟度进行适当比较，就可以发现：就服务内容成熟度而言，行业科技信息机构最强，商业化公司次之，地方科技信息机构最弱。就信息资源成熟度而言，行业科技信息机构强于地方科技信息机构，如图 5-10 所示。

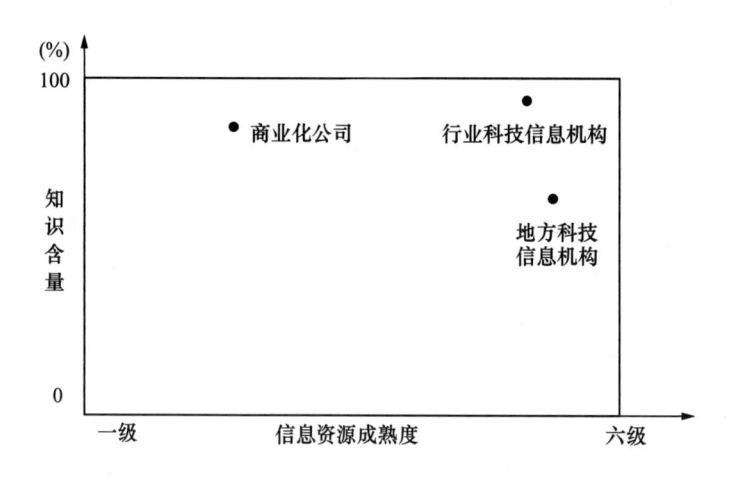

图 5-10　不同类型信息机构的服务成熟度

行业科技信息机构服务成熟的广度和深度上强于其他机构，主要得益于其既有信息资源和行业优势，也具有市场化运作的优势。它能提供的情报产品品种多达几十种，并且高知识含量产品也较多，如行业分析、贸易预警、企业战略、区域规划等。与商业化公司相比，地方科技信息机构服务项目的广度不足，深度不深。提供立项分析服务机构数量不足1/3，提供市场调研等深度加工的机构不足40%，有的地方科技信息机构不是自己加工而是从上游供应商购买部分商贸情报产品。相比之下，商业化公司由于市场化机制较健全且服务经验比较丰富，所提供的经贸市场情报品类较多、质量略高。因此，需要清醒地认识到，与商业化公司不同的是科技信息机构拥有的更多的是信息资源优势，及明确的战略定位和市场定位。

第三节 竞争情报服务现状分析

近些年来，我国中小企业服务体系正在发生重大变化。一方面，以弱耦合和无序化为特征的传统服务体系正在发生变革，另一方面是新型服务主体的蓬勃发展。但是，现行服务体系还很不完备，服务内容的广泛性和多层次性不够，供需服务不对称，市场化进程与服务主体发育不对称。根据服务体系的运行机制框架和现实约束，可以解构出服务体系存在的问题，主要包括：服务的低水平根源于主体的不健全、对情报服务认知的低水平、基础设施与市场化载体的不完善，政策、财政金融、信息资源供给的不平衡以及服务环境的不完善。

一 服务主体的问题

1. 公共信息机构

总体而言，近年来公共信息机构取得初步成效，但仍处在较低阶段，存在如下问题：

（1）公共信息机构的整体成熟度偏低，主体发育不充分，不同类的公共信息机构和同类机构中不同服务个体服务差异较大。行业科技信息机构服务成熟度较高，地方科技信息机构次之，图书馆最低。由于机制和观念的影响，地方科技信息机构多局限于政府的服务，开展企业情报服务业较少较浅，绝大多数图书馆处在摸索和观望状态。

（2）公共信息机构整体服务能力不足。表现是战略定位不明，服务动力不足；以信息服务为主，高知识含量的服务少，品种单一，缺乏适合中小企业的产品及服务；商用信息资源不足，服务方式欠灵活；专用资金缺乏，资金渠道单一，政府拨款有限；服务满意度不高。即使是服务先驱——上海图书馆，也与英国伯明翰商业图书馆存在较大差距（刘华，2007）。

（3）公共信息机构的商业信息资源匮乏，共享度不高、利用率不高，且不同类机构和不同区域存在不均衡。

2. 商业化公司

国内商业情报服务发展迅速，但是还处在发展的初级阶段。存在如下问题：

（1）商业化公司的服务成熟度偏低，服务商发育不充分。市场上真正以竞争情报咨询服务为主要业务的企业很少，而其他的服务商提供的大多是竞争情报的替代和互补品（陈飚，2011）。服务企业"小、散、弱"，存在服务内容单一、盈利模式不明、缺乏产品创新、管理不规范等问题。

（2）商业化公司在认识上、方法上、流程上以及系统设计上表现出矛盾和混乱状态。就内涵理解上出现分歧，笔者在2010年、2013年的竞争情报年会上目睹了这一点。它们对软件功能理解不一致，软件功能各不同，名称不统一，过分夸大功能。

（3）商业化产品及服务的质量离客户需求有较大差距。软件的功能不足、用户体验性差、可用性不强。就内容类和咨询类服务而言，存在购买意愿不强、使用满意度不高等问题。

（4）无论是内容类，还是软件类，市场缺乏适合中小企业的情报产品和服务。根据CI网站提供的客户案例调查发现，CI软件的功能大多数面向大中型企业，且价格昂贵，远不能适合中小企业需要（张向宁，2004）。

3. 整体的服务主体市场

（1）供需结构矛盾较为突出。基于企业视角的服务需求与基于服务主体视角的服务供给不一致。日常运营所需的外贸、技术、市场等各种情报难以有效满足；深层次的情报产品、情报体系导入、培训等服务不到位。市场上缺乏为中小企业量身定做的情报产品和服务。

（2）服务主体发展不平衡。不同地区的差别明显。东部相对发达，西部相对落后。

二　服务主体网络的问题

（1）服务网络还在构建和演化中，处在不成熟状态

目前，中小企业情报服务网络有多种网络形式，有的以中小服务中心为核心，有的以信息机构为核心；有的是由业务服务主体和信息类服务主体组成的异质网络，凝聚信息机构及其他机构所组成的同质网络。各类网络处在构建和不成熟状态中，存在结构不全、功能不完善、动力不足、机制不畅的缺陷。

（2）服务网络缺乏协同联动机制

客观上看，由于各主体存在优劣势，加之上下游企业协作要求和情报产品加工的复杂性，需要多主体协同服务。然而，现实中缺乏协同服务的机制和模式。主要表现在：多主体服务内容存在重叠、缺失或者不到位，各类服务主体单兵作战而不能共享资源、对接服务流程，影响了服务的整体效益。

（3）服务体系缺乏有效的规划和协调，政府和枢纽组织职能没有到位

宏观上看，存在如下问题。其一，业务服务网络和信息服务网络相对独立构建，缺乏融合和共享。其二，情报服务业务孤立分散程度较高，缺少有效的整合、协调和充分利用。其三，各类服务主体缺乏清晰定位和统一规划。微观上看，政府的情报服务统一规划职能不到位；网络枢纽者的协调职能存在一定缺失和不到位。这些导致资源浪费、重复建设、恶性竞争、效率低下等问题。

三　服务资源的问题

总体而言，存在服务总量供给不足及结构和质量问题，没有体现资源的互通互补。

（1）各类资源总量供给不足。公益性服务经费投入与保障不足，普遍存在情报服务人员缺乏，情报人员素质和技能偏低，服务设施过时，信息资源薄弱，服务功能弱化等问题。在被调查样本中，绝大多

数科技信息机构以及商业公司缺乏支撑商业情报的人力、设施、技术等。

（2）商用资源的种类不多、数量不足、内容单一，资源整合度和集成度不高，成熟度偏低，还不能满足商业竞争情报服务需要。就公共信息资源而言，存在建设力度不够、条块分割、各自为政、规模小、专业面窄、整合性不够及利用率不高、针对性和适用性不强的问题。

（3）国内科技信息资源建设的发展较不平衡，各地区公共图书馆在地区分布及服务公众数量上基本平衡，东部信息资源涵盖地域比较大，西北部出现服务盲区。

四　服务环境的问题

（1）国内适应竞争情报发展的政策和法律体系不完善，市场竞争不规范。竞争法律体系还不健全，我国仅颁布实施了《反不正当竞争法》等法规，而对《商业秘密保护法》、《政府信息公开法》等涉及经济竞争环境的法律法规的建设却严重滞后，与发达国家相比差距很大。

（2）国内社会情报意识淡薄，公众的认可和支持度低，主要源自西方国家的竞争情报在儒家文化为背景的中国遇到的社会文化障碍。这不仅包括企业的认知和服务应用障碍，也包括服务商的认知和实施障碍。尽管近年有所改善，但依然举步维艰，本书的调查以及一些商业情报服务商的实战证实了这一点。

（3）利益平衡和分享机制不健全，没有体现服务环境的互利互信。公益性服务主体在运行机制上，普遍缺乏科学的评价、考核、激励、惩罚机制。

（4）服务设施投入不足，服务资源互补和互通受阻。尤其是改善服务设施投资不足，降低了市场效率；部门分割、条块分割，不利于信息资源的优化组合，增加了交易成本。

（5）市场体系不健全，缺乏诚信、公平的市场和社会环境，情报服务商与企业之间缺乏信任机制，影响到企业采用情报新技术和情报体系实施的积极性。

第六章　中小企业竞争情报应用影响因素研究

总体而言，我国中小企业竞争情报应用整体尚处在一个较低的水平。接下来，我们需要探讨的问题就是，中小企业竞争情报应用到底受到哪些因素的影响？哪些是可控因素？这些因素的作用机制和规律如何？对于这些问题的探讨可以帮助企业有效提高竞争情报应用绩效和水平。

我们借鉴已有模型并结合竞争情报自身的特点，提出了中小企业竞争情报应用影响因素框架模型，以便从宏观和微观相互结合的视角来把握中小企业竞争情报应用的关键影响因素。进而通过多种方法剖析这些影响因素的作用机制，为情报系统的组织实施提供理论依据。

第一节　企业竞争情报应用影响因素的理论框架

一　以往研究的局限性

从前述章节的研究结果可以看出：以往竞争情报影响因素研究针对竞争情报软件系统、项目探讨得多，且主要采用目前最流行的IT技术扩散的理论。而从组织实施层面探讨竞争情报影响因素的文献很少。这些研究为本书提供了有价值的参考，但是没有解决影响因素应该基于何种理论这一根本问题。

IT扩散的理论研究，主要涉及技术创新扩散理论（IDT）、理性行为理论（TRA）、计划行为理论（TPB）、技术采纳模型（TAM）、TOE理论、信息系统成功评价模型（D&M）、技术任务匹配（一致性）模型（TTF）等（张楠、陈国青，2007）。其对竞争情报影响因素的启示是：（1）影响因素包含组织相关、环境相关、系统与任务相关等多方面；抓住主要因素和可控因素是解决组织实施的关键，有些因素对所有类型和阶段都很重要，而有些因素只对某类信息系统或某个阶段很重要；（2）TRA、TPB、TAM为代表的模型，对于情报软件的采纳行为较适合，缺乏一定的组织情境，其对于组织实施人主导的情报系统适合性和针对性不强；（3）TOE理论考虑了信息技术应用的各个方面，将影响因素分为环境、技术创新系统的特性、组织三大类，可提供一个全面的通用参考框架，但不足之处在于，该理论适用于技术创新，并且将不同力度和层次的因素混在一起，对各因素没有细化，也没有理清各类因素间的逻辑关系。

二 企业竞争情报应用影响因素的理论框架

如第二章所述，企业竞争情报系统是一个人主导的人机系统。CI系统组织应用的实质是以组织管理创新为核心、并伴随技术创新的混合创新。故在TOE理论、TTF理论的基础上融合管理控制理论，形成一个适合企业CI应用的综合型影响因素框架（TOE - TTF - S & MC）。如图6-1所示，该综合影响因素框架包含环境、组织管理、CI系统特性、任务与CI系统匹配特性。同时，进一步将组织管理因素细分为战略管理因素、管理控制因素。

基于上述理论框架可以看出，组织管理是CI应用中可以控制的关键影响因素。除此以外，还包括CI系统特性、任务与CI系统匹配特性等半可控因素以及环境不可控因素。此外，还包括组织间因素、临时因素、过程因素等其他影响因素。这些因素交织在一起、共同作用，通过CI应用行为产生影响，从而对管理者个体和组织层面的环境信息感知与响应能力产生影响，从而给企业带来高的绩效。

1. CI系统特性因素

综合创新扩散理论中的创新系统特性和TOE理论中的技术特性（Rogers，1995），我们认为影响企业CI应用的创新系统的特性包括相对优势、复杂性、兼容性、效益可观察性、可试验性。此外，还包括CI软件的特性。

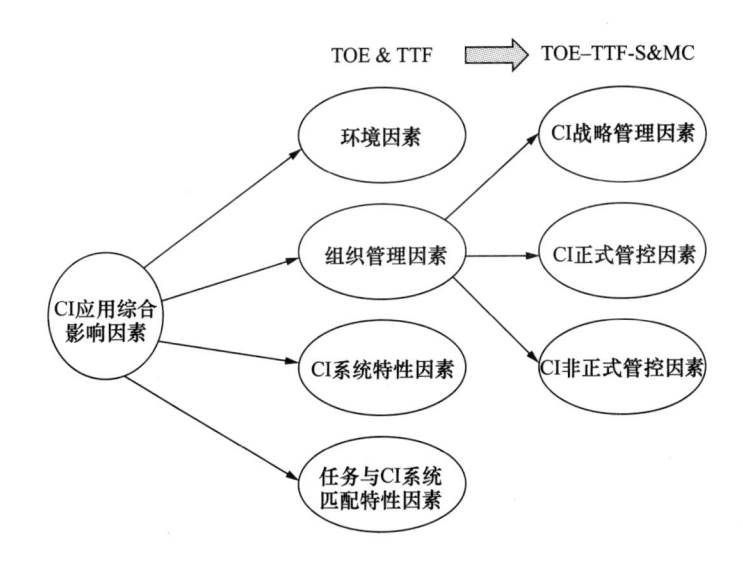

图 6–1　基于 TOE 与管控理论的 CI 综合影响因素理论框架

2. CI 系统与任务匹配的因素

CI 系统与任务匹配的因素包括任务的复杂性、导向性、不确定性、战略与战术任务的平衡,以及 CI 系统与任务的理解性、融合性等。

3. 组织管理影响因素

它包含战略管理因素和管理控制因素:前者主要包括战略、CI 使命与目标、高层领导等,后者分为正式和非正式管控因素。正式和非正式管理控制都包含结构和机制。

对于竞争情报管控机制,主要基于管理控制理论的正式机制与非正式机制和两位国外学者的观点。Lichtenthaler(2004)提出了对技术情报协调机制的理解,并进行调查验证,分为基于组织层级分配情报任务的正式(结构化)机制,项目驱动的半正式机制。Savioz(2004)也发现一些中小企业竞争情报看似整体无系统化,但是采用一种产品开发的过滤机制(Screening),其中自然伴随着情报搜集和分析过程。为此,本书针对一些中小企业进行了实地考察,验证了这一点。

对于非正式管理控制因素的细分,主要考虑社会资本理论。一般将社会资本识别为3个不同维度：结构维度、关系维度和认知维度（Nahapiet，1998）。结合竞争情报特点，本书将结构维度细化为内外部社会网络结构，将关系维度与信任沟通对应，将认知维度与文化对应。考虑到竞争情报功能重点是外部信息获取和内部信息沟通，故将非正式管理控制因素细分为外部社会网络、狭义文化、信任沟通氛围等。

第二节 中小企业竞争情报应用影响的组织管理因素：理论模型与假设

结合文献阅读和理论推演，从战略、正式管控和非正式管控三个方面归纳出中小企业竞争情报组织实施竞争情报的组织管理影响因素，对于一些以往研究文献中没有被探讨的因素或者中国中小企业情境下独特的因素，再通过实地访谈进行深入探究，初步建立本书的影响因素架构，并提出研究假设。

一 战略层面因素对竞争情报应用绩效的影响

1. CI使命与目标

CI使命与目标决定竞争情报系统的目的、方向和范围，在较大程度上决定企业CI是否成功，对绩效有比较重要的影响。其作用表现在以下两方面：

首先，明确的CI使命与目标对于企业战略具有支持和促进作用。不同类型的战略，要求不同的情报活动来支持，如当前型导向和明日型导向分别需要短期导向的情报和长期导向的情报来支持（Jenning & Lumpkin，1992；Abell，1999）。各种战略导向，如领先者与跟随者、机会探寻者与威胁躲避者、内部驱动或是合作驱动，都需要明确的CI目标及其实施来支持。不同的战略导向，也需要不同的情报活动的支持。例如，市场导向型的战略观，需要确立较明确的搜集顾客、竞争对手、市场等相关市场情报目标，以及组织实施的支持（Kohli & Jaworski，1990）。

其次，明确的CI使命与目标使得情报活动资源配置合法化，以及对技术情报活动要素起着导向和支持作用。Savioz（2004）认为，技术竞争情报系统应该呈现出与企业使命和战略相关联的情报使命与目标。吴晓伟（2005）认为竞争情报活动总是围绕竞争战略展开，而竞争战略直接决定情报战略和使命任务。Hambrick（1982）观察到员工对组织战略及 CI 使命与目标的认知的缺失，是情报活动失败的原因。无论建设规模大小，CI 都应该有高度明确的定位，否则情报职能难以有效履行（陈飓，2006）。

2. 高层领导

高层领导对于 CI 应用起着很大的作用。CI 体系建设是一把手工程，高管层对 CI 的正确认知、支持以及切合实际的期望是企业竞争情报应用的关键（陈飓，2006）。如果没有领导的支持、推动和亲自参与，企业 CI 则无法取得成功。

高层领导对 CI 的作用主要包括：CI 目标和战略管理、CI 所需资源的配置、推动 CI 建设及与之相伴的组织变革等。高层管理者对 CI 的支持必须是反映在对 CI 采纳持有开放的、积极的、即时的承诺，组织整体对 CI 的价值、信仰和收益的认识，建立关于 CI 行为和使用的期望等。值得注意的是：高层领导对 CI 的作用远大于对 IT 建设的作用，原因在于高层领导往往亲自参与 CI 的搜集和分析，并且将其应用于管理决策之中。此外，高层管理者的情报需求主要表现为战略需求，以及 CI 的业务紧密嵌入性，使得高层领导的 CI 能力对于企业 CI 工作体系具有决定性影响。

Miller（1983）通过实证研究发现：企业家导向本质反映企业家对机会的识别、捕捉并对其进行利用的能力，实际上强调了企业家竞争情报能力对于企业绩效的影响。Simon（1999）认为高层领导支持是 CI 文化的一个重要部分。日本企业情报工作研究发现：销售额 500 万日元以下的企业中 64% 以经理人员为主收集，而 5 亿日元以上的企业情报收集主体只有 4% 是经理人员，而部门则占 83%（缪其浩，2008）。杨鹏鹏（2005）发现企业家社会资本与企业情报能力正相关。一些国外文献通过实证发现：中小企业高层领导的情报能力与企业情报能力和绩效有很大关联，尤其是中小企业家的环境扫描行为、能力与企业绩效呈现显著相关性（Beat，2000；Auste & Choo，

1993)。

二 正式管控因素对竞争情报应用绩效的影响

正式管理控制对绩效的影响机理是一个复杂的问题。如同管理控制理论所指出的，正式管理控制与企业绩效不是一个线性关系。正式控制也会对竞争情报活动产生正反两方面的影响。首先，在一定控制幅度内，对情报活动施加正式控制，有助于提高情报活动的受控状态，从而促进绩效提升。其次，过度的正式控制不利于提升绩效。由于情报与人的镶嵌性，以及情报工作的灵活性，其控制效能有限，过分的正式控制可能阻碍员工的主观能动性，从而影响情报绩效。

下面从组织职能制度、项目驱动型机制、CI资源与设施支持三个方面探讨对绩效的影响。

1. 组织职能制度

组织结构是指组织内部权力的配置和计划控制体系、决策、协调、执行的工作和流程，常指制度规范与流程等。组织结构通过影响组织内信息的获取、沟通，对竞争情报绩效有明显影响。

研究发现，组织的集权化、正规化、专门化、复杂性程度等特性与组织内部信息沟通以及情报活动密切关联，进而对企业绩效产生影响。但是其影响机理颇为复杂而难以摸清，迄今对此研究尚浅且没有达成一致的结论。理论而言，正规化、集权化和部门化等组织维度可能阻碍市场情报的产生、传播和响应。但同时又会加速情报执行阶段，因而对绩效综合影响不能确定（Arnett, 2000; Kohli & Jaworsk, 1990）。

CI的结构职能是指CI的组织结构安排、部门及岗位设置和情报运行模式选择（分散式、集中式、混合式），其将影响情报职责目标的认知和定位、实施方式、部门协作机制以及情报人员配备和角色安排等，进而影响情报系统的运行效果。Porter（1980）认为，尽管环境扫描除了应该由高层承担，还应该分配特定的正规化的部门来承担。关于职能部门设在哪个部门，设置成何种模式，是否需要设置成专门岗位，是否由专人负责，并没有统一定论。但企业是否具有情报职能配备以及情报职能是否适应为各级水平的决策提供支持，对企业情报系统运作效果具有很大影响（陈飔，2006）。Jenster（2010）认为组织内部的协调职能的建立及协调员岗位对于情报工作很重要，协调员必须有足够的权力来组建跨职能团队以完成任务。

CI 的制度流程是确保 CI 职能能够履行的一系列规程（行动准则）和一系列活动的有序过程。CI 制度流程反映了企业 CI 管理能力，因而对于 CI 绩效具有一定影响。世界级五维一体的架构中，强调流程的重要性，并认为要将 CI 编织到组织的业务流程和决策制定中去，才能有效实施竞争情报（包昌火、谢新洲，2006）。陈飓（2006）指出，竞争情报工作体系和流程，即制度化则是中国企业竞争情报不可缺少的步骤。从管理控制理论看，正式控制机制的运用，如计划、监控与反馈、激励，将有助于 CI 绩效的提升。值得注意的是，对于独立的 CI 组织结构，CI 制度流程是显而易见的；对于兼职的组织结构，CI 制度流程有的时候嵌在业务制度和流程中。

2. 项目驱动型机制

根据 Prescott 和 Smith（1987）的理解，CI 的任务具有特定聚焦性、目的变化性、时间约束性、以项目团队为执行主体、成本变化性等特点，所以情报任务执行是基于项目的。因此，竞争情报应用也必然受到项目管理因素的影响，如项目的需求获取、组织协调、资源保证等机制。

理论和实践表明：竞争情报项目管理机制的有无及完善程度会影响竞争情报工作的有效实施。Prescott 认为：关键情报课题和情报审计是界定情报任务的实用机制，是确保竞争情报有效实施的关键（包昌火、谢新洲，2006）。Lichtenthaler（2004）研究认为：技术情报的项目管理机制与结构化机制同等重要，技术团队创建通常是技术规划和资源分配过程中的一部分，很多时候是非技术情报专家参与技术情报的项目过程，典型的情况是技术情报集成到产品研发项目中。国外优秀企业总结了竞争情报关键成功因素之一是一种平衡战略战术情报需求的机制 TAP – IN，其中强调了分派人员做战略战术情报工作、将情报整合入计划的重要性（Miree & Prescott，2000）。一般而言，情报任务不仅包括战略的（长期导向的、未来导向的），还包括战术的（临时的、短期的）。成熟的竞争情报系统是把二者协调好并集成到管理决策中。实地调研发现：我国中小企业较为普遍地存在项目驱动机制（尤其是临时性的），这种机制多是嵌在临时任务的执行中。

3. CI 资源与设施支持

CI 资源与设施包括对 CI 的人财物等资源的投入以及用以支持 CI 过程的信息化设施、工具、系统等。它们是企业竞争情报有效实施的物质载体，因而无可避免地对 CI 绩效产生影响。CI 资源与设施几乎在所有的组织里都不可或缺，因为为了能获得竞争对手的活动信息，并把此零碎的信息上升到系统、持续的分析，就必然需要公司的投入（Jenster，2010）。即使是再小的公司，组织也要认识到对手分析的重要性并进行一定的时间和金钱的投入，否则情报工作的顺利开展无法保证。

首先，CI 资源预算是企业 CI 应用的主要制约因素。Jenster（2010）通过研究多个案例发现：资源预算的制约可能在较大程度上影响企业对 CI 软件的投资，小企业可能花几百美元购买情报软件，中型企业可能花上千美元购买一个小型定制解决方案。然而，股东们和 CEO 尽管对大型情报基础设施投资持怀疑态度，仍然不会影响其投资底线。Peyrot（2002）通过对零售企业的实证发现：人数、时间的投入与组织对竞争情报的获得呈现正相关关系。实践中，CI 职能常常面临着与其他部门争夺有限资源的状况，但是由于 CI 收益很难确定，CI 职能的优先权得不到保证（朱盛镭，2012）。更为常见的情况是，因 CI 资源匮乏所致的失败，很可能发生在小企业上，而很少发生在大企业上。

其次，信息设施有利于促进情报绩效的提升。其作用在于为 CI 过程提供自动化的支撑，完备的高质量的信息源，也会影响竞争情报行为（信息源选择、决策行为）和情报产品质量。与大企业相比，中小企业的环境信息扫描行为较大程度地受到信息设施的限制，如信息源的选择与使用等（McGee，2003）。值得注意的是，先进完备的信息设施未必带来高的 CI 绩效，关键在于信息设施与情报过程特点以及管理决策任务需求相适应程度。陈飚（2006）认为：小企业可能不需要类似 CRM 的先进的专业化软件系统、数据库等，而使用简单的方式来搜集竞争对手信息就够了。

三 非正式管控因素对竞争情报应用绩效的影响

非正式组织通常包括社会网络、信任、文化、虚拟连接、流动过程等。作用是作为信息交流、凝聚和保护个人人格的手段，是正式组织运营所必需的（巴纳得，1997）。非正式管控因素对企业情报活动的作用是复杂的、多向度的。一方面，非正式组织对情报活动的运行效率和管理目标产生重要影响，擅长在情报职能制度不能调节的地方发挥作用。另一方面，也可以看到，非正式组织有的时候起着消极的作用，如干扰目标、谋求私利等。已有研究表明：在知识管理、信息化等领域，非正式组织及控制所起的作用不亚于正式组织及控制（Chan，2002），其在组织内部知识的创造、获取、转移与利用，尤其隐性知识转移方面有较大促进作用。与此类似，非正式组织及机制对 CI 过程的作用不亚于正式组织及机制的作用。

1. 外部社会网络

作为社会资本的载体，完善的人际网络是搜集和传递高质量信息的有效机制，不仅可以解决正式公开渠道难以获得的信息，而且可以加强内外部联系（包昌火、谢新洲，2003；吴晓伟，2006）。尤其是外部社会网络对外部环境的感知与响应具有很大影响。

理论而言，外部网络是通过企业之间的资源交换和组合，来改善情报的释义、交流与分享（Tsai，1998）。其本质是改善了竞争情报过程中的知识链过程，如增大外部知识资源的获取机会，提高交换和吸收知识的意愿，提高知识转移的深度、广度与效率等（Helena，2001）。Raymond（2001）研究发现，中小企业技术环境扫描绩效与中小企业外部研发网络具有密切关联。由于员工数量少、竞争情报部门或者工作人员数量少、内部专家少等客观因素的制约，中小企业内部社会网络较弱，外部社会网络显得尤为重要，因而可以将发展外部社会网络作为一种战略（Zinger，1996）。王晓娟（2008）实证发现，知识网络对于中小企业规模与关系强度仅对集群的中小企业创新绩效存在正向影响，对大企业的创新绩效的影响则并不显著。

实践表明：竞争情报职能的成功与否在很大程度上取决于情报网络。一个欧洲跨国制药企业总结其实施技术情报成功要素之一是：利用组织内多个部门充当监测外部环境的信息源，并对其整合、利用和扩展，并且开拓多种途径（会议、协会）进入并建立外部网络（戴侣红、陈飑，2010）。康柏、壳牌、IBM 等国际公司，目前都已围绕人际网络概念设计了它们的竞争情报职能部门和改进情报知识共享。竞争情报部门可以根据其策略中心的不同选择紧密型网络或者松散型网络，并指出各自的优缺点（包昌火，1999）。

2. 文化与氛围

组织文化，是组织成员共同的意识形态、价值观念、行为规范与思维模式，决定了企业利用竞争情报的习惯和行为模式。良好的文化有利于组织成员协作的关系和氛围、增强共同的归属感和组织凝聚力。这个概念是指广义的组织文化（文化与氛围），不仅包含组织共同的信仰、愿景、目标、观念等认知维度，即狭义文化，也通常将信任沟通的内涵纳入文化维度，即广义文化。但是实际中常将二者混用。

组织文化对竞争情报活动的间接影响表现在 CI 采纳、应用、参与意识、态度和行为上。Prescott 等知名的情报专家早就意识到并强调企业文化对竞争情报实施的重要性。Simon（1999）指出组织要有效地实施竞争情报，必须拥有相适合的文化实践，包括获得高层管理者支持，创建支持 CI 的组织结构、程序、奖励、协调机制等，重视 CI 投入和培训，树立 CI 应用标兵等多个方面。

（1）狭义文化

狭义文化是指共同的愿望、观念、目标、语言等。组织员工对于竞争情报持有一致的竞争情报的意识和观念，有利于改进其对情报工作的参与态度、行为习惯和行为模式。

Arnett（2000）等通过定量模型的实证表明竞争情报项目的交流程度受到集权化、正规化、市场变化、速度文化、创新文化、开放文化六个因素的影响。Nolan（2000）认为：情报文化是人际情报搜集的重要条件。Simon 认为：组织文化与组织结构、行为模式会对管理层和员工使用 CI 产生很大影响（2001）。对于中小企业而言，组织认识到通过市场情报获得竞争优势的重要性，情报团队的规模再小也不成问题（Jenster, 2010）。

（2）氛围（信任、沟通、协作）

信任是个体之间通过互惠和强烈的情感建立联系。信任促进个体之间社会资源的交换，改善参与意愿，增加交流，提高团队协作能力，改善组织内聚性、灵活性、执行力，对于小型组织更为明显（Uzzi，1997；Jones & George，1998）。信任对于情报的影响有以下几个方面：一是启动情报的采纳与分享行为，并随着双方交互作用的不断加强，促进情报的采纳、传播、转移；二是促进资源和信息的交换，对情报转移和合作式意义构建有明显影响。

D. B. Arnett（2000）等通过实证研究发现：对竞争情报的信赖和对CI产品提供者的信赖对于竞争情报项目可感知的有用性有正向相关关系。Caterpillar公司瑞克·赫贝尔提出并成功实践了情报职能部门的信誉和信任度模型，通过双向互动的途径建立信任的关系，情报部门应该加强与客户全程互动，而业务部门和用户需要积极与CI人员配合（包昌火、谢新洲，2006）。Sparrow（2001）研究表明，多个员工参与的合作式意义构建对于中小企业知识管理和信息理解具有重要的作用。沟通共享是指信息、情报、知识在组织内的有效流动与共享，及在企业不同层次员工之间、部门内部以及不同部门之间沟通与共享。有效的竞争情报活动，有赖于信息、情报在组织内的流动与共享。良好的沟通共享环境，可以使得情报在组织内分享，使管理者解决某个问题或达到某个目标（包昌火、谢新洲，2006）。

沟通是影响情报共享与应用的重要前因。从知识管理视角看，沟通促进知识共享意愿形成、激发学习兴趣，增进相互了解、培养共同语言，促进知识的转移、共享与整合（Hendriks，1999；Brian，2001；Hooff & Ridder，2004）。沟通对于情报的主要作用有两方面：一是促进情报的传递和共享，二是促进团队式、合作式意义建构，本质是促进知识的消化吸收与创造。

Arnett（2000）研究发现：竞争情报项目关键参与者之间的交流强度与CI提供者可感知的信任性呈现正相关，CI提供者应该与CI用户多交流，以便增强他人对其信任度。情报分析是基于特定语境的，要以合适的方式表达和交流，否则用户对情报的信任程度不会提高（包昌火，2006）。国外案例表明，促进组织内信息流动是竞争情报实施的成功经验之一（包昌火、谢新洲，2006）。陈飓（2006）认为，虽然有时候获得竞争情报，但是由于管理层级等多种原因而没有及时沟通共享，阻碍了情报应用效果。对于中小企业而言，非正式沟通与共享对其竞争情报实施具有特殊作用，因为其沟通通常是口头的、非正式的，且较多地伴随着隐性知识转移（Dalley & Hamilton，2001；Ngah，2009）。

理论与实践表明：竞争情报真正能够成功实施，有赖于情报服务部门与业务部门之间，以及情报人员和情报用户之间的良好理解与密切协作，有效协作的前提是良好的信任与沟通（包昌火，2006）。

四 概念模型与假设的提出

本书致力于探寻所有可能的组织管理因素与绩效的关系，从而找出几乎所有的组织影响因素，根据这一研究目标，特对建模考虑三方面影响因素。

（1）现实中，由于 CI 影响因素有很多，并且它们之间还有错综复杂的关系，对于企业绩效还有复杂的路径。前述的理论研究将主要的组织管理影响因素归为 8 大类，考虑到因素过多，所引发的结构方程模型拟合的难度和复杂性，对模型进行关键概念抽象与简化处理，参照信息化与电子商务经典的研究范式（黄京华，2009），即省略了复杂的中间路径和作用机理。

（2）绩效是理论和实践中一个较难测度的问题。从理论建模看，某项业务（如情报工作）改善所导致的贡献与其他前因因素导致的贡献难以区分开。所以一些理论研究试图直接避免测度组织影响，或者在绩效与前因变量之间寻找一个中介变量。从已有相关研究看，一致认可情报的重要性和作用，即价值创造、决策支持、创新（Fuld，1991；Donna，1993），也表明情报与企业绩效有密切关系。然而，情报活动是否一定与企业绩效存在正相关也存在较大的分歧（Jaworski et al.，1993；Kamalesh，2002；张婧，2003）。实践专家也认为情报作用不那么直接，未必一定保证企业成功（陈飏，2009）。因此，本书将 CI 绩效分为直接绩效（影响）和间接绩效（影响）。CI 直接绩效是指竞争情报应用以后对个人层面和组织层面的信息情报的搜集与分析工作产生影响，主要是认知方面的影响。CI 间接绩效是指竞争情报应用以后对技术业务、市场业务、企业整体业务运营的经济上的影响。实际中，可以发现，竞争情报是通过对组织的信息情报工作产生直接影响，进而对企业价值增值传递这种影响，实质是间接的影响。故此模型中，以直接绩效为过程变量，以间接绩效为最终因变量。

（3）建模中，除了考虑自变量（影响因素），规模、行业类型等情境因素也会对因变量（绩效）产生影响。对此问题本书考虑的处理方式是：通过样本筛选的方式，将规模为1000人以下、行业类型限定制造业作为模型验证样本。

综上所述，本书提出的中小企业CI的组织管理影响因素模型，如图6-2所示，在此模型上的假设如下所述。

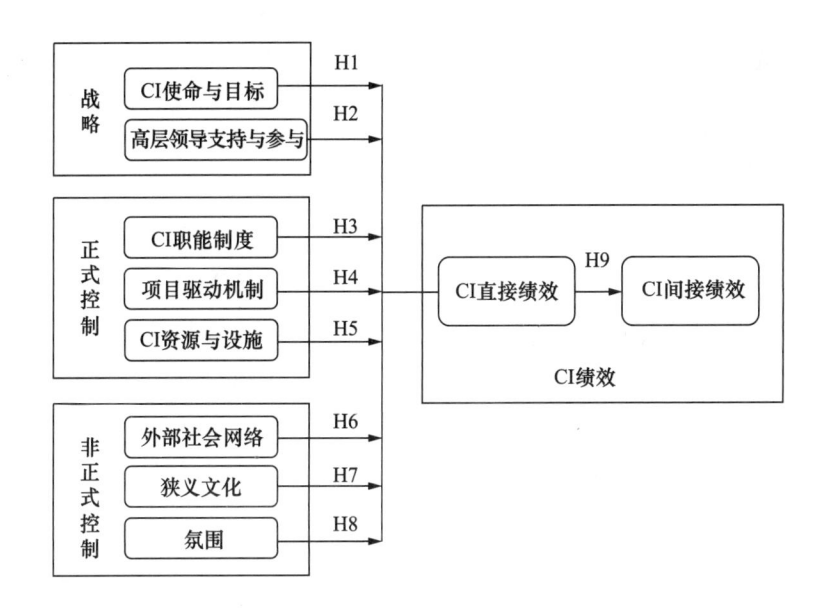

图6-2 中小企业CI的组织管理影响因素模型

假设H1：CI使命与目标对CI直接绩效有正向影响。

假设H2：高层领导支持与参与对企业CI直接绩效有正向影响。

假设H3：合理的CI职能制度对CI直接绩效有正向影响。

假设H4：合理的项目驱动机制对CI直接绩效有正向影响。

假设H5：CI资源与设施的合理性对CI直接绩效有正向影响。

假设H6：外部社会网络能力对CI直接绩效有正向影响。

假设 H8：良好的狭义文化对 CI 直接绩效有正向影响。

假设 H8：良好的氛围对 CI 直接绩效有正向影响。

假设 H9：良好的 CI 直接绩效对 CI 间接绩效有正向影响。

第三节 研究设计

一 问卷设计

为了设计出一份较科学的问卷，本书严格遵循以下流程：（1）文献查阅与实地调查。首先阅读相关文献 300 余篇形成初步研究思路，在此基础上形成访谈提纲，深入多家企业进行了 3 个月的企业实际调研。测度题项的设计是在综合已有研究中被证实的题项的基础上，增加了企业调研中新出现的一些题项，形成了问卷的初稿。（2）广泛征求学术界专家意见，与其进行讨论，主要包括笔者所在团队、知名高校相关专家等，对问卷内容进行局部调整。（3）与企业界专家进行讨论。与数位企业的主管进行了深入交流，征求他们的意见，主要包括对题项的可理解程度、清晰程度。（4）通过预测试对题项进行纯化。抽取了上海市和江苏省一些高校的两个 MBA 班级进行了预测试，根据他们的反馈做初步检验分析，并对个别有问题的题项深入查找原因并改进。问卷全文内容请参见附录 A。

调查问卷包括两个部分：第一部分是填写者和企业的基本信息部分，第二部分则是关于 CI 影响因素的 Likert 五点量表。每个数字所代表的含义从 1 到 5 逐渐过渡，1 表示很弱/很低/不符合，3 表示中立，5 表示很强/很高/非常符合。

二 变量测度

1. CI 绩效测度

本书中，CI 绩效是因变量，因而是实证竞争情报影响因素的前提条件。CI 绩效是指实施竞争情报为企业带来的影响、价值、作用。然而，绩效是一个多维的、相对的概念，很难找到单一的指标能全面准确地表征。本书参考已有的信息系统成功实施模型——Delone & Mclean（Delone，2003）研究框架，结合竞争情报绩效的特点对其进一步修正，进而提出本书的 CI 绩效评估框架。

CI 直接绩效度量主要参照了 Delone & Mclean 模型。该模型包含六个维度，由于前三个维度——系统质量、系统使用、信息质量，分别是衡量信息系统的特性、用户对信息系统使用的特性，以及信息系统所产生信息的特性，其适用于情报"硬"系统（工具软件）的绩效评价，因而对组织层面的竞争情报"软"系统（人主导的流程）绩效不适用。而采用用户满意度、个人影响、组织影响这三个维度作为绩效测度框架，一方面，满意度指标应用广泛、易于操作，使情报用户满意度较易反映绩效，另一方面，将个人影响和组织影响纳入框架。本书是从 CI 工作水平和 CI 对企业决策的影响两个方面对直接绩效进行测度。

CI 间接绩效度量采用了管理学研究中主流的指标，具体包括三个维度，即对整体影响（收入）、市场影响（市场占有率）、技术创新影响（产品研发）3 个题项进行测度。CI 绩效度量指标具体如表 6-1 所述。

表 6-1　　　　　　　　　CI 绩效的指标

总量	分量	测度项	测度项内涵	主要依据
CI 直接绩效	CI 工作水平（cip_12）	cip1	CI 产品质量	Delone, 2003; 竞争情报基本理论; Hambrick, 1982; Savioz, 2004
		cip2	情报工作现状满意度	
	CI 对企业决策的影响（cip_345）	cip3	对战术决策的作用	
		cip4	对战略决策的作用	
		cip5	感知外部环境	
CI 间接绩效	整体影响	per1	营业收入	
	市场影响	per2	市场占有率	
	技术创新影响	per3	产品研发	

2. CI 绩效影响因素测度

（1）CI 使命与目标

本书结合已有理论研究的理解和实地调查，进一步分析认为：企业如果有较为明确的战略目标，并且有较清晰的支持该目标的 CI 目标，则会使情报活动的目的性、方向性、计划性越强，越有利于情报活动的实施。CI 目标与企业战略的关联性越强，支持度越高，则表明情报活动对战略层面的增值可能性越大。为此，选用两个维度 6 个题项来测度。

（2）高层领导支持与参与

本书结合现有理论研究和实地调查认为：国内不少高层领导对竞争情报缺乏正确认识和理解，尤其是高层领导存在感知和操作的障碍，如缺乏合适的信息源、弱信号的感知、教育和训练不足等，在较大程度上影响 CI 实施成败。同时，高层领导自身的情报能力，如环境扫描和社会网络能力等与中小企业情报工作好坏密切关联。选用三个维度 4 个题项来制度。

（3）CI 职能制度

本书结合现有理论研究和实地调查认为：我国企业竞争情报组织模式呈现出多模式的混合态，有些甚至处在过渡态。与大企业设立专门竞争情报部门有所不同，大多数中小企业是将情报功能设在关键职能部门（如市场营销），依靠嵌入业务职能的方式执行。因此，选用三个维度 5 个题项来测度。

（4）项目驱动机制

本书结合现有理论研究和实地调查认为：实际中，CI 工作更多的是战术任务驱动的。多数企业在整体层面上技术情报工作看似处在无序化的、随意化的状态，只有在遇到临时性项目以及在关键的管理决策业务，如领导突发决策、新产品开发中的方案筛选等方面，才设立半正式的项目驱动机制。因此，选用四个维度 4 个题项来测度。

（5）CI 资源与设施

CI 资源与设施几乎在所有的组织里都不可或缺（Peyrot, 2002; McGee, 2003; 陈飔, 2006），因为为了获得竞争对手的活动信息上，并把此零碎的信息上升到系统的、持续的分析，就必然需要公司的投入。即使是再小的公司，组织也能够认识到对手分析的重要性并进行一定的时间和金钱的投入。从现有理论研究和实地调查结果看：情报的预算投入越多、人才资源越丰富、支撑 CI 的软硬越先进，则情报工作开展得越好。因此，选用三个维度 3 个题项来测度。

(6) 外部社会网络

按照人际网络理论,人际情报网络的类型、网络的强度和密度对情报系统有明显影响。企业与网络中其他成员的联系数量越多,交往越频繁,获取重要信息、知识、技术市场的机会就越多,信息和知识的获取能力会不断增强。此外,情报知识的获取与利用程度,主要受到外部联系中隐含的社会资本的调节和控制。越紧密的、越深的社会交往,越有助于促进知识转移(Lane & Lubkatin,1998)。因此,本书通过三种外部社会网络(专家、公共、市场)6个题项来测度。

(7) 文化与氛围

大部分竞争情报研究探讨广义文化与其他变量(企业绩效)的关系。与其他问题相比(如信息化),沟通、信任对于竞争情报的实践有着更加重要的意义,如国外实践经验表明:竞争情报实施的主要成功因素是有效的信息沟通以及情报人员与用户之间的信任;而本书作者在2013年访谈企业时也发现:目前很多企业处在竞争情报启动期,处在职能初步建立和部门整合阶段,情报员工与业务员互不满意、互不理解的状态较为普遍。因此,本书认为文化维度应该细分,并应该分别实证细分因素对情报绩效的影响,这将有助于探明该因素的作用机制。

在参照已有研究的基础上,本书设计了适合竞争情报文化氛围的指标体系。通过三个维度4个题项来测度狭文化,三个维度7个题项来测度信任、沟通协作的氛围。

综上所述,CI影响因素中的指标测度和题项如表6-2所示。

表6-2　　　　　　　　CI绩效影响因素的指标

总量	分量	测度项	测度项内涵	主要依据
CI使命与目标	目标明确性(str_ 123)	str1	明确的战略目标及定位	Savioz, 2004; Hambrick, 1982
		str2	明确的情报目标	
		str3	明确的外部环境信息监控目标	
	战略一致性(str_ 456)	str4	战略规划与情报目标关联	
		str5	情报目标随企业战略协同变化	
		str6	情报目标支持企业战略实施	

续表

总量	分量	测度项	测度项内涵	主要依据
高层领导支持与参与（top_34）	认同	top1	认知有用及开放接纳态度	杨鹏鹏，2005；宋新平，2010；Beat，2000；Auste & Choo，1993；陈飔，2006；Miller，1983
	参与	top2	参加和支持情报工作	
	自身能力	top3	自身搜集和分析能力	
		top4	个人外部人际网络	
CI职能制度（fun_12）（fun_34）	职能	fun1	各部门的情报目标及职责	Arnett，2000；Kohli & Jaworsk，1990；倪志宏，2009；Jenster，2010
		fun2	人员的情报职责完善度	
	制度流程	fun3	情报搜集、处理制度完善度	
		fun4	情报沟通制度完善度	
	考核激励	fun5	绩效考核与激励机制	
项目驱动机制	领导需求	tas1	领导特定决策需求驱动	Prescott & Smith，1987；Lichtenthaler，2004；访谈与调查。
	关键任务	tas2	常规关键业务决策点驱动	
	应急任务	tas3	应急任务驱动	
	情报需求识别	tas4	情报需求的识别、表达和执行	
CI资源与设施	资金保障	res1	资金保障	Jenster，2010；Peyrot，2002；McGee，2003
	人力资源	res2	情报人员配备	
	软硬件	res3	软硬件设施	
外部社会网络	专家网络（net_12）	net1	与咨询公司、高校、科研机构交往广度	Lane & Lubkatin，1998；吴晓伟，2006；Raymond，2001
		net2	与政府、行业协会、商会等交往频度	
	公共网络（net_34）	net3	与政府、行业协会、商会等交往广度	
		net4	与政府、行业协会、商会等交往频度	
	市场网络（net_56）	net5	与供应商、经销商、零售商、客户等交往广度	
		net6	与供应商、经销商、零售商、客户等交往频度	
狭义文化	认同	cog1	对CI重要性的认识	Simon，1999；Arnett，2000；Nolan，2000
	参与	cog2	对CI参与的积极性	
	培训（cog_34）	cog3	对CI的培训	
		cog4	定期对员工普及情报知识	

续表

总量	分量	测度项	测度项内涵	主要依据
氛围	信任 (coo_12)	coo1	员工之间的信任	Arnett, 2000; Kirmeyer & Lin, 1987; Sparrow, 2001a
		coo2	管理层对情报人员的信任	
	部门间沟通 (coo_345)	coo3	部门间沟通交流的程度	
		coo4	部门间协作的程度	
		coo5	对内部网上和网下知识社区鼓励	
	部门内沟通 (coo_67)	coo6	部门内部员工间沟通交流的程度	
		coo7	部门内部员工间协作的程度	

三 前测及量表形成

本书为了提高问卷的效度与信度，在大规模发放问卷和收集数据之前进行问卷前测。前测是为了得到简洁有效的变量测量量表，以便提高研究效率。在前测阶段，本书主要用两种方法筛选变量的测量问项。用探索性因子分析确定量表的基本构成与题项，即检验效度，信度分析则是用来精简问卷，删除对测量变量没有贡献的题项。

本书前测的对象是江苏大学、东南大学等管理学院 MBA 和长三角区域的一些企业中高层管理者以及企业情报人员。共发放 200 份问卷，回收 180 份，回收率为 90%，有效问卷 154 份，有效率为 85.6%。其中，中小制造企业样本 84 份。

1. 探索性因子分析

本研究采用探索性因子分析（Exploratory Factor Analysis，EFA）了解问卷的内部结构，以分析测度指标能否很好地测定各变量。为了判断样本数据是否适合进行因子分析，需要考察两项指标，即巴特利特（Bartletts）球形检验的显著性和 KMO 值。适合进行因子分析的样本需满足如下条件：巴特利特球形检验的结果具有显著性；对于 KMO 值的判定，Kaiser 给出了常用的 KMO 度量标准：0.9 以上表示非常适合；0.8 表示适合；0.7 表示一般；0.6 表示不太适合；0.5 以下表示极不适合。

利用 SPSS16.0 软件对 CI 直接绩效和间接绩效所对应的题项进行因子分析，结果显示 KMO 值为 0.824，通过巴特利特球形检验（p <

0.000），表明适合进行因子分析。采用主成分分析法，以特征根大于1为标准提取公因子，利用方差最大法对因子矩阵进行旋转。从表6-3可以看出，共提取出2个因子，各题项在相对应的因子上的载荷均高于0.7，因子结果清晰，累计方差解释率为75.29%。其中，因子1代表CI直接绩效，因子2代表CI间接绩效。

表6-3　　　　CI直接绩效和间接绩效的因子分析结果

测度项	因子 1	因子 2
cip1	0.852	-0.006
cip2	0.795	0.132
cip3	0.905	0.038
cip4	0.887	-0.037
cip5	0.876	0.046
per1	0.111	0.849
per2	0.047	0.915
per3	-0.05	0.832

对影响因素所对应的测度指标进行因子分析，结果显示KMO值为0.869，通过巴特利特球形检验（p<0.000），表明适合进行因子分析。采用主成分分析法，以特征根大于1为标准提取公因子，利用方差最大法对因子矩阵进行旋转。从表6-4可以看出，共提取出8个因子，累计方差解释率为70.09%。观察各题项在因子上的载荷，我们发现大部分题项因子分析结果与理论假设相符，8个因子分别可以解释为：因子1代表外部社会网络，因子2代表CI使命与目标，因子3代表CI职能制度，因子4代表氛围，因子5代表狭义文化，因子6代表高层领导支持与参与，因子7代表CI资源与设施，因子8代表项目驱动机制。

表6-4　　　　影响因素的探索性因子分析结果

测度项	因子 1	2	3	4	5	6	7	8
str1	0.147	**0.734**	0.196	0.131	0.051	0.059	0.043	0.082
str2	0.070	**0.726**	0.122	0.020	0.134	0.123	-0.052	-0.020

续表

测度项	因子 1	2	3	4	5	6	7	8
str3	0.097	**0.809**	0.194	-0.001	0.131	0.075	0.070	0.045
str4	0.068	**0.774**	0.069	0.16	0.094	0.002	-0.049	0.066
str5	0.110	**0.733**	0.046	0.137	0.020	0.211	-0.035	0.166
str6	0.142	**0.707**	0.154	0.060	0.038	0.220	-0.007	0.093
top1	0.179	0.232	0.205	0.019	0.089	**0.777**	0.026	0.095
top2	0.173	0.196	0.165	0.074	0.138	**0.792**	-0.018	-0.049
top3	0.188	0.141	0.081	0.130	0.168	**0.812**	-0.009	0.024
top4	0.200	0.077	0.113	0.108	0.092	**0.695**	0.117	0.088
fun1	0.077	0.118	**0.781**	0.157	0.127	0.203	0.114	0.119
fun2	0.077	0.131	**0.767**	0.151	0.164	0.224	0.032	0.112
fun3	0.059	0.225	**0.808**	0.148	0.133	0.099	0.053	0.060
fun4	0.091	0.128	**0.814**	0.107	0.069	0.063	-0.079	0.096
fun5	0.028	0.184	**0.850**	0.021	0.116	0.029	0.046	0.103
tas1	0.150	0.151	0.171	0.109	0.053	0.055	-0.085	**0.787**
tas2	0.193	0.094	0.141	0.198	0.094	0.049	-0.084	**0.803**
tas3	0.158	0.109	0.116	0.170	0.054	0.048	-0.017	**0.825**
tas4	0.022	0.064	0.032	0.001	0.230	0.015	0.004	0.382
res1	0.128	-0.004	0.052	-0.037	0.037	0.013	**0.901**	-0.053
res2	0.133	0.030	0.005	0.018	-0.005	0.038	**0.909**	-0.037
res3	-0.022	-0.060	0.057	0.035	0.039	0.046	**0.886**	-0.068
net1	**0.715**	0.015	0.141	0.078	0.276	0.069	0.070	0.139
net2	**0.742**	0.070	-0.010	0.077	0.102	0.214	0.101	0.142
net3	**0.760**	0.168	0.091	0.100	0.130	0.184	0.073	0.106
net4	**0.753**	0.102	0.078	0.063	0.199	0.116	0.026	0.068
net5	**0.816**	0.139	0.010	0.168	0.073	0.060	0.074	0.024
net6	**0.735**	0.161	0.059	0.164	0.049	0.155	-0.038	0.122
cog1	0.207	0.167	0.102	0.112	**0.793**	0.089	-0.009	0.086
cog2	0.114	0.067	0.153	0.153	**0.796**	0.206	-0.051	0.055
cog3	0.206	0.106	0.177	0.078	**0.814**	0.050	0.057	0.019
cog4	0.233	0.118	0.144	0.125	**0.817**	0.156	0.100	0.053
coo1	0.126	0.116	0.126	**0.806**	0.040	0.041	-0.006	0.109

续表

测度项	因子							
	1	2	3	4	5	6	7	8
coo2	0.167	-0.013	0.103	**0.653**	0.039	-0.027	0.086	0.142
coo3	0.153	0.082	0.145	**0.794**	-0.013	0.022	-0.053	0.029
coo4	0.089	0.153	0.071	**0.771**	0.075	0.010	-0.011	0.057
coo5	0.010	0.020	0.038	0.450	0.019	0.009	0.008	0.212
coo6	0.031	0.081	0.037	**0.664**	0.307	0.303	0.024	0.101
coo7	0.019	0.115	0.066	**0.573**	0.290	0.291	-0.022	0.145

根据 Lederer、Sethi（1991）等的做法，在因子分析过程中筛选题项的准则包括以下三个：某个题项自成一个因子时，则删除，因为其没有内部一致性；题项在所属因子上的载荷量必须大于 0.5；每个题项所对应的因子载荷必须接近于 1，但在其他因子的负荷则必须接近于 0。按照上述原则，原问卷的设计基本符合要求，只需要删除变量"项目驱动机制"中的题项 tas4 和"氛围"中的题项 coo5，因为这两个题项在其相应因子上的因子载荷均低于 0.5，故将其删除。

2. 信度检验

信度（reliability）反映的是量表的一致性、稳定性及可靠性，多以内部一致性来衡量。本书采用 Cronbach's α 值来评价量表的信度。根据已有探索性研究所采用的标准，Cronbach's α 值应高于 0.7。如表 6-5、表 6-6 所示，进行因子分析并删除相应题项后，各个构念的 Cronbach's α 值均大于 0.7，表明数据有较强的内部一致性、信度较高。

表 6-5　　　　　　　　CI 直接、间接绩效的信度

因子	Cronbach's α	题项数目（个）
CI 直接绩效	0.882	5
CI 间接绩效	0.839	3

表 6-6　　　　　　　　　各影响因素的信度

因子	Cronbach's α	题项数目（个）
CI 使命与目标	0.772	6
高层领导支持与参与	0.779	4
CI 职能制度	0.853	5
项目驱动机制	0.774	3
CI 资源与设施	0.914	3
外部社会网络	0.836	6
狭义文化	0.828	4
氛围	0.748	6

通过对问卷进行前测分析，删除了不适合的题项，并进一步修改表达歧异、语句不通顺的题项，最终确定了本研究大规模发放的问卷。

第四节　建模样本采集

一　问卷大规模发放

本研究采用问卷调查的形式进行数据收集，问卷调查时间为 2011 年 5 月至 2012 年 3 月，为期 11 个月。发放对象以中小型制造企业的中高层管理者为主。问卷发放主要通过以下三种方式进行，第一种方式是向江苏大学、南京理工大学、东南大学、东华大学、复旦大学、浙江大学、天津大学等多所高校 MBA 学员发放。选取这种方式主要是因为这些学员大多为企业中高层管理者，大都有 3 年以上工作经验，具备一定的情报知识，有利于获取更加全面、有效的数据。此外，通过让 MBA 学员在课堂上进行现场填写并当场回收，问卷回收率会比较高。第二种方式是利用实地调研、参加竞争情报相关会议、江苏知识产权培训等机会进行现场发放问卷。第三种方式是利用个人关系网络，委托他人向企业主管、部门主管、CIO 以及企业情报人员发放并回收问卷。对收回的问卷根据企业类型、问卷填写人所在部门、问卷填写情况等进行筛选，剔除无效问卷。问卷发放和回收的具体情况见表 6-7。

表 6-7　　　　　　　　　问卷发放与回收情况

问卷发放方式	发放数量（份）	回收数量（份）	回收率（%）	有效数量（份）	有效率（%）
第一种	450	395	87.78	276	69.87
第二种	101	84	83.17	65	77.38
第三种	150	109	72.67	97	88.99
合计	701	588	83.88	438	74.49

本次调查一共发放问卷 701 份，回收问卷 588 份，问卷回收率为 83.88%。有效问卷为 438 份，有效问卷率达 74.49%。按照本书模型设计，剔除非制造业的、1000 人以上的企业的问卷，得到最终可用于中小企业竞争情报实证研究的样本为 238 份。

二　样本数据描述

样本数据的描述性统计如表 6-8 所示。可以看出，被访企业中制造业占绝大多数，具体占到 81.9%；企业所在地以长三角区域为主，占到 81.5%；成立时间在 10 年以下的企业占到 49.6%，成立 10—20 年的企业占 34.9%，20 年以上的企业较少，占到 15.5%；员工人数在 300 人以下的企业占到 47.0%，300—700 人的占到 38.2%，700—1000 人的占到 14.7%；年销售额低于 1 亿元的占到 80.7%，介于 1 亿至 2 亿元的占到 19.3%；被访者中，中高层管理者占到 84.5%，普通职员仅占 15.5%。

表 6-8　　　　　　　　　样本描述性统计　　　　　单位：份、%

变量		样本数	比例	变量		样本数	比例
企业所在行业	电子电气	35	14.7	员工人数/人	100人以下	41	17.2
	机械	37	15.5		100人—300人	71	29.8
	生物	26	10.9		300人—700人	91	38.2
	医药	36	15.1		700人—1000人	35	14.7
	化工	26	10.9	年销售额/元	0.1亿以下	30	12.6
	纺织	35	14.7		0.1亿—0.5亿	78	32.8
	其他	43	18.1		0.5亿—1亿	84	35.3
企业所在地	江苏	89	37.4		1亿—2亿	46	19.3
	上海	71	29.8	被访者职务	普通职员	37	15.5
	浙江	34	14.3		部门主管	91	38.2
	其他	44	18.5		副总经理	80	33.6
企业年龄	10年以下	118	49.6		总经理	30	12.6
	10—20年	83	34.9				
	20年以上	37	15.5				

第五节　实证分析

结构方程模型（Structural Equation Modeling，SEM）是当代社会科学量化研究中最重要的新兴研究方法和统计技术之一。结构方程的主要优点有：可同时处理多个因变量；容许自变量和因变量含测量误差；可以同时估计因子结构和因子关系；容许更大弹性的测量模型；能估计整个模型的拟合程度。因此，本书拟采用结构方程实证企业竞争情报影响因素的模型（邱皓政，2009）。

一　数据预处理

结构方程模型的拟合指标值受到题项数量的影响，当潜在变量的测度题项过多时，便会对模型的整体拟合不利（Rogers & Schmitt, 2004），而删除部分题项以简化模型的做法也被研究者证明并不可取

(Nasser & Takahashi, 2003)，许多学者采用项目组合的方法来对题项进行归并、精简（卞冉等，2007）。项目组合（item parceling）就是对同一量表中的若干项目（题项）进行整合（加和/平均）并形成新的观测指标的过程。Bagozzi 等人的研究指出项目组合有四种不同的聚合层次：完全分散（total disaggregation）、部分分散（partial disaggregation）、部分聚合（partial aggregation）与完全聚合（total aggregation）。本书仅使用部分分散技术检验模型。项目组合在实践中的广泛应用促使了各种各样具体组合方法的产生，其中内容组合方法是较为常见的一种，这种方法建立在已有理论或研究者对项目内容的推理与判断上。考虑到本书中许多潜在变量的测度题项较多，本书利用部分分散技术中的内容组合方法对题项进行了归并，将组合的题项取平均值获得新的项目得分。

对各潜在变量进行理论维度的分析、项目组合。根据本书的设计，CI 使命与目标原量表中第 1、2、3 题项主要侧重于企业 CI 目标的明确性，第 4、5、6 题项侧重于 CI 目标与企业战略的关联，可以分别合并成一个新项目 str_ 123、str_ 456。高层领导支持与参与原量表的第 3、4 两个题项侧重测定企业高层管理者的 CI 收集能力，故可归为一个新项目 top_ 34。CI 职能制度原量表的第 1、2 题项侧重企业部门、人员的 CI 职责，第 3、4 题项侧重企业的 CI 制度流程，故可分别合成一个新项目 fun_ 12、fun_ 34。外部社会网络原量表的第 1、2 题项侧重专家网络，第 3、4 题项侧重公共网络，第 5、6 题项侧重市场网络，故可分别合成一个新项目 net_ 12、net_ 34、net_ 56。狭义文化原量表的第 3、4 题项侧重企业对员工进行的 CI 宣传、培训，可组合成一个新项目 cog_ 34。氛围原量表的第 1、2 题项侧重员工之间的信任，第 3、4 题侧重部门间的沟通，第 5、6 题项侧重部门内部的沟通，故可以组合成三个新的项目 coo_ 12，coo_ 34，coo_ 56。CI 直接绩效原量表的第 1、2 题项侧重企业 CI 的现状，第 3、4、5 题项侧重 CI 对企业决策的影响，故可以分别形成一个新的项目 cip_ 12、cip_ 345。

二　信度与效度检验

1. 信度检验

本书对量表的信度检验采用 Cronbach's α 值进行分析，当测试结果大于0.70时即可判断调研所得的资料可靠,能够进行下一步分析。本书的信度检验结果如表6-9所示,所有因子的Cronbach's α值均大于0.70,表明本书的量表具有较高的信度。

2. 效度检验

效度是指测试所欲测量的构念的正确性,或者是指题项在多大程度上反映了所要测量的构念。本书对效度的检验考察了内容效度(content validity)、聚合效度(convergent validity)和区别效度(discriminant validity)。内容效度代表了将概念拆解成维度与要素的过程是否完善的指标,内容效度的建立是要确保量表中包含了能够测量该概念的适当的且有代表性的题项。本书所涉及题项,都是在理论分析的基础上参考已有量表形成的,从而确保了问卷的内容效度。聚合效度是指当采用两种不同的测量工具来测量同一概念时,所获得的分数的相关程度,相关程度越高,聚合效度就越高。区别效度是指不同变量测量之间的差异化程度,即如果根据理论预测两个变量是不相关的,则两个变量的实际测量分数也应该是不相关的。

本书利用结构方程对所提模型进行了验证,对模型中各变量的信度和效度进行了检验。用组合信度(Composite Reliability,CR)和Cronbach's α值进行信度检验,用平均方差抽取量(Average Variance Extracted,AVE)对聚合效度进行检验,通过因子间相关系数和AVE平方根的比较检验区别效度。利用AMOS 21.0对测量模型进行验证性分析的结果如表6-9、表6-10所示,各潜在变量的CR均大于0.7,Cronbach's α均大于0.8,说明各潜在变量信度较好;各潜在变量的AVE均大于0.5,说明各潜在变量聚合效度较好;AVE的平方根均大于相对应潜在变量间相关系数的绝对值,表明各潜在变量具有较好的区别效度。

表6-9　　　　　　　　信度和聚合效度分析结果

因子	AVE	CR	Cronbach's α
CI使命与目标	0.698	0.822	0.879
高层领导支持与参与	0.694	0.872	0.868

续表

因子	AVE	CR	Cronbach's α
CI 职能制度	0.731	0.890	0.912
项目驱动机制	0.653	0.850	0.849
CI 资源支持与设施	0.740	0.895	0.893
外部社会网络	0.685	0.867	0.896
狭义文化	0.725	0.888	0.892
氛围	0.577	0.802	0.854
CI 直接绩效	0.613	0.760	0.913
CI 间接绩效	0.652	0.847	0.888

表 6-10　　　　　　　　　　区别效度检验结果

因子	CI 使命与目标	高层领导支持与参与	CI 职能制度	项目驱动机制	CI 资源支持与设施	外部社会网络	狭义文化	氛围	CI 直接绩效	CI 间接绩效
CI 使命与目标	0.835									
高层领导支持与参与	0.449	0.833								
CI 职能制度	0.416	0.444	0.855							
项目驱动机制	0.349	0.266	0.353	0.808						
CI 资源支持与设施	0.035	0.188	0.148	-0.021	0.860					
外部社会网络	0.391	0.536	0.291	0.461	0.292	0.828				
狭义文化	0.345	0.454	0.393	0.295	0.152	0.529	0.851			
氛围	0.332	0.385	0.385	0.470	0.157	0.477	0.430	0.760		
CI 直接绩效	0.529	0.641	0.521	0.555	0.206	0.721	0.589	0.634	0.783	
CI 间接绩效	0.082	0.010	0.087	0.177	-0.082	-0.010	-0.138	0.070	0.107	0.807

注：对角线上的值为相应因子 AVE 的平方根。

三　初步建模

图 6-3 是在 AMOS 21.0 软件中所绘制成的结构方程模型及其运行结果，具体运行结果如表 6-12 所示。拟合结果表明，初始模型的 CMIN/df 值为 2.428，小于 3；RMSEA 的值为 0.078，小于 0.08；GFI = 0.761，AGFI = 0.715 均小于 0.8，没有达到该标准；IFI = 0.874，TLI = 0.859，CFI = 0.872 虽然没有达到 0.9 的标准，但已经

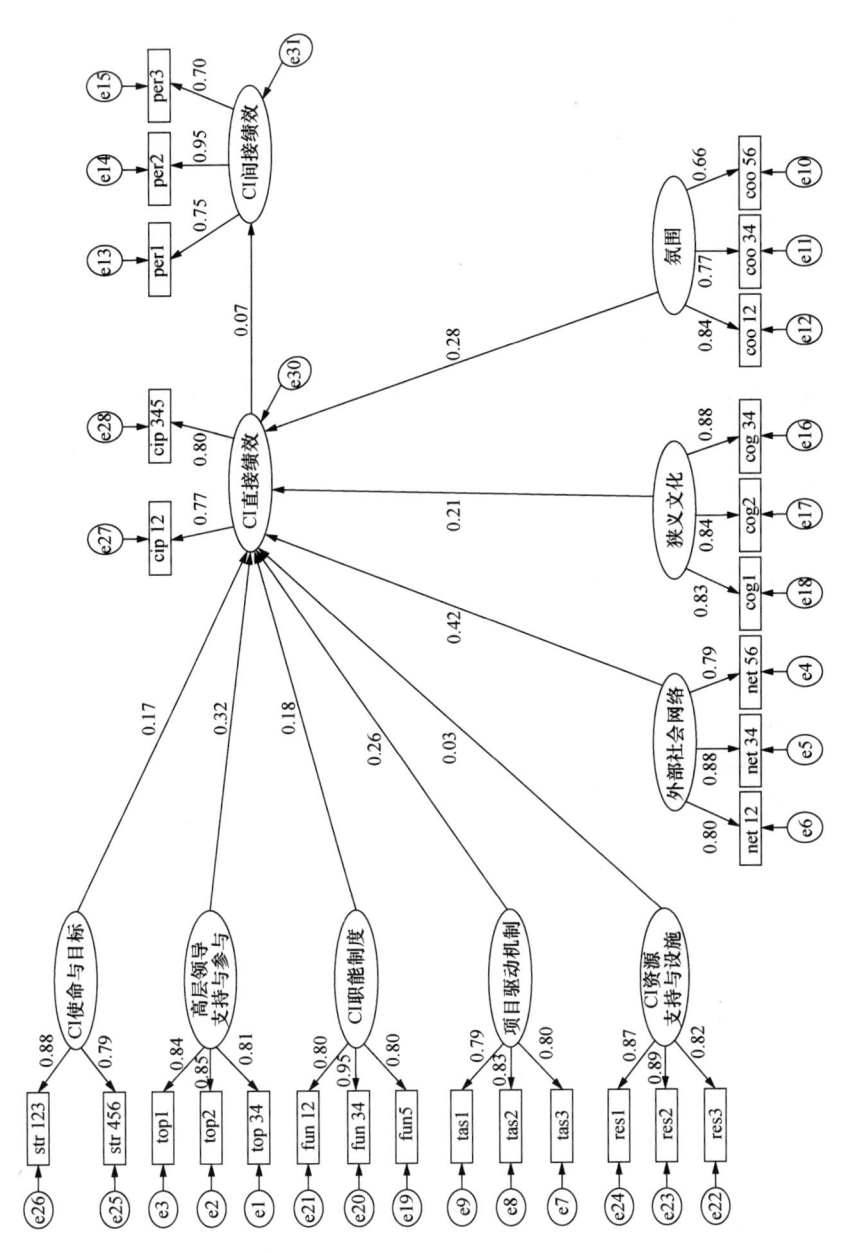

图 6-3 初始结构方程模型及其运行结果

很接近标准值。综合看来，初始模型的 GFI、AGFI 这两个指标不太理想，模型有待进一步修正。

表 6-11 和表 6-12 给出了结构方程初步建模的相关参数。如表 6-11 所示，测度指标与潜在变量之间的标准化回归系数大都大于 0.71，并且均达到显著，这说明测度指标能够很好地测度潜在变量。从表 6-12 可以看出，假设 H1、H2、H3、H4、H6、H7、H8 均得到支持，但是假设 H5、H9 不成立，即资源支持对 CI 直接绩效没有显著影响，CI 直接绩效对 CI 间接绩效没有显著影响。H5 不成立，可能是由于中小企业竞争情报活动大多为非正式活动，属于业务嵌入型，较少有专门用于竞争情报活动的资金、人员，主要通过人与人之间的沟通进行竞争情报的收集、分析，对于软硬件设施的依赖程度不高。CI 间接绩效除受到 CI 直接绩效的影响外，还受到企业内外部诸多因素的影响，考虑到这一点，H9 没有得到验证也在合理范围之内。

表 6-11　　　　　　　　初始结构方程模型回归系统

测度指标←潜在变量	回归系数	标准化回归系数	临界比（C. R.）	显著性检验 P 值
str_ 456←CI 使命与目标	1.000	0.789		
str_ 123←CI 使命与目标	1.171	0.880	3.007	0.003
top_ 34←高层领导支持与参与	1.000	0.810		
top2←高层领导支持与参与	1.099	0.847	13.622	***
top1←高层领导支持与参与	1.100	0.842	13.575	***
fun5←CI 职能制度	1.000	0.801		
fun_ 34←CI 职能制度	1.033	0.954	15.269	***
fun_ 12←CI 职能制度	0.896	0.800	13.873	***
tas3←项目驱动机制	1.000	0.803		
tas2←项目驱动机制	1.114	0.833	12.286	***
tas1←项目驱动机制	0.964	0.788	11.961	***
res3←CI 资源支持与设施	1.000	0.817		
res2←CI 资源支持与设施	1.019	0.891	15.394	***
res1←CI 资源支持与设施	1.031	0.871	15.173	***
net_ 56←外部社会网络	1.000	0.794		

续表

测度指标←潜在变量	回归系数	标准化回归系数	临界比(C.R.)	显著性检验 P 值
net_34←外部社会网络	1.133	0.882	13.537	***
net_12←外部社会网络	1.011	0.804	12.835	***
cog_34←狭义文化	1.000	0.881		
cog2←狭义文化	1.022	0.839	15.325	***
cog1←狭义文化	1.010	0.834	15.217	***
coo_56←氛围	1.000	0.651		
coo_34←氛围	1.033	0.772	9.154	***
coo_12←氛围	1.129	0.843	9.104	***
cip_12←CI 直接绩效	1.000	0.770		
cip_345←CI 直接绩效	1.039	0.796	9.288	***
per1←CI 间接绩效	1.000	0.748		
per2←CI 间接绩效	1.200	0.951	11.461	***
per3←CI 间接绩效	0.900	0.702	10.864	***

注：*** 代表 p<0.001。

表 6-12　　　　　　　　　初始结构方程模型拟合结果

路径	标准化路径系数	p 值	是否显著	结论
CI 直接绩效←CI 使命与目标	0.173	0.013	是	H1 成立
CI 直接绩效←高层领导支持与参与	0.318	***	是	H2 成立
CI 直接绩效←CI 职能制度	0.183	0.004	是	H3 成立
CI 直接绩效←项目驱动机制	0.260	***	是	H4 成立
CI 直接绩效←CI 资源支持与设施	0.033	0.607	否	H5 不成立
CI 直接绩效←外部社会网络	0.419	***	是	H6 成立
CI 直接绩效←狭义文化	0.206	0.002	是	H7 成立
CI 直接绩效←氛围	0.281	***	是	H8 成立
CI 间接绩效←CI 直接绩效	0.066	0.381	否	H9 不成立

拟合指标	CMIN/DF	GFI	AGFI	RMSEA	IFI	TLI	CFI
实际值	2.428	0.761	0.715	0.078	0.874	0.859	0.872

注：*** 代表 p<0.001。

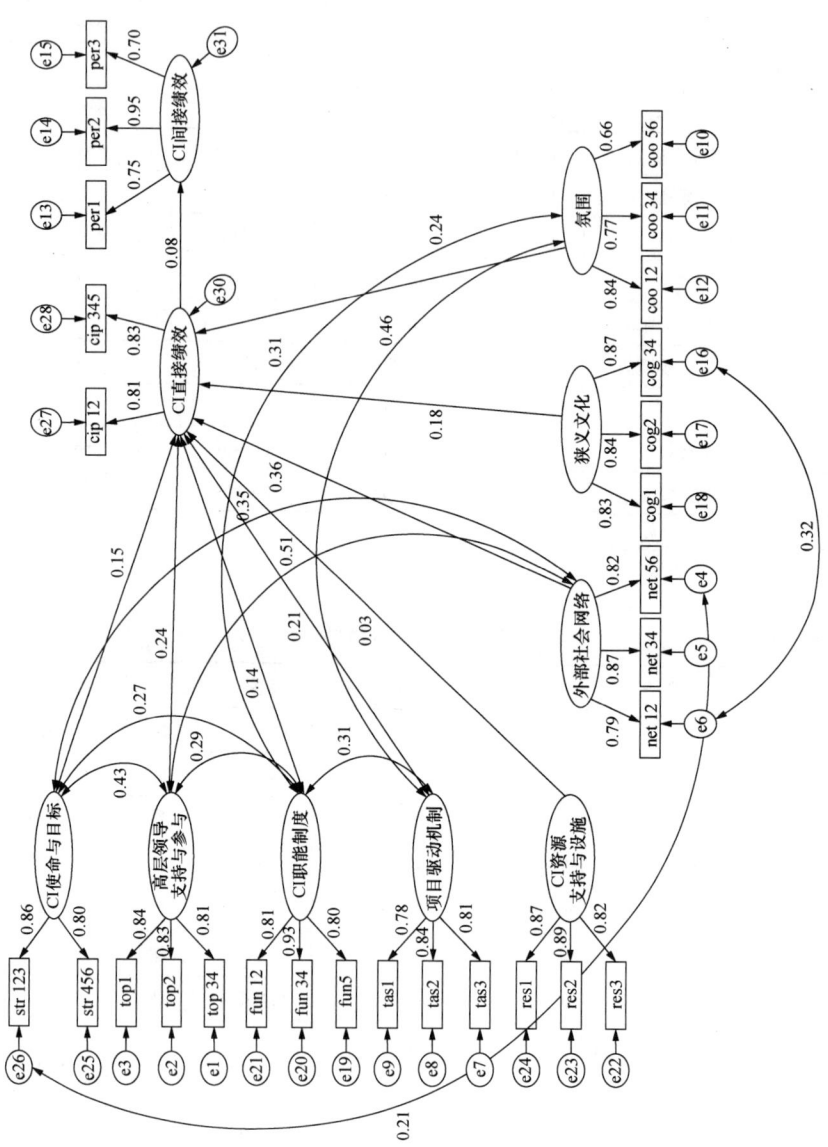

图 6-4 修正后的结构方程模型及其运行结果

四 结构方程模型修正

在初始结构方程模型中,所有假设都得到支持,而 GFI、AGFI 这两个重要的拟合指标没有达到最低标准。故根据 AMOS21.0 所提供的修正建议,对原有模型进行修正,以期提高模型的整体适配度。根据 AMOS21.0 给出的修正建议对模型进行修正能够提高模型的拟合度,但是,模型的修正不能仅仅靠数据驱动,增加或删除路径必须具有理论或现实依据。本书根据路径的修正指数和变量之间关系的理论基础与实践意义,对模型进行调整和修正,以达到最佳拟合效果。根据侯杰泰、温忠麟和成子娟(2004)的建议,由于在结构方程模型中,修改一条路径会影响到其他路径,所以在修正模型时,每次只修改一个参数。具体的修正过程及结果不再赘述。参考结构方程模型运行后给出的修正建议,并综合考虑变量之间关系的合理性,增列了 CI 使命与目标、高层领导支持与参与、CI 职能制度等影响因素之间的相关路径,所增列路径具体如图6-4所示。最终得到修正后的模型分析结果如图6-4所示,具体模型拟合情况及标准化路径系数如表6-12所示。

通过修正前后的模型(表6-11和表6-13)对比可以看出,修正后的模型中,测度指标与潜在变量之间的标准化回归系数大都大于0.71,与初始结构方程模型中相对应的标准化回归系数相比,有略微变化,但仍达到显著水平,这说明测度指标能很好地反映潜在变量。

表6-13　　　　　修正后的结构方程模型回归系数

测度指标←潜在变量	回归系数	标准化回归系数	临界比(C.R.)	显著性检验 p 值
str_456←CI 使命与目标	1.000	0.803		
str_123←CI 使命与目标	1.114	0.857	8.057	***
top_34←高层领导支持与参与	1.000	0.814		
top2←高层领导支持与参与	1.075	0.832	13.699	***
top1←高层领导支持与参与	1.096	0.843	13.859	***
fun5←CI 职能制度	1.000	0.800		
fun_34←CI 职能制度	1.007	0.934	15.379	***
fun_12←CI 职能制度	0.908	0.810	13.851	***
tas3←项目驱动机制	1.000	0.806		

续表

测度指标←潜在变量	回归系数	标准化回归系数	临界比(C.R.)	显著性检验 p 值
tas2←项目驱动机制	1.114	0.836	12.686	***
tas1←项目驱动机制	0.953	0.782	12.119	***
res3←CI 资源支持与设施	1.000	0.817		
res2←CI 资源支持与设施	1.019	0.891	15.396	***
res1←CI 资源支持与设施	1.031	0.871	15.172	***
net_56←外部社会网络	1.000	0.816		
net_34←外部社会网络	1.080	0.865	14.144	***
net_12←外部社会网络	0.939	0.785	13.120	***
cog_34←狭义文化	1.000	0.871		
cog2←狭义文化	1.057	0.841	15.304	***
cog1←狭义文化	1.040	0.832	15.128	***
coo_56←氛围	1.000	0.662		
coo_34←氛围	1.009	0.767	9.398	***
coo_12←氛围	1.107	0.840	9.595	***
cip_12←CI 直接绩效	1.000	0.808		
cip_345←CI 直接绩效	1.040	0.832	11.865	***
per1←CI 间接绩效	1.000	0.749		
per2←CI 间接绩效	1.200	0.951	11.478	***
per3←CI 间接绩效	0.900	0.702	10.872	***

注：*** 代表 p < 0.001。

通过修正前后的模型（表 6-12 和表 6-14）对比可以看出，修正后模型的拟合指标中 GFI = 0.847，AGFI = 0.813，相较初始模型中相应值有明显提高，均大于 0.8，达到最低拟合标准；IFI = 0.929，TLI = 0.918，CFI = 0.928，相较初始模型中的 IFI、TLI、CFI 值都有相应提高，均大于 0.9，达到最低拟合标准；RMSEA = 0.059，比初始模型中的 RMSEA 值略小，更加符合小于 0.08 的要求；CMIN/DF = 1.825，仍符合小于 3 的标准。综合看来，与初始结构方程模型相比，修正后模型与数据之间的契合度更高，模型得以确认。

表 6-14　　　　　　　　　模型修正后的拟合结果

路径	标准化路径系数	P 值	是否显著	结论
CI 直接绩效←CI 使命与目标	0.146	0.038	是	H1 成立
CI 直接绩效←高层领导支持与参与	0.244	0.002	是	H2 成立
CI 直接绩效←CI 职能制度	0.140	0.043	是	H3 成立
CI 直接绩效←项目驱动机制	0.208	0.003	是	H4 成立
CI 直接绩效←CI 资源支持与设施	0.034	0.545	否	H5 不成立
CI 直接绩效←外部社会网络	0.356	0.001	是	H6 成立
CI 直接绩效←狭义文化	0.182	0.001	是	H7 成立
CI 直接绩效←氛围	0.242	0.001	是	H8 成立
CI 间接绩效←CI 直接绩效	0.076	0.302	否	H9 不成立

拟合指标	CMIN/DF	GFI	AGFI	RMSEA	IFI	TLI	CFI
实际值	1.825	0.847	0.813	0.059	0.929	0.918	0.928

与初始模型的运行结果相比，各路径系数的显著性没有改变。与之前假设验证结果相同，假设 H1、H2、H3、H4、H6、H7、H8 均成立，假设 H5、H9 没有得到支持。

五　模型结果分析

综上所述，通过对结构方程模型的分析，本书得到有意义的结论：

（1）提出了 8 个组织管理影响因素，并实证了其中的 CI 使命与目标、高层领导支持与参与、CI 职能制度、项目驱动机制、狭义文化、外部社会网络、氛围 7 个因素对企业竞争情报绩效有重要影响作用。

（2）不同的影响因素对企业竞争情报应用绩效的影响程度各不相同。最主要的影响因素是外部社会网络和高层领导支持与参与，其次是氛围和项目驱动机制；而狭义文化对竞争情报组织实施的影响相对要小，CI 职能制度和 CI 使命与目标的影响相对更小。这一结果为我国企业培育和提升企业竞争情报应用能力提供了改善的方向和重点。

（3）个别假设没有得到验证，主要是 CI 资源支持与设施对 CI 直接绩效的影响。样本数据分析显示，不同样本之间的该指标差异不明显，可能是因为国内企业普遍处在竞争情报资源支持较低的水平，尤其是中小企业对竞争情报投入的资源，如资金、人力以及情报搜集与分析过程所使用的软件等信息化支持设施很少，导致资源支持对竞争情报绩效没有明显影响。

（4）CI 直接绩效对 CI 间接绩效的影响不是那么显著。关于这一点在以往的研究中存在争议。有的学者认为情报活动与企业绩效成正相关。如 Jaworski 和 Wee（1993）研究发现竞争情报与企业绩效成正相关，Kamalesh（2002）研究发现市场（情报活动）导向与改善市场绩效之间存在正相关关系。而另外一些学者则得出不一致的结论：市场导向与企业绩效间并非总是呈现正相关，它受制于一定的环境与组织条件。市场导向和企业绩效之间的关联程度与竞争强度和市场变化程度正相关（张婧，2003）。可见，本书支持后一类观点。也由此说明该问题需要今后进一步深入探讨。

（5）一些影响因素之间也存在明显关联，恰好说明了本简化模型所忽略的一些问题，如影响因素之间的关系和作用路径等。例如：CI 使命与目标与高层领导支持与参与之间存在相关性，在一定程度上支持"二者都是属于战略层面的因素，具有相互影响"的观点；CI 职能制度与项目驱动机制之间存在相关性，在一定程度上支持"二者都是属于正式机制的范畴"；高层领导支持与参与和外部社会网络相关，说明中小企业社会网络是由企业家社会网络和企业层面网络共同组成。这些问题需要今后的研究对路径以及因素之间的关系做进一步的探寻。

六　关键影响因素的讨论

下面将围绕影响我国中小企业竞争情报的重要的组织管理因素展开讨论。

（1）外部社会网络和高层领导支持与参与的作用最为显著

高层领导对于 CI 的作用是由中小企业的"以企业家为核心的"集权化的管理特性所决定。实地调查发现：情报意识强的领导由于对 CI 重要性有正确认识，不仅积极推动竞争情报工作，还亲自参与 CI 的搜集和分析。一些案例表明：不少小企业老板由于非常熟悉业务环境而利用直觉察觉环境变化，发挥了至关重要的作用。正如陈飔所说的"有些小企业老板本身就充当信息处理系统"。

对于资源稀缺的中小企业，更多的是依赖外部社会网络来获得情报。实地调查发现：一些情报工作实施较好的中小企业，老板自身具有很丰富的人际网络，他们或兼任商会会长、或是行业协会成员，参加中小企业俱乐部等，有不少政府的朋友，以及技术出身的朋友。他们说依赖这些人脉可以很容易地拿到别人拿不到的项目。

（2）非正式管控的作用（氛围、狭义文化）较为显著，次于高层领导支持与参与

这主要是因为：我国企业整体尚处在竞争情报发展的初级阶段，多数企业的情报工作尚处在自发的、组织化程度较低的状态。这些原因，再加上中小企业管理规范性弱的特点，中小企业管理规范性弱的特点，使得情报活动较大地被非正式流程控制。

对竞争情报持有正确的认知，形成全员的竞争意识和情报意识，对于人力资源缺乏的中小企业情报工作具有重要意义。实地调查发现：较为成功的中小企业大都重视技术创新和市场开拓等业务活动及其情报支持活动。

良好的信任、沟通协作、共享的文化氛围，对于中小企业情报工作具有重要意义。实地调查发现：有很少数的优秀中小企业，通过塑造良好的文化氛围，使其多数员工形成良好的情报意识、习惯与行为模式；通过塑造开放畅通的沟通渠道和信任氛围，促使不同部门之间、管理者和情报人员之间密切交流与协作，由此促进了情报工作的有效性。同时，他们也很注意管理层与普通员工之间的信息分享。

（3）正式管控的作用不如非正式管控和高层领导因素明显，但是仍然对 CI 应用效果起着积极的影响作用

我国中小企业大多倾向采用集约型的正式 CI 管控模式，表现为：以兼职的形式执行；大多数采用兼职岗位或者嵌入其他业务职能模式，以项目驱动为主、职能为辅的形式执行；情报项目大多与关键业务点融合。

项目驱动机制是中小企业有效的控制方式，其作用强于 CI 职能制度。调查发现：项目驱动机制在我国中小企业情报活动中较普遍。不少中小企业常在遇到不可预期的问题时执行，以搜集情报支持业务工作。技术员说："我们遇到一些技术难题或者项目（新产品开发、新工艺、新设备等）时，大家先分工寻找有关信息资料，苦思冥想，看能否自己解决"。这种机制是一种临时性的、聚焦的、节约高效模式，有利于提

高情报与业务决策的融合性。

CI 职能制度不失为一种基础的正式管控方式。实际调研发现：一些中小企业认识到情报的重要性，但是仅配备了简单的情报职能和较少的人力，也具有大致明确的流程，这在一定程度上能够促进情报实施。

有限的 CI 资源与设施是不可或缺的基础。实地调研发现：对于大多数中小企业，主要采用简单的、低级的、半自动化的 CI 软件和支持设施及系统，人工导向性强，而先进设施少并且用于购买 CI 软件系统的资金也非常有限，但是在较低 CI 花费的情形下支持不太高的业务需求。天下互联的总裁张向宁说，"中小企业也普遍具有情报需求，只是紧迫性弱一些，且愿意支付的费用会降低"。

(4) CI 使命与目标对于我国中小企业竞争情报应用效果的影响较弱

CI 使命与目标对于企业竞争情报的正向影响不是很显著，这主要是由中小企业的独特的管理特性所决定的。实地调查发现：当中小企业的战略目标几乎都存在，表现在绝大多数小企业的营销部门有自己的目标。对于这些中小企业，其 CI 使命与目标的区别在于是模糊还是明确、方向是宽泛还是聚焦、范围是大还是小。

第六节　中国情境下竞争情报应用障碍因素分析

一　中国情境下竞争情报应用障碍因素的理论分析

由于与国家相关的政治、政策、社会、文化、历史、道德规范、风俗习惯、地域等因素的独特组合，竞争情报实践随国家的不同而不同。这些因素嵌入在思维与行为模式、组织文化中，导致不同国家的情报应用有所差异。与美国相比，中国的 CI 部门较小，情报人员投入时间偏少，学历偏低，经验不足，技术情报应用多，人际网络运用较多，复杂统计分析方法运用少（Craig & Sheila, 2009）。这主要是由于中西方企业管理模式及文化的巨大差异，还有竞争情报源于西方的事实，以及中国情境下与西方不同的组织实施特性。与国外相比，我国企业竞争情报实施存在诸多障碍。

（1）对竞争情报存在根本的认识误区和盲区，是实施的最大障碍因素

我国企业对于竞争情报整体处于模糊的、朦胧的认知状态，存在盲区和误区。

首先，我国企业普遍对竞争情报内涵理解不正确。（1）不道德论。认为探测对手情况属于间谍活动，是道德缺失的事情。（2）无用论。认为浪费资源，仅依靠管理者的知觉和粗糙的决策就够。（3）与信息化、信息、知识混淆论。认为搭建网站、购买和实施 ERP 就够了，就是情报工作，可以满足管理需要。（4）情报蜕化为信息论。认为竞争情报是企业信息资料管理，情报就是无所不在的信息，没有必要开展情报工作。（5）不信任或不认可论。不相信情报能给企业带来价值。

其次，普遍存在竞争情报组织实施障碍。一些企业虽然对竞争情报有了解，但是对情报的实施模式和流程存在认识上的模糊。虽然一些企业已经开始引入竞争情报，但因实施不当而放弃实施。

再次，除了企业层面，区域、国家层面上也存在对竞争情报认识的不到位，表现在竞争情报机制的弱化上（缪其浩，2011）。

（2）中国企业的战略和管理决策风格使得对竞争情报应用的动力不强

中西方文化差异导致企业在战略方面（战略驱动力、战略决定因素）和管理决策方面（结构、模式、风格）存在明显差异，致使管理者个体和组织层面对竞争情报的使用行为倾向、决策中使用情报知识的结构模式明显不同。中国企业战略聚焦在战术层面而前瞻性不够、战略驱动力不强（Craig & Sheila，2009）

国内外研究者和实践界发现：中国企业的管理者大多依靠感觉、经验来灵活处理，而不像西方管理者习惯通过量化和模拟的方法来处理复杂的决策问题（宋新平，2010；陈东锋，2010）。尤其是 Martinsons 和 Davison（2007）调查发现美国管理者倾向使用决策支持系统（DSS），而中国管理者使用 DSS 的倾向性偏低，可能使用 DSS 应用于常规决策，对经理信息系统（EIS）和群组支持系统的接受和应用率很低。

（3）中国企业竞争情报应用存在非常突出的职能嵌入性和业务融

合性，加大了实施的复杂性和阻力

理论上看，商业情报被看成是一个高级的、排他性很强的领域。由于 CI 在业务职能中的天生嵌入性，常与更大职能联系在一起，如营销等。实践表明：为竞争情报独立建制的企业不多，大多数企业将竞争情报看成某个部门的一部分或者当成附带任务来完成，但并不否认竞争情报的重要性（Jenster，2010）。

一方面，中国企业对信息情报意识弱化，大多包含在业务职能中。海尔总裁张瑞敏与国际知名营销大师的对话能说明这个问题。大师说："你是不是要有一个很强的信息采集渠道，把所有销售信息反馈给你？"张瑞敏答："不，就一个渠道，把这一个渠道延伸到两大职能，第一，通过这个渠道采集各种客户需求信息，第二，我们同样通过这个渠道进行分销。"调查表明：情报工作由业务员兼任，情报专职岗位面临尴尬生存局面，情报人员以影子形式出现（陈飚，2006；朱盛镭，2012）。一些部门主管说："情报很重要，在实际中与业务并行。"另一方面，东方文化使得中国企业试图掩盖情报职能，而以与其他功能融合方式含蓄地开展，如"营销活动中的信息与知识"、"企业信息安全"等（陈飚，2010）。这种嵌入性方式虽然有助于与业务职能的融合，但是容易被其他职能覆盖而弱化，导致执行无力。

（4）中国企业竞争情报管理的非正式机制突出，加大了实施的复杂性和阻力

中国企业竞争情报管理是强调在人性化、合理化（中庸、和谐）、整体性与平衡性等管理模式下进行。此外，与西方不同，中国企业规范化程度低，人为因素影响大，加之以嵌入式方式运行，使得管理的随意性和模糊性增强。

中国的个人关系导向、高语境沟通特点等，加大了非正式控制对竞争情报活动的作用。中国人倾向于以隐晦或间接的方式沟通，因而需要关注环境中可能隐藏着的信息，并将此隐藏的信息与显性的信息联系起来以了解对方的真实意思（Hall，1976；Hall，1990）。这同样加剧了人际交往的复杂性以及情报活动对人际网络的依赖性。中国、日本等国的亚洲管理者倾向使用人际网络搜集信息源，而西方管理者倾向使用公开出版物和技术系统搜集信息源，这些被认为是商务报告、统计数据搜集

很难实施正式化系统的原因（Sekora，1993；Martinsons & Davison，2007）。

（5）信任、沟通协作、共享氛围是我国竞争情报实施的重要障碍因素

一方面，我国企业竞争情报工作大多处在启动阶段，用户及业务部门对情报产品及工作的认知度和支持度较低，情报人员和用户之间，以及情报部门和业务部门之间处在不信任、不理解状态。

另一方面，与西方不同，中国企业决策权往往高度集中，管理者习惯扮演"家长角色"，对员工直接命令，对下级授权少，信息共享少，自主决策的可能性小。这种将信息占有视为权利源泉的中国文化，不利于决策的授权与信息共享（Srivastava & Gips，2009；Davison，2002），将成为中国企业开展竞争情报的不利因素。同时，中国特有的企业管理等级制度、跨部门的流程难以沟通和协调一致等因素，很可能限制竞争情报的及时报告和沟通共享。

（6）竞争情报应用环境薄弱，成为主要障碍因素，导致情报应用动力不足

董小英（2008）研究发现，中国企业高管层倾向于扫描容易获得的信息，据此推测我国信息服务环境对高管层竞争环境信息扫描行为具有直接影响。戴侃红和陈飚（2010）认为，我国缺乏完善的企业竞争情报法律规制、没有独立的商业秘密法律，使得企业情报搜集行为在很大程度上处于失控状态。Lasserre（1993）认为早期中国这样的亚洲国家开展竞争情报存在政府信息数据资源缺乏、经济信息的质量和可得性偏低等障碍。

综上所述，中国情境使得竞争情报在中国企业实施将存在更多的阻力，尤其是非正式系统因素。因此，非正式管控的作用变得非常突出。

二 中国情境下竞争情报应用障碍因素的实证分析

我们设计了16个题项来反映我国组织实施竞争情报的障碍因素，并在全国问卷中一起调查。让被调查者对目前障碍因素的严重程度进行评价，分别以1、2、3、4、5代表严重、较严重、一般、不严重和很轻或者不存在。如表6-15所示。16个障碍因素的均值排序显示：10个因素的均值处在较严重的等级（约为2），只有两个因素处在一般的等

级（约为3），即为"情报人员在企业不受重视"和"情报人员与业务部门难以交流和合作"。

表6-15　　企业竞争情报组织实施障碍因素严重程度

	障碍因素	均值
1	情报专业人员匮乏	2.61
2	情报目标岗位、制度（搜集、分析传递）、流程不健全	2.68
3	情报工作经费投入不足	2.70
4	员工信息情报处理与应用技能弱	2.72
5	普遍对情报了解不深，认可度不高	2.73
6	信息海量且分散，搜集和分析困难	2.86
7	情报产品质量不高，有用性、时效性、可操作性不强	2.89
8	情报体系的收益难以确定和感知、见效慢	2.90
9	管理层更喜欢依赖经验知识而不是情报来作决策	2.91
10	管理层的情报需求多变、复杂而难以把握	2.92
11	情报人员因任务不明确具体而难以开展工作	2.94
12	内外部人际情报网络组建很困难	2.94
13	部门分割、信息情报难以在组织内流通和共享	2.96
14	用户对情报产品（方案、建议）满意度不高	2.99
15	情报人员在企业不受重视	3.00
16	情报人员与业务部门难以交流和合作	3.05

从图6-5可以看出，目前的前5大障碍依次是情报专业人员匮乏，情报目标岗位、制度、流程不健全，情报工作经费投入不足，员工信息情报处理与应用技能弱，对情报认可度不高。其中，对于情报专业人员匮乏的问题，48%的被调查者认为是比较严重及以上；对于情报目标岗位、制度、流程不健全的问题，41%的被调查者认为比较严重及以上；对于情报工作经费投入不足的问题，43%的被调查者认为比较严重及以上；对于员工信息情报处理与应用技能弱的问题，39%的被调查者认为比较严重及以上；对于对情报信息认可度不高的问题，35%的被调查者

认为比较严重及以上。由此可见，统计分析得出的竞争情报因素与结构方程模型得出的结论基本是一致的。

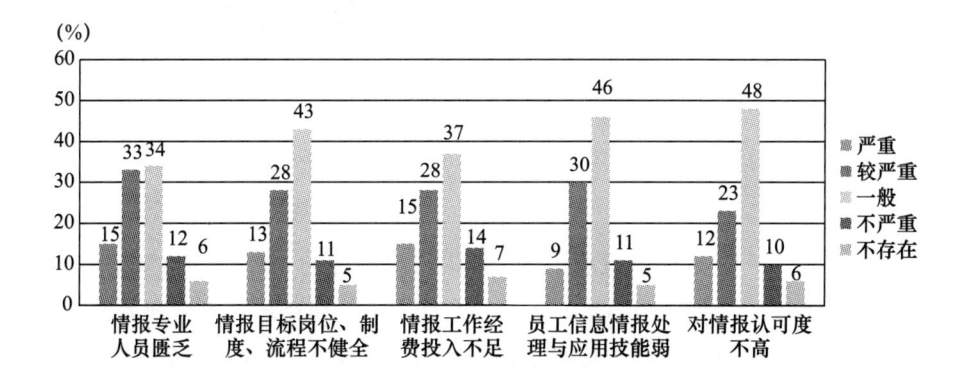

图 6-5　前 5 大障碍因素的分析

第七章　中小企业竞争情报服务影响因素研究

在竞争情报服务体系现状问题证实之后，接下来需要探讨的问题是，服务体系受到哪些因素的影响？这些因素如何作用？本章在分析服务系统的知识服务本质的基础上，提出基于服务主体、网络化、服务主客体协同三大影响因素的理论框架，重点对前两个因素进行实证研究，为服务体系建设提供科学依据。

第一节　竞争情报服务影响机理理论

一　竞争情报服务本质是知识服务

1. 宏观视角

从宏观上看，竞争情报服务本质上是知识密集型服务企业的知识服务过程。首先，竞争情报服务是知识服务。知识服务是由显著依赖于某一具体领域的知识或专业技能的组织为客户提供以知识为基础的、并为客户公司知识流程产生贡献的中间产品和服务（Kuusisto，2004）。根据此定义，从系统论角度出发，中介服务过程是将数据和信息作为一种关键性输入要素，然后依靠专业领域的知识和技能，创造出情报产品（知识）作为关键性输出。其次，中介的竞争情报服务的几个特征：服务中介具有高度专业的知识特性、广泛的知识网络和深厚的知识积累，情报服务产品具有高附加值特性、个性化与定制化特性，过程具有明显的交互性。再次，情报服务中介继承了知识密集型服务企业（KIBS）的本质特征，表现为创新的推动者、载体和来源。KIBS 组织依赖知识型员工的无形智力资本以及先进的信息技术、弹性的管理模式、有效的激励系统，以实现长期战略目标（宁烨，2007；魏江，2006）。

2. 微观视角

虽然信息类中介与综合咨询类中介的服务流程大同小异，但是参照咨询公司的知识服务过程理论（魏江，2008），可将竞争情报服务过程大致归纳为下述过程：

（1）锁定目标客户，确定项目目标。主要是接触顾客、了解顾客需求、拟订项目框架和目标、签订合同、开始项目的启动准备工作等。

（2）需求分析。通过问卷、座谈、实地访谈多种形式，了解客户企业的状况、存在问题和改进要求。它包含客户需求识别与获取、需求分析以及服务概念建模与描述等过程。

（3）服务内容生成或加工。包括三个过程：一是概念筛选。在深度调查的基础上，对问题分析、诊断，提供初步改进建议方案和报告。二是方案设计。在客户反馈的基础上，根据相似案例的经验设计方案，并根据客户情况和要求实时修改。三是方案的验证与修正。经过项目组和国内外专家的论证，形成初步方案，针对客户意见进行局部调整（魏江，2008）。

（4）服务交付与实施。形成最终报告，帮助客户拟订实施计划大纲，采取多种形式协助客户推动企业变革以实施方案。需要根据实际情况进行局部调整和细化。

值得注意的是，不同类服务以及不同类中介在上述过程存在一些差异。

首先，是服务内容加工阶段。对于数据信息类服务而言，中介运用信息化的技能对各种信息资源进行处理，并以数据、文献、简报、平台或者计算机接口的形式提供给客户。对于方案知识类服务而言，中介运用咨询技巧，将管理知识带给客户以帮助他们认识和解决有关管理问题，根据调查和分析的结果以报告的形式向客户推荐问题的解决方案以供客户参考。对于咨询型中介，产品（方案）加工通常指服务方案的加工。对于信息资源型中介，情报产品加工流程通常包含信息序化和知识挖掘两个过程。一般而言，初级情报产品经过信息序化过程即可（如检索类），高级情报类产品（如方案报告类）还需要经过知识挖掘过程。

其次，是交付与后实施阶段。信息类服务交付相对简单，有的甚至传递给客户即算完成，与客户互动很少。相比之下，方案知识类服务的交付过程更加复杂。建议方案产生后并不意味着咨询工作的终结，中介往往在方案实施过程中进行跟踪，在供需双方同时存在的场合进行人机的交流，以达到客户对相关知识的了解和吸收。

二　竞争情报服务过程是知识链过程

从微观过程视角看，竞争情报生产过程就是知识管理过程，即知识的创造、获取、共享、应用等知识链过程。知识管理就是实现知识的获取、共享、应用和创新等主要活动之间的连续与平衡。通过知识管理可以有效支持竞争情报服务过程。主要表现在：

（1）需求分析阶段。其对应的知识活动为：首先，将分散在个人、组织及企业内外部的显性和隐性知识，即客户的知识、客户需要的知识、客户拥有的知识进行获取；其次，服务员工应用个人隐性知识进行知识的识别、分类、整理、判断、推理等，达到对客户需求的理解，即知识的转化和应用；最后，通过服务双方互动诱发产生许多知识，如产生创新服务概念，即知识理解、创造和转移（范钧，2005）。

（2）服务加工阶段。对于信息资源型中介，服务加工对应的阶段是信息序化和知识挖掘。对于咨询型中介，服务加工主要是方案知识的直接生成。信息序化是员工对各种信息源进行获取，并将其加工成整序、精简、提炼、整合的知识，其本质包含组织知识库的应用、个人隐性知识的应用以及知识获取、知识的理解与转化过程。无论是信息资源型中介的知识挖掘，还是咨询型中介的方案知识提供，本质上都是知识创新活动。不仅需要获取载体中的显性知识，还要将其中的隐性知识进行识别、发现、挖掘、分析，并以一定形式呈现出来。这个过程涉及个体、群体、组织层面的新知识诱发、催生和创造过程，伴随着知识转换的四种模式：从显性知识到隐性知识，从显性知识到显性知识，从隐性知识到显性知识，从隐性知识到隐性知识。

（3）服务传递与后实施阶段。传递和实施的本质是服务方将知识转移给客户，客户对服务方转移过来的知识进行吸收（接收、消化、理解）与应用的过程。然后，服务方获得用户对知识产品的评价，其本质是知识的反馈和评估过程。

三 竞争情报服务影响因素的理论框架模型

中小企业竞争情报服务体系所提供的竞争情报服务内容，既包括营利性的服务（如商业公司提供的市场调研报告），也包括非营利性的、公共物品性质的服务（如产业竞争情报）。概括而言，竞争情报服务能否被提供，以及竞争情报服务系统绩效取决于以下四个方面：

第一，主体（网络节点）因素。各类服务主体的发育程度及其能力在很大程度上制约着服务体系运行。尤其是公共信息机构和商业化咨询公司等知识型中介的服务能力对服务体系绩效起着决定性的直接作用。如果这些竞争情报服务的直接提供者表现出动力不足、效率低下、质量不佳、效率不高等问题，则会使得竞争情报服务难以被服务对象接受，从而导致服务系统的绩效较低或者价值难以实现。

第二，主体结网因素。首先，从系统论和协同论看，由于服务客体的庞大性，加之各类主体资源与能力的局限性，故要求实现多服务主体的连接、合作、协调，以达到优势互补效应。其次，情报服务本质是复杂的知识服务创新，通过跨越多个组织边界以及整合专家知识资本等来实现协同供给，有助于服务创新的概念、模型和流程的形成，优化集成性服务和客户体验，进而提升服务系统整体效率和质量。再次，我国信息服务机构正在从分散走向合作，通过跨部门整合网络资源和信息资源，有利于情报的社会化服务。上述理论和实践表明：除了服务主体特性，主体的结网特性也对服务体系运行有很大影响。具体而言，这些特性表现在主体网络化的结构、形成、发育以及运行机制等方面。

第三，主客体协同因素，即供需两个系统之间的协同特性。协同是由下述两方面原因所决定的。一方面，网络环境下中小企业竞争情报循环过程更多地依赖于主客体之间以及多主体之间的协作。另一方面，基于知识服务本质的情报服务是向用户提供解决方案，客观上要求服务主体必须突破与消费者群体的边界跨越，增强与客户的互动性。协同性通过影响供需双方的互动机制、服务对象群体系统的接受效率（如态度、意愿以及行为等）等，进而影响服务价值的实现以及服务系统的获利程度。

第四，环境因素。制度激励越有效，服务体系发展就会越完善。环境特征决定竞争情报整体服务水平的高低，是对竞争情报服务的整体服务水平有重要影响的共性因素。环境因素通过个体特性、网络特性、服务主客体协同机制等产生作用，进而对服务系统运行绩效产生影响。

实际之中，这四大类因素又可以细分成很多小类因素，它们存在错综复杂的关联。竞争情报服务影响因素的框架如图7－1所示。由于供需协同特性已经在第四章有所调查和分析，故本章仅对服务主体和服务网络化的重点特性的影响因素进行深入探讨。

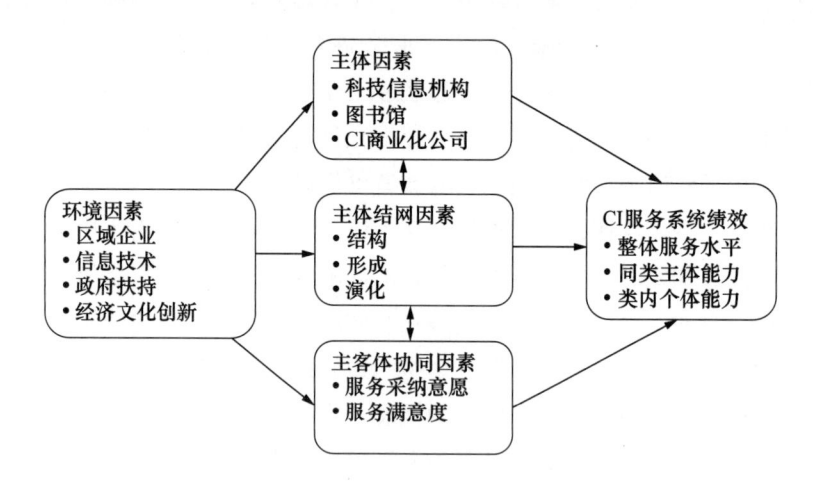

图7－1 中小企业竞争情报服务系统影响因素的框架模型

第二节 竞争情报服务能力及其影响机理理论

一 竞争情报服务能力影响机理内涵

现实中，知识型中介整体上表现出成熟度不高、绩效低下，而在不同类中介之间以及不同个体中介之间服务水平上也表现出较大差距。归根结底，原因在于整体能力不足，以及不同类中介或不同个体中介拥有不同的能力综合体。知识型中介若要提升整体的成熟度和个体的绩效及竞争优势，就必须培育个体服务能力。

按照能力观（Barney，1997；Amit & Schoemaker，1993），知识型中介的CI服务能力是根据客户的需求，对各种内外部资源进行获取、配置、整合，以及对服务流程进行协调与控制，从而使资源转化为增值的知识服务，以达到动态环境中获得组织竞争优势的能力。由于知识型中介的 CI 服务过程是知识化的，即以知识的获取支撑输入过程、以知识的应用和转化支撑加工过程、以知识的内化和外化支撑输出过程，故 CI 服务能力本质是知识服务能力。服务能力具有以下特征：目标导向性，即服务能力的目标是创造效益，获得优势；依赖性，即依赖于要素载体和路径而存在；动态性，即动态发挥作用，是一种动态适应能力，具有演变性；过程性，即多个过程能力的组合（王曰芬，2010）。值得注意的是，该服务能力是指面对企业客户服务的能力，比一般所指的图情机构个人服务能力更加复杂，主要体现在服务需求提高，以及服务加工维度（资源对象、加工流程、加工层次）拓宽和深化，从而使得服务能力更具动态性、柔性、综合集成性等。

　　影响因素、服务能力、服务绩效三者呈现递进影响关系。影响因素影响服务能力，而服务能力影响服务绩效。首先，能力决定资源转化和服务运营绩效，能力与绩效构成因果关系。服务能力是将内在资源转化成外在产品或服务的投入产出活动，是在实现目标的同时创造绩效。当拥有合适的资源和环境要素时，能力强的主体才能提供较好的服务，赢得较强的竞争优势。否则，能力弱的主体提供较差的服务，竞争力弱。其次，资源、环境、主体特性等多种因素交织在一起，通过复杂的机制作用影响服务，进而对服务绩效产生影响。图 7-2 给出了服务能力影响机理的逻辑框架。

影响因素　→　服务能力　→　服务绩效

图 7-2　CI 服务能力影响机理的逻辑框架

　　公共信息服务机构和商业化公司两类中介的能力形成机理有所不同。前者的能力形成体现为公共职能履行、公共目标和价值实现，可配置资源较为多样化，资源配置方式具有较强的刚性和整合性；而后者的能力形成体现为市场化的目标和价值实现，资源配置方式更加柔性化和多样化。本书中，将能力的影响因素框架同时运用于两类主体，以抽象出二者的共性进行研究。

二 竞争情报服务能力构成与评价

本书中,明确竞争情报服务能力评价是探讨能力影响因素的前提条件。与竞争情报服务能力相关的研究很少,主要包括三个方面:(1)从知识管理流程视角探讨图情机构服务能力。王曰芬等(2010)将图情机构的知识服务能力分解为知识的获取、吸收、创新、应用等能力。刘佳(2010)将数字图书馆服务能力分为知识的获取、组织、开发和服务提供等能力。(2)此外,从组织运营管理探讨服务能力。辛枫冬(2010)将 KIBS 服务创新能力划分为创新组织管理能力及创新服务的研发、实施、营销能力、组织学习和成长能力等方面。(3)从服务特性视角,将能力分为服务的内容维、效能维等。王婉等(2009)将孵化器能力内容维分为融资、孵化、网络等。

核心能力是组织中的集体知识,尤其是协同不同的产品生产技能,以及对多样化的技术进行集成的知识,是企业持续竞争优势的真正基础。核心能力取决于组织拥有的知识和知识运用能力(Prahalad & Hamel,1990;王毅等,2000)。基于此观点及上述分析,本书认为竞争情报服务能力包括两部分:一是组织的人力、财力、信息设施、智力等资源中体现的知识和技能,即知识存量;二是高速度、高效率地生产高品质产品和高满意度服务的能力。反映了生产、加工、转移知识的过程和功能,即知识运作能力。

按照服务业务价值链和知识流程双重嵌入视角,本书将知识运作能力分解为三个子能力:

(1)客户需求获取能力。是指对客户需求的获取、分析、建模表达的能力。主要用获取方式的多样性及有效性、与客户互动程度、分析方式的多样性和有效性、需求表达方式的多样性和有效性等来度量。

(2)服务加工能力。是根据对客户需求的理解,对各种竞争情报产品进行加工的能力。它也是服务研发能力的核心体现。它包含信息序化和知识挖掘能力。这里对二者区分是因为大多数科技信息机构具备相似的信息序化能力,而知识挖掘能力有较大差异。

从理论上说,可以用服务内容维反映服务加工能力的差异。这是因为知识含量不同的产品对加工能力有不同要求。对于浅加工的、知识含量低的情报类产品（如信息检索报告），主要是以信息序化处理为主，对知识挖掘能力要求较低；而对于深加工的、知识含量高的情报类产品（如市场分析报告），除了对信息序化有高要求，还对知识挖掘能力有高要求。实际中可见，信息序化能力强的组织，提供的信息序化产品种类就越丰富，意味着信息初级加工技能（下载、爬取、分类、标引）就强。反之，提供的信息序化产品种类就越少。这一点可以从第五章第二节的竞争情报服务成熟度评价清楚地反映出。同理，知识挖掘能力强的组织，知识产品种类不但丰富，而且知识含量也高，知识挖掘技能就越强。因此，用信息序化（知识挖掘）产品的种类、员工信息序化（知识挖掘）的技能和经验来度量。

（3）服务交付能力。是指将所加工出的各种类型的情报产品以合适的服务形式提供给客户，并帮助企业客户进行有效实施以实现创造顾客服务价值的能力。它是对服务交付过程的组织与管理能力的综合反映。服务传递能力的高低直接影响服务交付有效性。情报服务交付的成功程度不仅取决于客户与服务中介之间产品传递能力，还取决于客户对服务中的隐性知识的吸收与应用能力，即知识吸收能力。基于此界定，用传递方式、与客户互动程度、服务平台的有效性（功能完备程度、易用性、交互性）、实施方式、客户对情报产品的理解吸收程度、情报产品给客户企业带来的价值等来度量。

竞争情报服务能力的高低最终表现在服务加工能力维，这是因为后者在很大程度上代表整体服务能力。一方面，客户需求获取能力直接反映在服务加工能力中。需求获取能力强，就很有可能生产符合客户需求的产品。另一方面，我国竞争情报服务尚处在初级发展阶段，服务整体能力和子能力普遍偏低，如果一个组织有能力提供较多种类的竞争情报产品和较高知识含量的竞争情报产品，则说明该能力将该组织与其他组织相区别开来，因此是比较有效的度量依据。

三　竞争情报服务能力影响因素理论框架的提出

知识管理及 KIBS 服务影响因素相关研究包括两个方面：（1）从知识密集型服务业探讨影响因素（Anthur Anderson，1995；俞义樵，2010）；（2）针对特定类型 KIBS 组织对服务影响因素进行分析（林德昌，2010；王曰芬，2009；王曰芬，2010）。倪明（2007）等分析了咨询公司知识服务创新点的影响因素。关于影响竞争情报服务能力影响因素的主要观点见表7-1。

表7-1　　　　　竞争情报服务能力影响因素相关研究

作者	关键影响因素	应用
Anthur Anderson（2000）	领导、文化、技术、评估	组织的知识管理
俞义樵（2010）	内部物化知识水平、组织创新与信息技术关联度、市场能力与CRM战略	知识密集型服务业
林德昌	人员素质、网络建设、投资模式、政策支持、技术服务、服务匹配	孵化器服务能力因素
陈峰（2012）	定位及高层支持、工作机制、人才、与企业的关系	图书馆竞争情报服务
徐晓明（2010）	从事信息服务状况、资源便利、企业行业状况及信息费用、需求和认知	信息情报服务
王日芬（2009，2010）	内部要素有实物、人力资源、财务资源、无形资产（组织结构、文化、管理机制、商标品牌等），外部要素有用户需求、社会环境、政策法规	图情机构知识服务
魏江（2008）倪明（2007）	服务创新的影响因素包括：知识的获取、共享、应用的管理水平，服务过程中与客户的互动机制、知识员工的水平及其激励机制等	咨询公司
其他文献定性描述	信息资源、硬件设备、专业人才、运行机制、协作机制、宣传及营销策略、服务模式	图情机构服务
陈光（2011）	企业战略及定位、服务产品、企业资源利用能力、卓越团队、过程管理等	第三方竞争情报研究企业
陈飕（2010）	功能不完善、系统设计、宣传普及	企业竞争情报软件

综合上述分析可知，竞争情报服务能力因素主要包括外部环境（用户需求、社会环境、政策法规、企业行业状况等），组织的战略管理（定位、高层、工作机制设计等），组织的运营管理（员工激励、服务产品、过程管理文化、普及宣传、评估、商标品牌等），组织的

基础实施（员工素质与专业水平、技术、信息资源等），这些因素也是影响竞争情报服务能力的重要因素。综上所述，本书假定影响知识型中介竞争情报服务能力的主要因素有环境、战略管理、运营管理、资源等四个因素，并建构影响因素与竞争情报服务能力关系模型，见图 7-3。

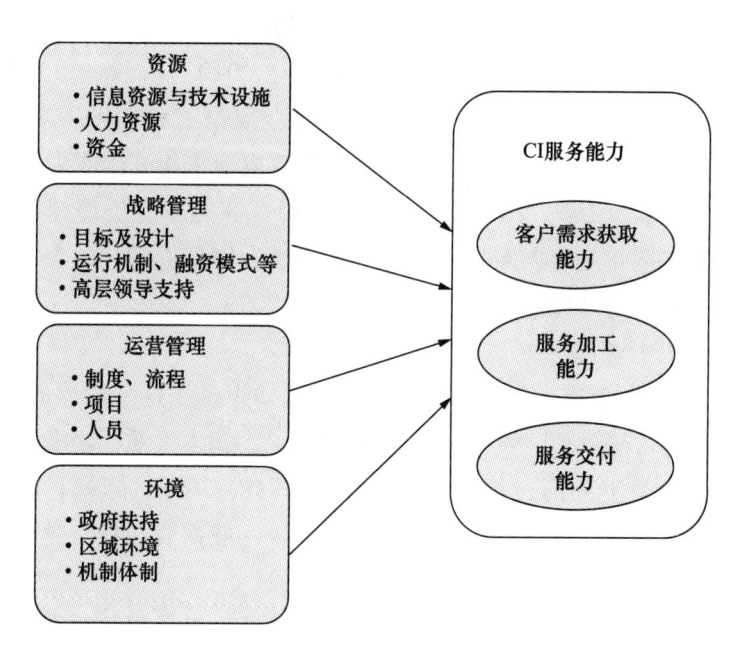

图 7-3　影响因素与 CI 服务能力关系模型

四　竞争情报服务能力影响因素的理论分析

1. 资源因素

资源因素包括内在资源和外部可得的资源，具体说有信息、技术、设施设备、人才、经济等资源。其中，经济资源（资金）短缺是公共机构普遍存在的障碍因素，个体可能通过不同的融资模式（机制问题）和融资渠道（外部社交网络）来解决资金短缺，经济资源（资金）放在战略管理因素中考虑。在此仅对其他两类资源因素进行探讨。

（1）信息资源与技术设施

主要包括设备、信息化设施、通信网络、各种馆藏资料及数据库、信息序化支撑软件系统与工具、知识挖掘支持软件系统、网站及服务平台等。它对竞争情报服务过程起到必要的支撑作用，是信息类中介服务能力的关键因素。先进完备的技术可为服务活动提供高效支持，也为服务创新活动（新产品开发、流程改进等）提供了可能性，甚至是独特的竞争优势。

国外的理论和实践表明：成功的信息机构大都很重视加强企业所需信息资源的采购、电子资源及互联网资源的建设以及语义专利分析新技术的利用等（Wilson，2005；Mammo，2010；Radauer，2002）。有研究指出：虽然互联网环境下商务信息获取渠道和替代品增加了，但是由于设施很难快速建立，所以信息资源成为机构开展企业情报服务的制约因素（Day，2002；Foster，2004）。我国信息资源建设水平偏低，尤其是商业信息库数量不足，从而成为信息机构开展企业竞争情报服务的关键障碍因素之一（杨素红，2009）。

（2）人力资源

对于 KIBS 而言，知识和技能需要经过知识员工这一载体的运作，方能转化为市场价值。员工是通过服务意识、基本素质、经验、专业技能等来影响服务的过程和绩效的（王曰芬，2009；陈峰，2010）。可见，人力资源对服务能力有着重要影响。一般而言，拥有越多的服务能力强的员工，则组织的服务能力就越强。

国外的理论和实践表明：服务员工的胜任力以及服务团队建设是信息中介实施商业情报服务的关键成败因素之一。根据美国西北部学术图书馆商务信息服务现状调查发现，认知度低、收入产出比低、员工不能胜任、组织实施复杂是主要困难之处（Wilson，2005）。对 Haramaya 学术图书馆的调查发现，信息资源、团队建设是拓展商业信息服务的关键（Mammo，2010）。国内研究和本书现状调查表明：公共信息机构和商业公司都存在竞争情报服务人才整体缺乏、技术人才水平不高和胜任力不足等问题，胜任力不足主要表现在：服务意识不高、服务素质不高、服务技能不足、服务与协作能力差等，较大程度上影响了企业情报服务的业务。

2. 战略与运营管理因素

（1）战略管理因素

战略管理决定主体战略的选择、形成和实施过程。有效的战略意味着组织清楚地认识并重视企业情报服务业务,并将其纳入重要的业务范畴,确定合理的运作机制、服务模式、融资模式、资金投入、合作伙伴战略等。其次,高层领导的素质、创新意识、变革态度、能力等是影响竞争情报服务能力的关键点。

国外的理论和实践表明:成功拓展企业竞争情报服务的机构,大都采取较有效的战略管理,即竞争情报服务定位明确、领导层高度重视、采取多元化的合作战略、多元化融资模式等(宋新平,2012)。如:纽约公共图书馆所属 SIBL 研究图书馆定位于帮助那些准备创办中小企业或扩大其规模的人,为其提供创业及经营建议、信息及咨询服务等;设置商业图书服务中心,采取基于政府、私企的多元化融资模式;合作伙伴包括中小企业发展中心、商业协会、企业专家和退休人士等成立咨询顾问团等(闫伟东,2009;宋新平,2010)。Wilson(2005)探讨指出,缺乏共同工作标准、对服务产品认可是商务图书馆与区域政府合作的障碍因素。

国内研究和本书现状调查表明:我国大多数公共信息机构正面临着前所未有的挑战,它们刚刚认识到战略管理以及拓展企业情报服务业务的重要性,战略管理的实践才开始启动(柯平,2010)。而商业化信息中介业存在战略管理水平不高的问题。国内公共信息机构以公益性服务为主,在企业情报服务业务投入的资金较少,融资模式单一,对竞争情报服务业务的重视度不够,与企业和其他伙伴合作能力弱,在很大程度上影响竞争情报服务业务。可见,战略管理已成为现阶段竞争情报服务能力的主要障碍因素。

(2)运营管理因素

运营管理因素是指服务模式、服务过程管理与控制等战术层面相关的多个因素。包括服务内容选择、收费方式、营销策略、制度管理、流程管理、项目管理、人员管理等。由于竞争情报流程兼具制造业和咨询业的特点,多以项目为导向,运营管理较为复杂。合理的服务模式选择和组织规范化管理,可以使业务过程得以有效实施,服务能力才能得到有效发挥。

国外的理论和实践表明:成功拓展企业情报服务的机构,大都采取了有效的服务模式及过程管理(闫伟东,2009;宋新平,2010)。

服务内容上注重向广度和深度拓展，不仅包括信息服务，还包括商业经营咨询在内的综合服务，不仅包括常规信息品种，还包括高知识含量的增值产品；服务模式上注重灵活多变性，服务方式包括电话咨询、现场、预约服务等，营销渠道和形式包括研讨会、宣传、调查问卷、网站、与商业中介合作等；注重与企业建立良好合作关系，以多元化的方式了解企业需求等。此外，根据国外的经验，组织实施复杂也是图书馆开展商务信息服务的重要障碍因素（Wilson，2005）。

国内研究和本书现状调查表明：整体而言国内公共信息机构服务运营管理水平较低，服务内容品种少，深度不够，而商业化的信息中介企业也存在运营管理水平不高的问题，在很大程度上影响竞争情报服务。

3. 环境因素

（1）政府扶持环境

政府扶持环境是服务成功的有力保障条件。一般而言，政府扶持力度大的国家或者区域，其信息情报服务整体水平较高、信息资源库及共享机制较为完善。

（2）区域环境

区域环境因素包括经济水平、地区文化水平、地区技术力量、地区创新能力、信息化基础设施及发展水平。区域和市场化发展水平直接影响信息中介的分布及发展程度。一方面，经济发展较高的地区，其中介发展程度高于经济落后地区。另一方面，同一区域内中介的发展也不平衡，发达城市的中介数量相对较多，发展较快。区域经济水平对情报服务业的影响表现在两方面：企业信息服务消费能力和地区网络设施建设。经济水平越高，服务消费外部动力越强，信息化设施越先进，区域信息资源共享水平越高，则信息资源丰富度越高，使信息中介可利用的信息资源的数量和质量较高。

与其他地区相比，京津冀、长三角、珠三角三大区域的信息基础设施、信息资源共建共享、区域创新能力等方面明显强于其他地区。这三个区域的企业对竞争情报的认知程度和需求程度较高，信息服务中介密集度较高，整体水平较高（陈飔，2011；郭榕，2009）。

（3）机制体制

健全的组织体制和运行机制有利于健全内部的激励机制、信息反馈、内部管理与决策机制、服务创新机制、利益机制等，从而极大地调动服务机构的积极性。实际调查结果显示：不同类型信息中介的服务能力有较大差异。咨询业在数量、产值方面占据明显优势，发展较快较好，其他如行业科技信息机构、省科技信息机构也有相当发展，而图书馆、科技业务中介发展较慢。即使同一区域和相同国有体制下，个体中介的服务能力仍存在较大差异。一个重要的原因是市场化机制较低造成。这直接导致中介个体上运作机制不灵活，难以满足市场和创新主体的需求。

目前，管理体制和机制是制约我国公共中介服务能力提升的重要障碍因素。我国绝大多数科技信息机构（科技信息所、公共和高校图书馆）和科技业务服务中介（生产力促进中心、研发中心、孵化器）仍然停留在事业单位的管理模式，所有制结构还是以国有为主体，隶属政府部门、隶属事业单位性质的占据很大比重，实行市场运作机制的比重很小，在一定程度上制约了信息服务中介的独立性、灵活性和积极性。

第三节　CI 服务主体能力影响因素的实证分析

本书在上述竞争情报服务能力影响因素框架下，采用三种方法来对服务能力影响因素进行实证分析，以便找出不同类型主体服务能力的共性及个性影响因素。首先，利用专家打分和因子分析结合的方法对不同类型主体共同的影响因素进行因子分析。其次，利用专家打分和统计法来探讨目前服务能力制约因素。最后，利用案例详细分析各类主体的影响因素。

一　竞争情报服务能力影响因素集的确定

为保证所调查的影响因素的全面性、科学性和正确性，在上述章节的理论框架下，课题组接着花了两个月时间用观察与个体访谈相结合的方法进行详细调研，结合调研访谈结果对初始影响因素进行修订，得到影响因素的 17 个指标集。如表 7-2 所示的初始影响因素集，其中，外部网络这个指标看似既可以归属为战略类，也可以归属为运营类。暂时将其归为运营类，以便等待后续因子检验。

表 7-2　　　　　　　　竞争情报服务能力影响因素

		简称	指标解释
战略管理	a1	战略目标	有清晰的情报服务业务的目标及战略定位
	a2	产品定位	有合理的情报服务产品定位
	a3	运行机制	如双轨制、开拓市场服务、成立公司等
	a4	领导重视	领导对企业情报服务业务的了解和重视程度
运营管理	a5	客户合作	与客户建立合作机制及交往密切度
	a6	市场营销	品牌、宣传、定价、收费等市场开拓力
	a7	外部网络	与同行机构、商业公司、政府等合作能力
	a8	员工管理	有效的员工管理（任用、考核、培训）
	a9	业务过程	有效的业务过程及项目管理
	a10	文化氛围	良好的文化氛围（创新、合作、沟通等）
资源	a11	基础设施	完备先进的基础设施（信息资源、设施、技术）
	a12	业务素质	员工的业务素质和经验
	a13	资金投入	对企业情报服务业务投入资金
环境	a14	企业认知	企业对情报服务的认知、需求、使用
	a15	政府扶持	政府的支持力度（政策法规、机制、资金、项目）
	a16	区域发展	服务主体所在区域发展水平（经济、技术、文化等）
	a17	区域信息资源	服务主体所在区域信息资源的丰富度、集成共享度

二　问卷的研制与资料收集

问卷先进行小规模发放、访谈，修改，在此基础上再进行大规模发放。正式阶段中，对各类型信息服务机构共发放问卷 150 份，回收 141 份，有效问卷 125 份，问卷回收率 94%，问卷有效率 88.6%。问卷发放的对象主要是地方科技信息机构、行业科技信息机构、相关咨询公司及竞争情报服务公司、公共图书馆、大学图书馆等多种类型的、有过企业情报服务经验的单位。其中包括埃森哲、赛立信、上海科技信息研究所、湖南科技信息研究所等知名单位。此外，还在一些有图情专业的知名高校进行了发放，被调查者对表 7-2 中的各影响因素对服务能力的影响程度打分，打分标准按照李科特量表计分法，即从非常重要到完全不重要，得分依次为：5、4、3、2、1 分。

三 服务能力影响因素因子的确定

本书采用多元统计中的因子分析法对问卷数据进行处理，问卷信度采用 Cronbach's α 系数进行检验，四方面的信度系数在 0.718—0.852 之间，均高于 0.70 的最低标准，说明问卷信度较高。KMO 值为 0.785，巴特利特球形检验的显著性 p 值小于 0.0001，表明数据适合进行因子分析。用软件 SPSS 16.0 对问卷数据进行因子分析，采用主成分法来提取公共因子，统计分析结果如表 7-3、表 7-4 所示，共提取出 4 个因子，累积方差贡献率为 62.354%。

一般按照特征值大于 1 和累积方差贡献率在 60% 以上相结合的原则选取因子。由表 7-3 可知，战略管理、运营管理、资源、环境这四个因子对应的特征值分别为 3.559、2.822、2.209、2.011，各自的方差贡献率分别为 20.934%、16.601%、12.992%、11.827%。前两个因子的累积方差贡献率为 37.535%，前三个因子的累积方差贡献率为 50.527%，提取的四个因子的总的累积方差贡献率为 62.354%。

表 7-3　　　　　　　　方差分析表

因子	特征值	方差贡献率（%）	累积方差贡献率（%）
战略管理	3.559	20.934	20.934
运营管理	2.822	16.601	37.535
资源	2.209	12.992	50.527
环境	2.011	11.827	62.354

为更好地对因子进行命名和解释，选择方差最大正交旋转法将因子载荷矩阵旋转，使得载荷系数向 0 和 1 两极分化，旋转后的因子载荷矩阵如表 7-4 所示。

表 7-4　　　　采用方差最大法旋转后的因子矩阵

影响因素	因子 1	因子 2	因子 3	因子 4
战略目标	-0.158	0.193	0.764	-0.011
产品定位	0.142	0.063	0.821	0.165
运行机制	0.197	-0.013	0.629	-0.063
领导重视	0.199	0.099	0.627	0.290
客户合作	0.738	0.126	-0.007	0.113
市场营销	0.787	0.045	0.136	-0.026
外部网络	0.644	0.324	0.117	0.157
员工管理	0.733	0.245	0.086	0.153
业务过程	0.712	0.136	0.172	0.317
文化氛围	0.609	0.159	0.073	0.383
基础设施	0.046	0.121	0.059	0.737
业务素质	0.369	0.091	0.199	0.679
资金投入	0.338	0.301	0.014	0.621
企业认知	0.130	0.770	0.082	0.229
政府扶持	0.056	0.760	0.121	0.329
区域发展	0.271	0.805	0.153	-0.126
区域信息资源	0.308	0.782	0.017	0.146

从旋转后因子载荷矩阵可以看到，旋转后的因子载荷矩阵中的载荷值向两极分化，各公因子较高的载荷都很有规律地分布在若干个关键指标上，说明它们与指标之间具有比较明确的结构关系，其意义明确，具有很强的可解释性。各种因子负荷进行转化后，因子载荷量均大于 0.5，把 17 个原始变量归类在 4 个因子上，其中因子 1 为情报服务业务的战略管理状况；因子 2 为情报服务业务的运营情况；因子 3 为情报服务业务的资源投入状况；因子 4 为外部环境对竞争情报服务业务的支持状况。此外，我们发现，外部网络在因子 1 上的载荷为 0.644，而在其他因子上的载荷比较低，所以可以将其归类为运营管理。因子分析得出的服务能力影响因素与理论假设基本吻合。

同时，本书对服务能力影响因素的重要程度平均值进行了排序，如表7-5所示。分析发现，只有文化氛围、政府扶持、区域信息资源三个影响因素的重要程度偏弱，其余的14个影响因素的重要程度平均值在4以上，说明大部分影响因素的重要程度较高。其中，重要程度最高的影响因素分别是战略目标、领导重视、产品定位、业务素质和客户合作。

表7-5　　　　服务能力影响因素的重要程度均值排序

题项	简称	均值（降序）	排序
a1	战略目标	4.568	1
a4	领导重视	4.508	2
a2	产品定位	4.393	3
a12	业务素质	4.324	4
a5	客户合作	4.251	5
a14	企业认知	4.235	6
a3	运行机制	4.186	7
a6	市场营销	4.169	8
a13	资金投入	4.169	9
a9	业务过程	4.164	10
a7	外部网络	4.122	11
a8	员工管理	4.117	12
a11	基础设施	4.038	13
a16	区域发展	4.016	14
a17	区域信息资源	3.995	15
a15	政府扶持	3.945	16
a10	文化氛围	3.918	17

四　服务能力障碍因素的统计分析

在因子分析对服务影响因素验证后，我们针对目前服务能力处在低级阶段的现状，设计了如下的障碍因素问题，如表7-6所示。

表 7-6　　　　　　　竞争情报服务障碍因素设计

题项		简称	指标解释
战略管理	X1	战略定位	缺乏对企业情报服务业务的清晰把握
	X2	市场化机制	市场化机制不足，限制了情报服务业务
	X3	高层领导	高层领导缺乏认知，重视度低
	X4	网络化	与同行、政府等合作能力不足
运营管理	X5	客户市场	市场开拓能力不足
	X6	过程管理	缺乏有效的过程管理
资源	X7	物化知识水平	信息基础（数据库、技术）薄弱
	X8	人力资源的胜任力	缺乏有经验员工或员工不胜任
	X9	资金投入大小	资金投入不足
环境	X10	市场环境成熟度	企业对情报服务的认知低、需求不足
	X11	政府扶持环境	政府的法规、机制、资金、项目等支持不足
	X12	区域信息资源水平	区域信息设施集成和共享水平落后

根据 125 份有效问卷，我们对服务主体竞争情报服务的主要障碍因素进行了统计和排序，结果如表 7-7 和图 7-5 所示。

从表 7-7 中的情报服务障碍均值看，12 个竞争情报服务障碍因素中，从高到低的 5 个主要障碍因素分别是市场环境成熟度、市场化机制、客户市场、战略定位和物化知识水平。

表 7-7　　　竞争情报服务能力障碍因素的严重程度排序

题项	简称	均值（升序）	排序
a10	市场环境成熟度	2.202	1
a2	市场化机制	2.230	2
a5	客户市场	2.317	3
a1	战略定位	2.339	4
a7	物化知识水平	2.508	5
a9	资金投入大小	2.530	6
a3	高层领导	2.568	7
a6	过程管理	2.590	8

续表

题项	简称	均值（升序）	排序
a11	政府扶持环境	2.612	9
a4	网络化	2.623	10
a12	区域信息资源水平	2.727	11
a8	人力资源的胜任力	2.738	12

从图7-4中可以看出，对于市场环境成熟度这一因素，认为其是竞争情报服务"最严重障碍"的约占28%，认为其是竞争情报服务"较严重障碍"的约占37%，这两个比例高于其他因素（战略定位、市场化机制、客户市场、物化知识水平等）的同等程度的比例；认为其是竞争情报服务障碍不严重或者不存在障碍因素的只占了很小的比例。这也就说明，市场环境成熟度低表现在企业对情报服务的认知低、需求不足等方面，这些给竞争情报服务造成了严重影响。

从图7-4中可以看出，市场化机制这一因素与市场环境成熟度因素有相似之处。大约25%的调查对象认为市场化机制不完善给竞争情报服务造成了严重障碍，认为其造成的障碍较严重的也占到了大约36%，认为其造成的障碍不严重或不存在障碍的比例同样很低。从这可以看出，由于市场化机制不完善竞争情报服务造成了较严重的影响。

从图7-4中还可以看出，对于客户市场这一因素，虽然认为其给竞争情报服务造成的障碍很严重的调查对象没有市场环境成熟度和市场化机制两个因素高，但同样也占到了很大比例，这一比例大约为20%；虽然认为其给竞争情报服务造成的障碍很严重的调查对象和其他几个主要障碍因素相比不是最多的，但认为其给竞争情报服务造成的障碍较严重的调查对象却是最多的，这一比例大约达到了38%。

图 7-4 竞争情报服务能力障碍因素统计

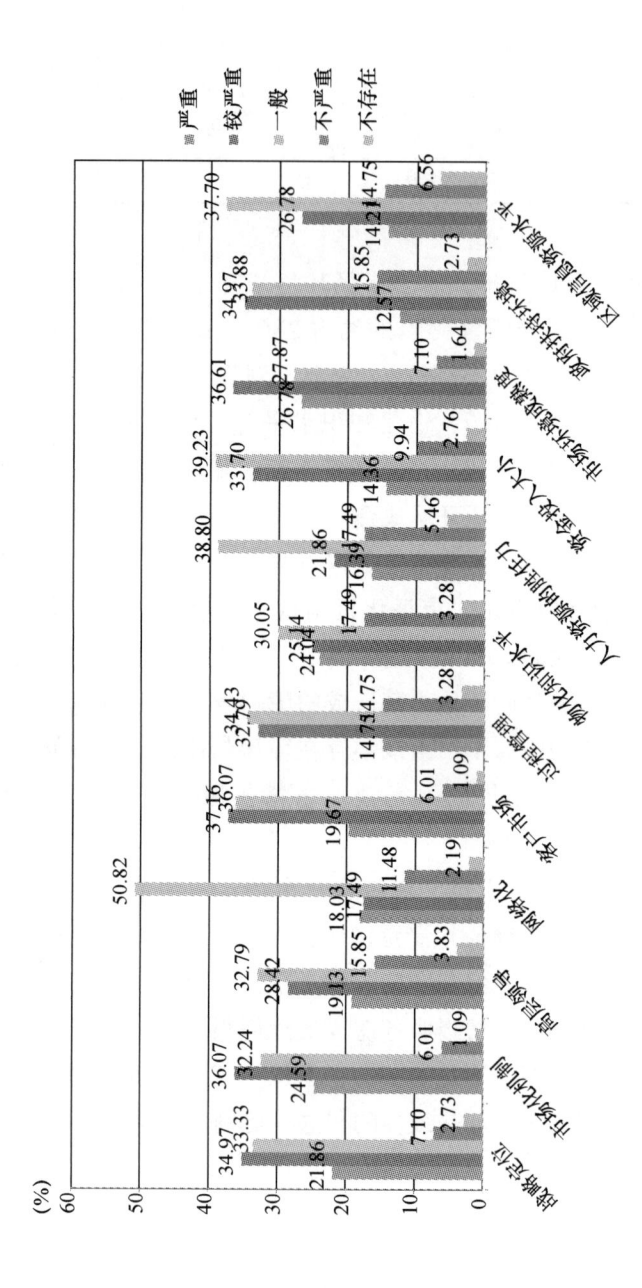

根据表 7-7 可知，战略定位这一因素的平均得分是 2.339，稍高于客户市场的 2.317。从图 7-4 中也可以看出，认为战略定位这一因素给竞争情报服务造成的障碍严重的调查对象超过了 20%；认为其较严重的就更多了，达到了 35% 左右，认为造成的障碍一般的也同样超过了 30%；认为其造成的障碍不严重或不存在障碍的同样只占了很小的比例，说明战略定位这一因素也会给竞争情报服务造成重要的影响。

从表 7-7 可以看出，第五个主要障碍因素是物化知识水平，其平均障碍得分是 2.508。从图 7-4 中能够看出，认为物化知识水平这一因素给竞争情报服务造成的障碍严重和较严重的调查对象都不是最多的，但是认为其造成的障碍严重和较严重的调查对象比例非常接近，都在 25% 左右，两者加起来也超过了 50%。所以，综合考虑，物化知识水平同样会对竞争情报服务造成重要影响。

五　不同类主体的服务能力影响因素——案例分析

1. 地方科技信息机构

从表 7-8 中的案例可以看出：各地方科技信息机构服务能力差异的关键因素在于三个方面：（1）政府支持。湖南和云南科技信息研究所（简称湖南所、云南所）服务能力较强，主要是由于二者是政府竞争情报示范工程点，尤其是政府对湖南所提供全方位支持；（2）机构有明确战略定位，以及有效的机制转型及配套的运营管理变革。湖南所早在 2004 年就制定发展规划，确定竞争情报服务业务地位，率先通过大规模培训等方式来帮助企业建立正确观念，同时，在人才、设施、业务流程、信息资源共享机制等方面采取措施，促使战略顺利实施；（3）区域的经济发展水平、企业规模、信息资源基础设施对服务能力有一定制约作用，但并不是主要障碍因素。云南的经济、市场需求及信息资源较少，但由于政府扶持力度大，云南所服务能力不逊于江苏，产品种类上甚至超过江苏。与其他地区相比，海南由于所在区域经济落后，缺乏服务的意识和动力。

表 7 – 8　　典型地方科技信息机构竞争情报服务分析

	服务概况及关键因素	服务能力
湖南所	●战略管理：2004年制定发展规划中确定情报服务地位；合作结盟；领导重视度高，信息资源的市场机制 ●运营管理：市场开拓力强，选择优势龙头企业作为示范基地；建立网络化情报采集流程；强化技能培训、员工学习支持大；各项优惠多 ●资源：组织庞大且健全，量身订制培养专门情报人才；商业、技术数据较多、设施完备，如协作平台、网站、购买TRS；省外信息资源共享充分 ●环境：区域发展及信息水平一般；区域政府扶持很高	服务能力较强；情报产品种类较多且深度深；总知识含量在0.5—0.6
江苏所	●战略管理：认识到需求并提供基本服务，战略较为明确；与江苏信息网络中心、江苏省轻工科技情报总站多机构合作；事业性机制 ●运营管理：运营能力较强，国家二级科技文献收藏单位和地区Ⅰ级专利文献服务中心，国家一级科技查新咨询机构，江苏省AAA级信誉咨询机构 ●资源：人力资源一般，专职90人，兼职研究员100余人；信息资源丰富 ●环境：区域发展和信息水平较高；区域企业数量多；政府扶持一般	服务能力一般；情报产品种类较多；总知识含量在0.3—0.4
云南所	●战略管理：战略明确，业务规模扩大很快，知名度高 ●运营管理：社会化运营能力强，业务机构拓展并细分成多个，如科技统计信息中心等；经验多，社会化服务资质强，如国家级咨询、查新资质 ●资源：人力资源强，员工122名，本科以上的有86%，获得硕博士学位的占36%，有高级职称的占36%；信息库内容涉及范围较宽 ●环境：区域发展及信息水平落后于沿海东部区；企业数量少且发展弱；区域信息化薄弱；政府扶持力度大，是全国竞争情报示范基地	服务能力一般；情报产品种类多；总知识含量在0.5—0.6
海南所	●战略管理：认识到需求并提供基本服务，客户对其认知度低，事业化运行机制 ●运营管理：社会化经验缺乏，内部的项目管理能力较弱 ●资源：人力资源薄弱，技术人员少；信息库内容较多，涉及面较宽 ●环境：区域发展落后；企业数落后，区域信息化薄弱；政府扶持弱	服务能力弱，情报产品种类较少，知识含量在0.3以下

整体而言，由于地方科技信息机构开展企业竞争情报服务业务尚处在启动阶段，主要存在机制转型、政府扶持（政策、资金、资源）和战略定位（认知、业务设计）等多与启动相关的障碍因素。调查发现：大部分省级科技信息机构对于开展企业竞争情报服务业务的认知度和重视度不够。即使有打算开展竞争情报服务业务的机构，也会遇到资金、机制、项目等多方面的制约。大多数省级以下级别的信息所很少开展企业竞争情报服务业务，即使开展也只能提供一般的信息服务，如通辽市、临沂市、云霄县等信息所（华冰，2006）。

2. 行业科技信息机构

从调查结果看，行业信息机构服务较好的案例有：中国化工信息中心、中国电子信息中心，中国机械信息中心、中国纺织信息中心等国家行业机构和北京电子科技情报中心、浙江电子科技情报中心等地方级行业机构等。分析这些案例可以发现，行业信息机构成功的关键因素是双轨化的运行机制，该机制强调公益性服务的同时，开拓空间十分广阔的市场化经营服务，实践证明其是成功的。其中，中国化工信息中心服务能力强于其他机构，主要表现为：Alexa 客户流量排名在行业机构非常靠前；服务内容种类多、知识含量较高；客户多、客户关系策略好。

结合表 7-9 中的案例和本书的调查及访谈可以看出，中国化工信息中心的成功因素有：（1）服务网络化正在形成，包括与政府、行业协会及其他公益服务主体、市场化服务主体形成的交叉网络；（2）明确发展战略，深化服务内容，创新服务模式，不断拓展市场，实施灵活的营销策略；（3）针对化工行业信息服务发展中的分散、无序的现象，加强与区域性化工行业信息网的联动协同。

表 7-9　　　　典型行业科技信息机构竞争情报服务分析

	服务概况及关键因素	服务情况
中国化工信息中心	原为国家化工部主管，由化工部科技情报研究所和成立于 1984 年的化工部经济信息中心合并重组而成 目前设有国家工程图书馆化工分馆、全国化工国际展览交流中心、中国化工数据中心、中国化工博物馆、产业规划研究院、产业经济研究院、竞争力情报研究院等机构	服务能力强、品种多，产业规划、园区规划、投资分析、市场调研、专利查新、应急救援等咨询、IT 信息化服务、行业资讯、品牌推广平台、国际展览等

整体而言，行业科技信息机构突出的障碍因素有：处于实行机制改革的过渡时期，在双轨制推行的进程中，不可避免地存在一些混乱，如制度上的明确性、国家的投入、与行业协会及其他主体之间关系、同一个行业内部信息机构之间协同机制不健全、行业内信息资源整合协调不够等问题。调查发现：大部分行业科技信息机构对于开展企业情报服务业务的认知度和重视度很高，但是依然遇到资金、机制、市场开拓等多方面的障碍。

3. 公共图书馆

分析表 7-10 中的案例可以看出：上海、深圳、天津泰达馆的服务能力强，关键在于两方面因素：（1）战略上高度重视，并结合实际进行运行模式和机制的优化创新。如：上海馆采取有效的结盟战略、资源共享战略、成立公司以实行市场化服务战略、嫁接公共研发服务平台和行业协会战略等；深圳馆自建馆以来就效仿国外，下设商业图书馆；天津泰达馆设立在经济开发区，实施有效的客户导向战略，与商会、创业中心等准政府机构的协作密切。（2）有效的运营管理变革。这三个图书馆结合实际，在客户关系、市场营销、服务模式、业务流程、资源配置等方面采取有效措施。例如：采取交流会、座谈等多种形式了解企业需求；有针对性地购买商贸等数据库；变革内部组织结构，强化市场服务部门；采取灵活的营销策略等。

表 7-10   典型公共图书馆竞争情报服务分析

	服务概况及关键因素	服务能力
上海图书馆	●战略管理：馆所合一；以企业创新需求为导向，有效整合科技情报服务资源，聚集各类机构共建行业情报联盟，嵌入上海市研发公共服务；制订研究发展计划，定位为战略性新兴产业情报服务；成立公司 ●运营管理：成立专门市场服务部门，与企业对接；网络化服务方式多样，服务平台较完备；对用户培训多，多种方式调查客户需求，灵活的营销策略 ●资源：世界十大图书馆之列，国内最大省级图书馆，信息资源雄厚，全球范围内馆际互借协作和资源共享；商情及技术数据库较丰富，购买先进的专利情报软件；投入的资金和人力多；人力丰富、素质强，有资深专家 ●环境：处在沿海地区，对外开放度高，政府扶持力度大	服务能力强，服务内容广度较广、深度较深，率先开发面向中小企业的情报品种和服务平台

续表

	服务概况及关键因素	服务能力
深圳图书馆	●战略管理：以服务创新为立馆之本；模仿国外经验自开馆以来就设立工商企业图书馆和服务模式 ●运营管理：设立专门的参考咨询服务台，直接处理来自企业用户的咨询；多元化的方式进行企业用户信息素养培训，深圳市唯一的具有部级查新资质的查新咨询机构；多元化非服务营销策略，客户知识学习和培训氛围浓郁 ●资源：藏书容量400万册、网络节点3000个，日均可接待读者8000人次；在全国率先采用自身研制的DILAS系统和RFID技术；事前调查，按需购买商情类数据库和大量科技数据库 ●环境：处在沿海地区，对外开放度高，政府扶持力度大	服务能力较强
天津泰达图书馆	●战略管理：定位为知识信息服务提供商，培育客户，打造品牌；加强政府沟通，结盟商会等准政府中介，搭建企业沟通渠道；VIP企业设立企业分馆等 ●运营管理：运用市场营销理念进行市场运作，进行客户行业细分，形成提供信息服务的目标企业群落，有效的营销策划，率先提出和实施"行业专家馆员"，提高员工业务胜任力；多种方式有效地获取、挖掘和引导企业信息需求 ●资源：按照需要配备商业信息资源，多馆合作以共享资源，与上游数据库供应商合作；先进图书馆业务管理系统ALEPH500、云服务等 ●环境：处在天津滨海新区——国家级科技开发区，对外开放程度高，外商企业发达，拥有各区域支柱产业；政府对科技园区扶持力度大	服务能力较强

就整体而言，公共图书馆开展竞争情报服务业务尚处在启动阶段，大多数还处在业务认知和探索的过程，面临很大的障碍因素。（1）首先，定位不明。由于国家图书馆职能的立法界定不明确，对竞争情报服务缺乏清晰的理解。大多数政府对图书馆的财政拨款很少考虑企业服务用途。（2）定位束缚了图书馆的观念和战略定位，再加上事业型运营机制，束缚了图书馆的认知、服务动力、管理模式和战略拓展。公共图书馆对企业服务普遍缺乏积极性。（3）大多数公共图书馆存在资金、信息资源、人力缺乏等制约因素，这在西部和市县图书馆表现得尤为明

显。调查和访谈发现：大部分公共图书馆没有认识或者打算开展竞争情报服务，即使打算开展的也遇到资金、机制、项目等方面的制约。

4. 高校图书馆

分析表 7-11 中的案例可知，高校图书馆开展竞争情报服务的关键因素在于三个方面：（1）领导对企业竞争情报服务的认知和重视。以江苏大学为例，近两年来在不断的尝试与探索中前进，逐步拓展高校图书馆的社会服务功能，正走出社会化服务的一条新路子，也跻身于教育部科技查新站前三。这与高层领导非常重视图书馆对社会化服务业务分不开。（2）明确的战略定位。由于资金和资源有限，开展竞争情报服务的高校图书馆大都结合自身优势和劣势，开展多元化的结盟方式和共建服务模式，以尽力克服资源障碍。（3）有效且配套的运营管理变革。如江苏大学成立市场化运作的公司并入驻科技园区；宁波大学成立面向企业服务的科技信息事务所；与跨国企业合作，建立资料中心；有效的营销策略等。（4）信息、人力资源不是关键因素。如嘉兴学院、聊城大学、河源职业技术学院等高校馆，资源薄弱且经费少，相比之下，一些资源充裕的"211 高校"并没有开展竞争情报服务。

表 7-11　　　　典型高校图书馆竞争情报服务分析

	服务概况及关键因素	服务能力及特色
江苏大学图书馆	●战略及运营管理：与政府合作多，科技查新业务开始较早，社会化业务量大；领导高度重视，在科技园区成立公司；灵活的营销策略 ●资源及环境：馆藏资源丰富，特色数据库多；购买了先进的专利分析软件；东部的国家重点大学，区域经济发展和信息水平较高，企业多；国家教育部查新站排名前三，江苏省级知识产权培训基地	科技查新、知识产权、专利情报服务、信息系统开发

续表

服务概况及关键因素		服务能力及特色
宁波大学图书馆	●战略及运营管理：宁波大学科技信息事务所；馆企合作，拓展服务空间；以点带面，共同推进信息服务社会化 ●资源及环境：馆藏资源丰富，特色数据库多；区域经济发展和信息水平较高，企业多	科技查新、市场信息、决策信息、技术信息、竞争信息和产品信息
福州大学图书馆	●战略及运营管理：成立信息服务中心；注重对企业信息需求的调研，开展有针对性的信息服务 ●资源及环境："211大学"馆藏资源丰富，特色数据库多；区域经济发展和信息水平较高，企业多	专利情报、新产品、新工艺等研发咨询、产业情报、培训等
中国矿业大学图书馆	●战略及运营管理：行业协会合作 ●资源及环境："211大学"馆藏资源丰富，特色数据库多；区域经济发展和信息水平较高，企业多	矿业方面的科技文献服务及信息系统开发

就整体而言，高校图书馆开展企业竞争情报服务业务尚处在启动阶段，大多数还处在认知、探索的过程。高校图书馆尽管拥有信息资源、专家资源、资金保障等优势，依然面临许多障碍因素。(1) 认知、体制和定位。这制约了高校图书馆为企业服务的观念和业务战略的形成，束缚了服务的动力和积极性。实际访谈发现：一些高校存在观念障碍，即认为高校图书馆是为教学和科学研究服务，这种观念限制了很多高校图书馆主动走出去参与企业服务。(2) 服务运营中的障碍因素。有些高校，虽然高层领导有了认知，并推动该项业务，但遇到较大实施阻碍。原因在于企业服务难度高且业务量增加，而相应的绩效评估、激励机制、业务流程再造等没有跟进，许多员工对该业务持抵制态度，如江苏大学图书馆在实施企业情报服务中，面临诸多障碍，如服务局限于周边地区，企业对高知识含量产品认知低，信息资源缺乏细分和强化，人才资源不足，市场化运营经验不足等。

5. 商业化公司

在商业化竞争情报服务公司中涌现出一些服务能力较强的企业，

如 TRS 公司、赛立信公司、万方公司等。分析这些公司可知，企业竞争情报服务关键因素有以下三个方面：

（1）战略定位。与图情等机构的战略定位问题不同，商业化公司面临着更大的竞争和不确定性，生存问题使得战略定位显得尤其重要，主要涉及商业模式，即为哪些目标客户提供哪些产品以及如何实现盈利。TRS 公司定位于企业搜索级软件；赛立信公司，其主要定位于为电信行业提供竞争对手情报；大量的咨询和市场调研公司主要定位于提供业务服务及与业务相关的情报服务。例如，一些竞争情报商在前几年进入了情报服务市场，然而由于种种战略原因，又退出了。

（2）运营管理。人员能力、项目管理、市场营销（定价、推广）等也在一定程度上制约商业情报服务公司的生存和发展。尤其是处在我国企业普遍认知度不高的阶段，营销运作显得尤为重要。例如，赛立信、锐眼、万方、TRS 等知名商业服务商都非常重视市场营销、宣传推广，这一点从多届竞争情报年会以及网站的推广及排名可以看到（陈光，2011）。

（3）国内的外部环境和风险因素是目前商业化公司服务发展的重要制约因素，尤其是市场需求对企业竞争情报服务商起着引导性作用。百度早期进入到企业竞争情报服务行业，但是由于主客观等诸多因素，而退出该行业。近年来，由于客户对一部分数据分析软件、网络舆情系统等有了较多需求，导致一些服务商纷纷切入该领域。整体来看，由于企业对竞争情报的认知较低，需求较低，大多仍停留在信息服务的层次，较大程度地制约了商业化情报服务商的发展。弗英荷资讯运营总裁杨垒认为，根据本公司入驻中国市场遇到的阻力，认为国内市场还很大程度上受企业认知度低的制约，如贸易情报，需要一个逐步接受的过程（王莹之，2010）。

第四节　CI 服务网络化的影响因素分析

一　CI 服务网络化影响因素的理论框架

按照服务体系与复杂网络理论（刘志荣，2010；马骏，2005），我国企业情报服务网络尚处在形成和演化阶段，会遇到许多挑战和影响因素的制约，具体如下述。

（1）网络节点的角色定位、分工决定服务网络形成的路径和结构

理想情况下，服务网络中不同节点应该具有明确的角色定位和功能分工，即政府是网络规划者，中小企业服务中心、行业协会等枢纽组织是网络整合者，而信息中介和业务中介是服务主要生产者。规划者和整合者的定位不清，或者职能没有发挥到位，致使网络难以成形。目前，网络整合的职责更多地由公共信息机构承担。同时，由于信息机构不具备整合者的资源、信息等优势，实施网络的构建较为困难，即使是建立了网络，也可能出现网络无规划、分散和无序性强隐患。

（2）服务网络形成的动力机制主要来自网络参与节点的组织特征、战略目标、管理模式、资源特点、创新发展需要等内部因素，也来自于外部因素

一般的，具备高市场化运作机制的、松散型协同管理模式、丰富的资源、先进的技术设施、网络目标与网络节点目标的相似程度等特征的主体更愿意参与网络构建，从而影响服务网络构建动力。实践中，行业信息机构参与构建网络的动机更强，主要因为它具有市场化和公益服务的双轨式运行机制，丰富的信息资源、较先进的情报分析处理设施以及网站等。相比之下，政府部门、半官方的生产力促进中心、行业协会以及事业化运行的公共信息机构（省科技信息研究所和图书馆）等参与网络构建的动机更弱。

（3）服务网络的形成也来自经济、政治、文化、技术等外部环境因素

一般而言，服务网络化更多地来自外部环境压力和潮流规范。例

如：在全国倡导"建立图书馆联盟"和"科技信息资源共享"的背景下，成立一大批信息服务战略联盟。如：泛珠三角情报服务联盟、上海行业情报服务联盟、科技文献信息资源共享平台等。

（4）服务网络构建中的影响因素

为了实施网络建立和协同服务过程，须根据自身的特征和发展战略，采取合适的协同管理结构和机制，对其中影响因素的控制合理与否会对服务成功与否及协同服务绩效产生很大的影响。①节点间关系。节点主体只有建立有效的沟通机制，相互之间了解和相互信任，才能使合作的效益完全发挥。②协同服务构建过程。主要有合作伙伴的选择、高层管理者的重视、组织内部充分的调研与协调、业务流程再造等。③服务网络的管理机制。包括组建机制、运行机制（信任、决策、激励约束、利益分配、风险管理机制）等。④协同伙伴的基础设施和技术。

二　服务网络化的案例描述

上海行业情报服务联盟、湖南竞争情报中心、中国化工信息中心是比较知名和典型的竞争情报服务案例，虽然受到学者的关注，并且总结了建设思路，但是并没有上升到服务网络的层次。在此运用复杂网络理论对这些案例进一步剖析。

案例1：上海行业情报服务联盟

上海行业情报服务网国内第一个跨行业、对接供需、开放创新的科技情报领域的战略联盟。它通过把各类研究机构、企业、传统科技情报机构联成一体，为着共同的战略目标组成灵活的网络，依靠各自优势提高整体竞争力（宋鸿，2011；吴凡，2011）。

2010年9月9日，上海行业情报服务网由上海科学技术情报研究所牵头，多家情报服务链上的相关机构自愿发起组建。首批发起单位有行业协会、传统的科技情报机构、高校的图情机构、专业的科研机构，也有企业、民营咨询机构以及新型的信息服务机构。该项目隶属于上海市研发公共服务平台项目，旨在推进城市情报体系和能力建设，尤其针对上海重点产业发展的需求，提出并实施"战略性新兴产业情报合作研究计划"，旨在建立一个专业化、系统化、及时性的新能源情报集聚高地。目前成员已达30多个，拥有多个相互链接的信息及服务平台网站，目前还在不断发展壮大。

上海行业情报服务网建设有以下核心思路。其一，解决情报信息流按需聚合的问题，即如何根据任务需求，实现资源特征信息的汇聚、组织和综合利用，支持任务完成。情报资源的整合途径包括：（1）借用公共图书馆的联合目录和馆际互借服务，即将本市各系统图书情报单位已有的科技信息资源在现有整合的基础上进行更大范围内的汇总，并按学科门类和行业需求集成联合目录；（2）采纳紧缺资源的联合建设机制，即针对资源多头建设导致同类别同品种文献资源重复采购、整体科技信息资源品种不够丰富、资源配置能力较弱的问题，引导并组织跨系统相关专业图书馆进行统一联合资源采购和专题数据库建设；（3）构建电子资源中心。其二，拓展情报服务产品品种、深化服务内容，提供宏观环境情报（信息）、贸易规则方面的情报（信息）、行业发展情报、产品、技术信息、公司及企业信息等竞争情报等内容，为培育行业情报内容生产提供能力，加大行业情报的服务力度。其三，解决行业情报信息单元传递问题。即通过构建信息和服务平台、协同工作机制和运行环境，实现行业情报资源的协同，达到资源的有效共享和综合利用，同时也达到竞争情报加工流程在不同主体之间的协同有效运行。其四，推出的中小企业竞争情报服务内容和服务平台尚在建设之中。

案例2：湖南竞争情报中心

湖南面临中部地区崛起、泛珠三角区域合作、全球范围内产业转移和沿海地区企业内移，实施了提升传统产业、强化优势产业的目标，推进新型工业化的政策措施，确定了14个重点产业。在此背景下，迫切需要竞争情报作为省内产业发展的决策依据。2006年，在湖南省委省政府大力支持和统一指导下，由湖南科技厅领衔组建了湖南省竞争情报中心，是第一个由地方政府主导的专业情报公共服务平台。它以竞争情报网络协作平台为工作平台，由省级竞争情报中心、产业竞争情报中心和企业竞争情报示范中心3个部分构成，以企业服务平台、教育培训平台和专家队伍支撑3个中心的建立和发展，主要为政府、重点产业及大中小企业提供竞争情报服务（涂红湘，2009；史敏，2009）。

湖南竞争情报服务平台建设的核心思路包括四个方面。其一，整合信息资源。湖南科技文献资源网与湖南图书馆、国防科技大学图书馆、湖南大学图书馆等7个单位组建湖南省文献信息共建共享协作网，与湖南省重点产业、省外政府机构、其他国家机构等合作，与全国各地分中心、相关行业、大型企业甚至国外数据库的信息共享。引入基于市场的信息资源配置方式，为社会提供有偿和无偿服务。其二，拓展情报服务产品品种、深化服务内容。按照需求，设计了多种竞争情报产品形态，如快递、内参、专题研究报告、特色数据库等。开拓跨省级的竞争情报服务业务，如为宜宾市搭建竞争情报服务平台等。组织专家团队讨论，实现基于技术知识共享的竞争情报生产方式。其三，信息共享和协同工作平台。采用托尔斯公司的竞争情报系统（TRS）构建，由先进的雷达采集、信息加工分析、资源管理、网络协作及内容分发系统构成。同时，建设数据传输和共享的标准和规范体系与链接和嵌入两种方式的产业门户网站，以实现全省范围内的跨系统、跨平台的情报的采集、整合分析、发布服务等协同支撑环境。其四，由长沙市中小企业服务中心和湖南省竞争情报中心共同创建专门面向中小企业的竞争情报服务平台。

案例3：中国化工信息中心

实践表明，改制后的中国化工信息中心，依托信息、技术、媒体和行业客户等现有资源优势，通过重组和协同，来实现信息的共享和行业信息的集成创新，构成全方位、多层次的行业信息服务保障，其企业竞争情报服务模式较为成功。其成功的关键因素不仅在于个体服务能力的打造，更在于其依托社会化网络的发展模式（如图7-5所示）。

中国化工信息中心发展的核心思路包括三个方面：其一，中国化工信息中心由国资委监管，与相关政府部门保持密切合作，实现政府对行业信息服务的宏观管理，其运行采取公益和市场化双轨制。其二，相关机构信息服务分工、资源交换和服务协同。利用改制前的资源与五大行业协会组织优势，不断深化服务内容，并借助信息技术加强全国性、区域性化工行业信息网的联动，面向行业企业创新进行协同信息服务。主要进行机构协同、技术协同、信息资源协同以及各机构协同管理。其三，积极与其他化工企业合作，如与中国万维化工城和南京国际化工商贸城共同创建"中国万维南京国际化工商贸城",国内化工界首家将网络虚拟平台与商贸实物平台联为一体,实现交易双方内外部市场信息、产品信息和企业信息的高度共享(胡潜,2009;乐庆玲,2009)。

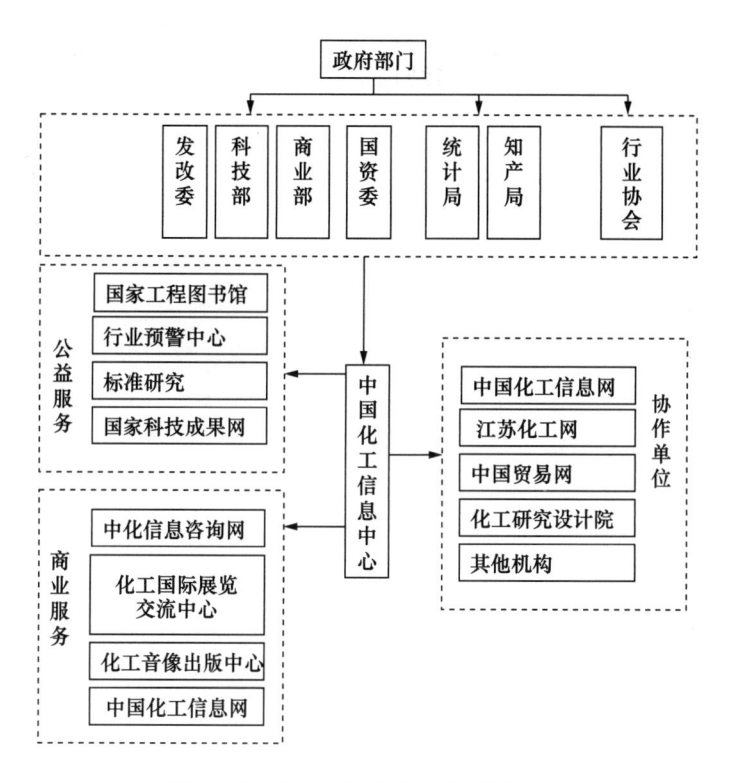

图 7-5 中国化工信息中心组织网络

三 服务网络的形成与演化机理分析

根据以上和其他案例分析,可以看出:竞争情报服务主体既处于谋求个体能力发展的过程,也处于不断构建和发展社会化服务网络的过程。网络演化的动力是企业需求、创新发展、信息资源的整合利用等内外部多重因素。我国中小企业竞争情报服务网络演化过程包含以下几个阶段:

(1) 原子式结构

各类公共信息机构在所辖系统内部运行,例如:公共图书馆系统在文化部管辖内，国家、地方科技信息系统属科技部，高等学校图书情报系统属于教育部，行业科技信息机构分属于各部委等（凌美秀，2006）。从服务整体状况看，信息资源薄弱，对企业服务很少，信息中介与政府、枢纽组织联系很少，尤其是公共信息机构与企业服务、商业信息机构联系很少。

如图7-5所示，从网络结构看，以同质信息机构构成的"行政关系为主、业务联系为辅"的子网，其内部呈现出多个服务主体孤立、分散的弱联系或者无联系，整体对企业联系较为封闭，其更多的是呈现原子链接模式的状态。

（2）以龙头信息中介为核心的中心—卫星式结构

各类信息机构出于创新发展的需要，意识到信息资源的分散性，开始进行网络的演化，主要以信息资源的积累、整合及重构为主（冯秀珍，2011），其实质是发生了信息资源的渐变、分化、聚集等三种演变（陈红，2005）。这导致信息资源的数量增加、服务种类增加、子网上节点的数量增加。出现了几种信息资源整合，全国范围内的同质信息资源的整合，如全国图书馆联盟、地方科技信息所之间的科技信息资源整合等；统一区域的异质信息资源的整合，如上海科技信息所与上海图书馆的整合、上海情报服务联盟、全国范围内跨区域之间的整合、泛珠三角信息联盟等；异质信息机构在全国范围内的变革与重构，如中国化工信息中心目前正在形成的子网络。

从服务整体状况看，信息资源丰富度和集成度增高，对企业服务有所增加，情报服务能力加强，即从信息服务向知识服务过渡；信息中介与政府、枢纽组织联系依然很少，个别公共信息机构开展了企业服务，但是与企业联系较弱，与商业信息机构开始出现"联盟形式"的关系。

如图7-6所示，从网络结构看，对于某一类的同质子系统而言，网络内层次逐步演化。出现了不同类别之间的同质子系统构成的子网，子网内出现服务能力较强的龙头信息中介，它们成为子网的核心，由此形成了以龙头信息中介为核心的网络结构。如上海情报服务联盟中的上海科技信息所等。

第七章 中小企业竞争情报服务影响因素研究 201

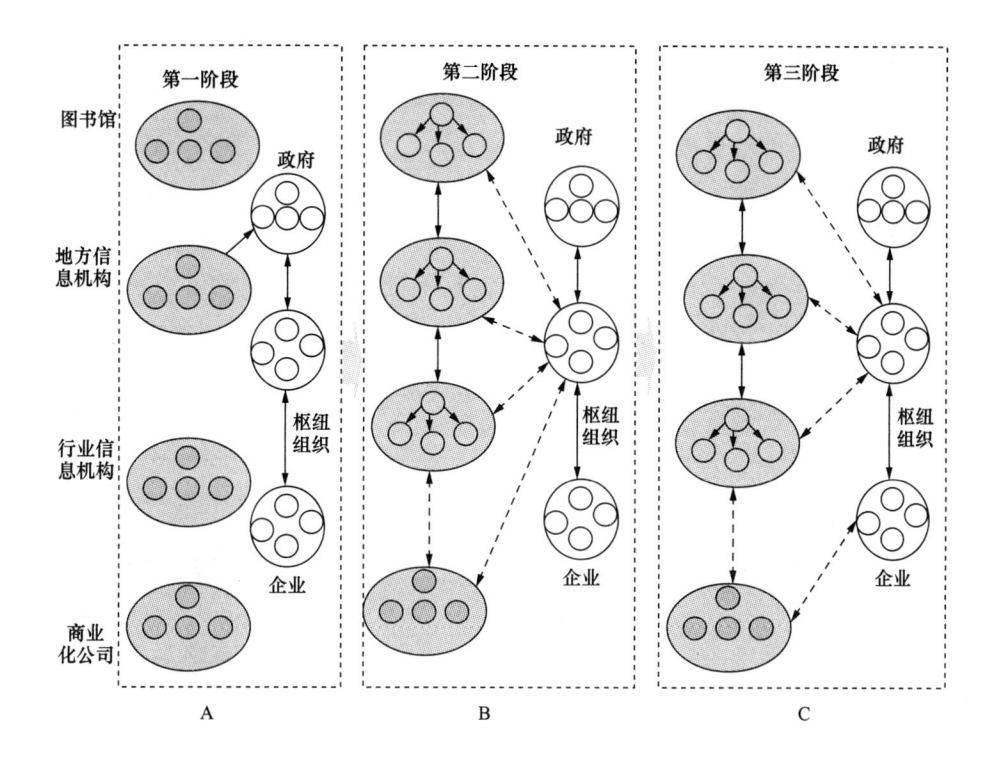

图 7-6 中小企业竞争情报服务网络演化

（3）以枢纽组织为核心的中心—卫星式结构

信息中介认识到自身资源的有限性和结网能力的有限性，开始主动进行"占据结构洞"的网络演化，即主动寻求与枢纽型组织建立联系，以利用其资源拓展自身网络。如天津泰达图书馆与创业中心、行业协会的主动结盟，上海情报服务平台加盟科技创新服务平台，湖南中小企业竞争情报服务平台与中小企业服务中心共建结盟等。

从服务整体来看，服务网络存在供给与需求的不平衡、子网络覆盖面小、资源共享不足、协同机制和动力机制不足等问题。如图 7-6 中 C 图所示，从网络结构看，网络整体密度低，强度低，网络中心正在由信息中介中的龙头企业向枢纽组织转移。此外，极个别结构洞正在初步被枢纽组织占据和填补，由此加强了信息中介与企业和政府的连接，但是结构洞依旧很多，还没有形成多核的均衡状态。这说明我国中小企业竞争情报服务网络尚处在演化的较低阶段（朱海燕，

2009)。

基于不同核心企业的各个服务子网络演化路径有所不同,但是殊途同归,最后都形成了政府、半官方机构、信息机构以及其他商业化企业构成的错综复杂的网络。这些服务联盟是源于某个机构的某个节点,在政府、市场、社会的合成中不断吸纳其他节点,由此正在形成一个不同层级的政府、社会组织、企业之间的纵横交错的组织网络。该网络组织比较严密,且分工明确,而政府与企业和社会组织之间的关系是比较松散的,以协作关系作为纽带。

四 服务网络化的成功与障碍因素分析

1. 服务网络化的成功因素

(1) 政府的大力支持、在服务网络中具有明确的角色定位。

(2) 公共研发服务平台、中小企业服务中心、行业协会、商会、创业中心等枢纽型组织(网络整合者),对企业的服务定位明显,也与政府及其他业务中介保持良好合作,在网络构建中占有绝对优势。以枢纽组织为中心凝聚其他主体来形成网络,既有助于政府宏观调控和政策调整,也有助于企业竞争情报服务业务的顺利开展。

(3) 信息资源服务机构之间的信息共享。

(4) 信息资源服务机构根据实际情况,并针对结网要求,采取有效的措施进行内部重组和外部协同机制变革。

2. 服务网络化的障碍因素

(1) 目前的公共信息服务分系统的分散管理已不能适应需要,其正在被纳入创新型国家发展战略,在统一规划下的按各部门之间协同和社会化共建的趋势演进(胡潜,2009),这涉及制度、体系、技术、观念等方面因素的变革,因而是一个长期的、艰巨的、复杂的过程。

(2) 由于认知和改革等问题,加上企业综合服务网络尚在探索中,政府在情报服务网络中应承担的职责没有到位。

(3) 枢纽型组织尚处在构建中,不能发挥整合资源和沟通供需双方的桥梁作用。例如:上海情报服务平台主动要求嵌入科技创新服务平台,天津泰达图书馆、江苏大学图书馆等主动要求与政府、行业协会协作等。可见,网络整合者的作用非常被动而不是主动。

(4) 服务网络的形成主要靠公益性服务主体推动,商业化服务主体参与网络少，整体上看，合作战略动力不足。

（5）服务网络形成中协同方式、技术和机制不够成熟。机构间协同面临如何确立条块分割下的协同范围、体系和方式以及法律保障等问题；信息资源协同面临着数字化、非数字化资源分割下的跨时空的分布整合等问题；技术协同面临分布式异地协同系统的开发及相关技术等问题。

（6）网络节点之间的信任机制建立是网络化的主要障碍因素之一。信任机制不够健全，则影响了合作机制的建立，进而影响合作网络的广度和密度，影响竞争情报服务分工的演进过程。

第八章 中小企业竞争情报应用体系建设对策

本书基于管理控制系统理论，建立了正式与非正式耦合的 CI 管控模型；基于复杂系统理论，建立了企业 CI 系统发展的演化模型。再结合前面第四、六章的中小企业 CI 应用体系的理论基础和存在问题，提出了中小企业 CI 应用体系建设的思路，探讨了中小企业 CI 应用体系的最佳实践原则，并针对中国本土企业提出了管理建议。

第一节 企业竞争情报体系建设的管控耦合理论

一 竞争情报需要正式与非正式管控机制融合

根据正式与非正式管理控制理论（谢洪明，2010），企业竞争情报需要正式与非正式管控机制的融合，表现出特有的复杂性。

复杂特性之一表现为：正式与非正式机制表现出各自的局限性。受情报本质和主客观特性等多种因素的制约，正式控制机制具有一定局限性，这在中小企业竞争情报运作中表现得尤为明显。具体而言，正式控制对企业竞争情报运行的驱动力是有限的。管理控制理论表明：正式控制在很多时候并不一定能够达到预期效果。大量的竞争情报实践也告诉我们，正式控制具体规定情报行为路线的管理方式在很多情况下是行不通的，并且对环境变化难以适应。同时，非正式机制对于竞争情报的非正式流程有较大的影响作用，但是，非正式管控机制也具有模糊性强且较难驾驭等特点。

复杂特性之二表现为：正式与非正式机制表现出对立统一的关系。

(1) 系统驾驭对象是一个包含信息、知识（显性、隐性）、情报（智能、谋略）的复杂集合体，无法将它们完全割裂开来，而不同对象对不同类的控制机制依赖程度有所不同，如正式机制比较适合信息以及其他显性知识的获取与传递，而非正式机制比较适合嵌入人脑的隐性知识（方案、谋略）的获取与传递。(2) 参与情报活动的是一个复杂的、包含不同类单元和成员的组织载体；组织中情报的正式与非正式过程，分别对正式与非正式组织结构依赖程度不同，一般而言，正式情报过程较多地依赖组织正式结构及行为，非正式情报过程更多地依赖非正式网络及行为。(3) 建立竞争情报系统的时候，需要将其与情境因素适配，而这是一个复杂的问题。(4) 相对而言，正式的情报过程更多依赖正式的组织网络及机制，非正式的情报过程更多依赖非正式的组织网络及机制。情报过程中的正式控制机制和非正式控制机制存在相互影响和作用。二者不仅存在相互的正向影响关系，而且正式结构对依附于它的非正式网络也具有重塑能力，从而使组织整体结构发生变化。

二 竞争情报的正式与非正式管控耦合机制

在实践中，企业常常会遇到一个难题：如何有效整合这两种机制，在二者间建立平衡？我们认为情报存在着与知识共享类似的正式与非正式机制平衡的问题。一方面，组织中较多的正式知识共享机制虽然有利于在可预见框架内实现可控性和目的性很强的情报活动，但是对正式机制的过度强调有可能弱化非正式机制的影响，由此导致组织内非正式情报活动不足，有时甚至过度的正式控制会对非正式机制产生负面影响。另一方面，较多的非正式机制，虽然有利于提高情报知识获取和传播的灵活性、便利性和经济性，但过度强调非正式机制却有可能弱化正式机制的影响，由此导致正式情报活动的机会损失。为此，需要在正式机制与非正式机制之间寻求一种平衡点，以达到经济利益的最大化。当组织整体机制某一要素发生变化时，则需要重新寻找平衡。可见，这是一个动态平衡的过程。

一言以蔽之，在企业竞争情报体系建设过程中，重视非正式与正式机制耦合极具现实意义。企业竞争情报必须依托二者的耦合，不仅是寻求正式机制相容及环境逐步优化的一个过程，更是寻求非正式安排，通过这内、外二源动力的聚合，并逐步转化为内源动力，进而获取利益的一个叠加过程。究其实质，竞争情报的组织实施实质是追求将二者融合、优化和叠加的耦合策略。如图8-1所示。

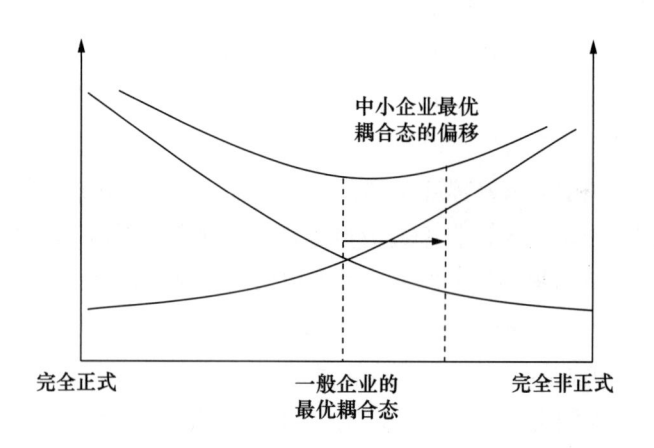

图中标注：中小企业最优耦合态的偏移；完全正式；一般企业的最优耦合态；完全非正式

图8-1　企业竞争情报的正式与非正式控制耦合

第二节　企业竞争情报系统演化的机理

一　企业竞争情报系统建立是一个进化过程

无论从组织理论、管理控制理论分析，还是从竞争情报理论分析，都可以殊途同归地得到这一结论：企业竞争情报系统本质上是一个天生嵌入组织的、从低级向高级不断演化的外围神经系统。

（1）企业竞争情报系统演化起点始于组织结构诞生

组织学派认为：组织设计和建立的时候，信息交流和传递功能就被考虑嵌入在组织结构和管理职能中（Galbraith，1973）。管理控制学派认为：正如任何企业都需要企业整体管控系统，区别不在于有没有，而在于设计和建立得好不好，有意识、主动地设计还是无意识、模糊地设计。而作为管控系统的一个子系统，企业竞争情报系统也自然地继承这一特性。许多企业虽然没有管理信息系统和竞争情报系统软件以及明确的竞争情报制度和人员，但这并不说明它们没有信息管理机制和竞争情报行为。从组织演化的视角看，组织从诞生以来就具备了自觉不自觉的竞争情报的行为雏形，具备了一定的信息管理机制和一定外部环境感知与响应能力，尽管这种机制和能力还很原始和低级。从实践中看，竞争情报的职能设置模式体现了 CI 在组织中的嵌入性。设置专门的竞争情报部门的工作模式的效果未必是最好的。以竞争情报的重点运行模式为例，这种模式没有设立专职的情报部门，虽然存在一些缺点，但是同时其存在 CI 与业务融合性强，信息传递直接而不易失真等优点，在现实中不但没有消失，反而为大多数企业，尤其是中小企业采用。

（2）企业竞争情报系统演化路径是从低级到高级的、间断与平衡交替的过程

企业的神经系统不是一下子就建立并完善起来的（陈飏，2010）。本书认为：企业竞争情报系统从原始低级向高级阶段的演进不是一蹴而就的，而是一个长期的、与企业生命周期同步的逐步进化过程。按照间断—平衡理论（Tushman，1986），企业竞争情报过程是渐变和剧变的混合。一方面，是渐进和稳定变化的过程，即为了谋求生存和发展，企业都具备一定的自我学习的能力，在日常运营中不断调整组织管理职能和组织结构的同时，不自觉地进行信息情报机制的逐步的、缓和的优化。另一方面，剧变是重大变迁的过程。例如，企业遇到危机时候，可能会清楚地意识到自身信息情报机制的不足而欲导入正规化的竞争情报体系就会从根本上变革情报工作的制度、流程、技术等。如图 8-2 所示的企业竞争情报演化的过程模型，其是渐进型的自然进化和剧变型进化的混合，是平衡与间断的混合。

（3）企业竞争情报系统演化的动态机制

无论大中小企业，进化都是指系统的优化或者重构，是一种思路和路径选择策略，而没有通用的框架、模式和演化路径（陈飏，2010）。对于不同的企业，应该根据企业自身情况和外部环境，选择合适的进化路径和建设策略。将原始的、模糊的、无意识的、无序的、低绩效的竞争情报活动优化和变革为先进的、明确的、有意识的、系统化的、高绩效的竞争情报系统。进化机制需要澄清两方面的错误认识。

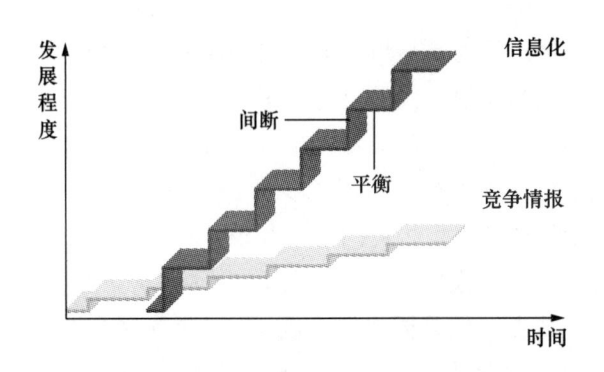

图8-2 企业竞争情报动态演化的过程模型

其一，用"系统化（systemic）"代替了"规制化"这个词，原因在于规制化的系统未必带来高的绩效。例如一个极端的情形是：有的小企业市场规模很小，技术固定，环境封闭，加之老板往往要参与企业每个过程的运行，他个人就是一个信息处理系统，很多时候可以根据直觉进行决策。这种情况下，非正式的情报系统可以满足企业需要，而建立正式系统反而是一种浪费（陈飚，2010）。

其二，基于"企业具有三个系统的理论"（见第二章），我们认为企业竞争情报系统应该与信息系统进行协同演化。一方面，企业竞争情报系统应该超前于企业信息化建设。另一方面，二者应该密切关联、相辅相成。否则，可能出现二者相互制约，造成恶性循环，使得二者不能顺利推进高级阶段。目前，我国竞争情报管理建设严重滞后于信息化建设，是阻碍企业信息化建设的根本原因。同时，过度强调信息化建设而忽略了竞争情报建设，即存在严重的重硬轻软的思想，导致竞争情报应用水平严重滞后。

二 企业竞争情报系统演化中的组织实施模型

如图8-3所示，企业竞争情报系统演化中的组织实施在两条路径中又常常经历不同的阶段，或者表现为不同的状态。

渐进型路径包含下述阶段：①启动：在企业全生命周期的开始点，情报职能以低级的、原始的形式嵌在组织结构和职能管理中，结果是从情报应用过程的起点自发地、逐步地朝着高级阶段进化。②接受：组织成员认同并开始应用信息情报。③低级惯例化：在低规制化

组织诞生 → 启动 → 接受 → 低级惯例化 → 低级内化

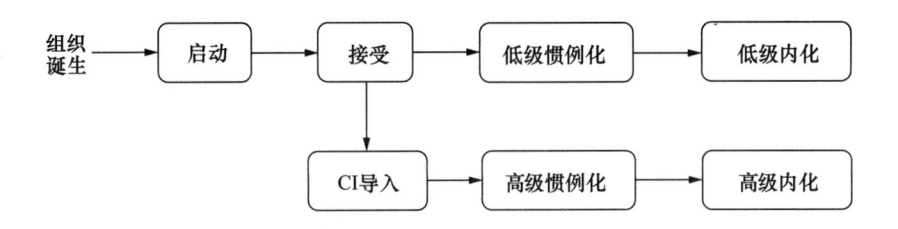

接受 → CI导入 → 高级惯例化 → 高级内化

图 8-3　竞争情报应用的组织实施机理

的情报工作体系下，组织成员无意识或不自觉地把情报活动作为一项常规组织任务来完成。④低级内化。情报应用是组织偶尔的、不确定性的任务，对企业决策影响小。

演进型路径包含下述阶段：①启动：在自然进化的过程中，组织产生应用竞争情报的压力，这种压力可能来自组织自身发展的需要，也可能来自外部环境压力的驱动，或者两者兼有。②接受：组织成员认同并开始信息情报应用。③CI导入：一是采纳正规化的竞争情报机制，进行情报职能的重构（变革），覆盖意识、制度、机制的全面建设；二是进行局部渐进性的优化，如依托现行的设施和人员进行流程变革、购买竞争情报支持软件或者进行竞争情报培训等，导入可以是基于内部自我认识和自我实施，也可以是借助外部力量实施，后者接近咨询公司目前正在实施的"竞争情报导入"项目。④高级惯例化：在正规化的情报工作体系下，组织成员在组织规范的约束下把信息应用当作一种常规的组织活动来完成。⑤高级内化：情报应用逐渐成为组织的一种能力，与组织日常的管理决策实现高度融合，并在更广的范围和更高的层次上支持组织运营。

值得注意的是，竞争情报进化过程与 MIS 应用过程有所不同。后者主要由从无到有的质变所主导，质变启动后，即信息系统采纳后和应用实施是一个逐步适应、调整、优化的过程，是一个量变的过程。如图 8-4 所示。

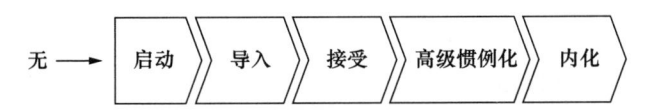

无 → 启动 → 导入 → 接受 → 高级惯例化 → 内化

图 8-4　信息系统应用的组织实施机理

第三节　中小企业竞争情报应用体系建设的分析框架

一　中小企业竞争情报应用体系建设的复杂性分析

1. 企业竞争情报建设是一个复杂的组织管理创新问题

正如演化机理所看到的，企业竞争情报系统需经历从低级到高级的进化过程。这个过程是通过情报系统的优化与重构来实现的。按照罗杰斯的定义，创新是在一定的时间内，通过不同渠道在社会系统的成员中传播的过程。企业竞争情报系统是人主导而不是计算机主导的人机系统，其不仅承担了信息处理功能，还承担了释义功能。企业竞争情报的优化与重构，不仅仅是单纯的技术项目，而更多是一个复杂的社会性活动，其本质上是情报应用行为创新在组织这一社会系统中传播扩散的过程，归根结底是嵌入业务链的组织信息机制和制度流程的创新。本质上是以组织管理创新为核心的、以技术创新为辅助的混合体（也称混合型创新）。然而，这种创新与本质是技术创新的复杂IT应用有较大的区别。

2. 企业竞争情报体系建设的复杂性

与信息化建设相比，企业竞争情报系统优化与重构更加复杂。究其原因，其复杂性主要源自这种混合型创新所产生的三方面的复杂性。

一是进化实施的认知阻力很大。从个体和组织层面看，竞争情报系统进化不仅仅是操作上的障碍，更多的是感知上的障碍。一方面，已有的对于竞争情报的错误倾向的认识使得进化实施存在较大障碍。另一方面，进化将遭受巨大阻力，这是一种启动时大于管理信息系统实施的阻力，这种阻力源自模糊认知和更大的行为惯性障碍。因为IT应用过程是从无到有，其组织变革的实施过程类似在一张白纸上画画，而竞争情报的应用过程则类似于对以往遗留系统的调整和优化。此外，现实管理情境中，竞争情报系统发展成熟度整体低于其他职能管控系统，包括信息化系统。

二是技术及其实施的科学基础非常抽象或复杂。迄今为止,国内外对竞争情报的基础学科——认知科学的研究尚处于起步阶段。同时,国内外对竞争情报所涉及多学科领域的交叉有一部分重叠,且存在一定混乱,形成多个领域尚未覆盖的空白交叉地带。国内竞争情报派虽然对竞争情报有较深刻的认识,但是缺乏与组织、社会、决策任务情境的融合。国内管理学的信息系统和知识管理学派虽然对组织与社会情境有较深的理解,但是由于研究中心侧重于知识管理(战略层面)而对竞争情报有所忽略,将信息、情报等泛化为知识,其理论研究成果难以落地。

三是进化实施过程更加复杂。这种复杂性来源于组织管理创新和新技术应用引发的双重复杂性。天然的组织嵌入性和与其他系统的松散耦合特性,使得两种进化中的组织实施阻力很大。从宏观视角看,进化中需要重新建立正式和非正式机制的动态平衡,驾驭量变与质变的平衡。从微观视角看,与信息系统应用模式相比,竞争情报运行模式更加多样和灵活;其实施涉及多用户、跨部门、跨组织的协调与沟通机制更加复杂,实施过程更难标准化;竞争情报系统支持技术层出不穷,而企业对竞争情报的认知和软设施还不能很好地跟进。

3. 中小企业竞争情报体系建设的复杂性

与大企业相比,中小企业竞争情报体系建设更加复杂。主要表现在三个方面:其一,整体而言,中小企业表现出突出的劣势,如规模较小、资源有限、抗风险能力较弱、缺乏技术和人才、内部管理水平欠佳、组织关系不稳定等方面,导致体系建设实施的障碍更大。其二,从动态视角看,中小企业群体管理模式、规模等存在多样性,致使竞争情报系统进化的起点、目标、路径也必然有所差异,这就需要采取多元化的、差异化的策略。其三,从微观视角看,中小企业竞争情报优化的组织实施呈现企业家、个人行为、非正式过程的主导性较高等特点。一般而言,非正式机制和个人行为使得中小企业对非控制机制及二者平衡之间的驾驭需要更高的水平,才能发挥情报系统的绩效。而非正式控制机制灵活性很强,比正式机制更难以掌控,实践中缺乏通用的指南。

二 中小企业竞争情报应用体系建设的目标与路径

中小企业管理的特点和竞争情报体系建设的复杂性决定了中小企业竞争情报体系建设不能像大型企业一样投入巨大的人力与财力,其建设的思路也就不同于大型企业。

1. 宏观目标

从整体角度看,中小企业竞争情报建设目标是从非系统化的、模糊的、自发的状态向系统化的、较明确受控的状态进化。中小企业适宜采用以渐进演化为主、突变演化为辅的演化策略。其中,渐进型演化策略包括组织结构与职能补充调整、情报管理模式的调整、协调机制和沟通机制的优化、高层管理者的培训等;突变演化策略主要是指竞争情报专职部门新成立、竞争情报流程的全面再造导入。其原因在于:一方面,渐进型演化的实施成本较低,中小企业经济上能够承担;另一方面,渐进型演化具有实施相对容易、过程短、支持度高等特点。值得注意的是,演化的正确理解是不应该完全消除非正式情报系统,而是应该权变地根据自身行业特点和具体情况,寻求正式与非正式机制动态平衡,力争竞争情报为企业带来最大绩效。

2. 路径选择

中小企业适合采取以控制机制的优化为核心和以控制机制的重构为补充的混合路径以及混合型的演化策略。

3. 建设的总体原则

总体原则,就是以集约高效、协同平衡、协作共享、动态灵活、自适应的哲学为导向,在集成整合的框架中实施竞争情报系统的优化与重构。这一套哲学符合权变理论,也符合混沌理论。动态不确定环境中,中小企业竞争情报建设追求的是多种因素之间的动态平衡:情报资源与情报能力的平衡;信息情报资源建设与信息化建设之间的平衡;正式控制机制与非正式控制机制的平衡;情报体系建设的效益与成本之间的平衡;情报需求与内外部供给的平衡等,才能最大限度地保证 CI 的效益。

第四节 中小企业竞争情报体系建设的原则

一 最佳实践案例分析

管理学理论认为：最佳业务实践代表了对相关业务及流程的精确把握，并已经成为或者即将成为本行业中的应用范例。遵循企业最佳实践并不保证一定会成功，但与不遵循企业最佳实践的企业相比，其成功的概率可能更高。

CI 使命与目标、高层领导支持与参与、CI 职能制度、CI 资源与设施、外部社会网络、文化与氛围等关键影响因素均会对企业 CI 应用造成影响。此外，还有 CI 成熟度阶段也对 CI 应用有影响。多种复杂因素使得企业 CI 应用的最佳实践具有多样性，并且不同行业、不同规模、不同管理模式以及不同的企业发展阶段等，有不同的 CI 应用实践。鉴于我国企业 CI 应用尚处在初步发展阶段，大多数中小企业未开展高度系统化的 CI 实践，在此，根据实地调查、深度访谈和资料查阅，给出较佳的案例。如表 8-1 所示。

就竞争情报管理工作而言，上述中小企业具有较明确的 CI 使命与目标和较有效的组织实施机制等，具备了关键影响因素的几个或者多个。一般而言，CI 应用较佳的企业具有较强的管理能力；高层领导对 CI 的商业价值有深刻的认识；无论是兼职岗位还是专职岗位，都具备一定的 CI 职能制度；尤其是一些企业的企业文化与管理制度相互适应、彼此互为支持。

二 最佳应用分析框架

以上述 CI 实践较佳案例为基础，再结合其他企业 CI 应用实践，以及第六章的分析理论，本书归纳出企业 CI 应用最佳实践的框架。

表 8-1　　　　中小企业竞争情报应用 CI 较佳案例

企业概况	CI 开展概况	成功因素总结	
案例 A	行业：日用洗衣液，市场竞争程度高，技术相对成熟 规模：约 300 人 运营状况：江苏市场占有率较高、江苏著名品牌 区域：长三角	CI 概况：业务战略非常明确，CI 目标也较为明确；没有设 CI 专人，CI 职能是嵌入在营销和技术部，在考虑设 CI 专岗，办公室主任负责信息传递与汇总，定期例会沟通，主管及员工没有培训过竞争情报 市场情报：重视市场开拓，尤其是渠道的建立和品牌推广，重视营销人员培训、对手及渠道信息的搜集，每周定期搜集 技术情报：重视研发资料的搜集，如标准、样品等；重视与科研机构的合作以解决技术攻关难题，获得相关技术情报	高层领导支持与参与：当地商会会长，有很多具有项目的朋友，与政府关系密切；领导认识到竞争情报的重要性 项目驱动机制：关键点设置情报搜集与分析的任务 外部社会网络：注重与周边地区科研院所长期合作，驻在科技园区，与咨询公司合作 文化与氛围：每周技术和营销部门、部门主管、CEO 开会，关系融洽
案例 B	行业：化工，市场竞争程度较强 规模：约 1000 人 运营状况："国家级重点产品或火炬项目"；国内市场占有率 11% 以上，高居首位。生产规模居亚洲前几位；开发了多个具有自主知识产权的新产品，国内技术领先 区域：长三角	CI 概况：实施明确的市场开拓型和技术创新战略；设 CI 专门部门及岗位，在营销和技术部门内有多名业务员兼职情报任务。注意搜集外部环境、竞争对手、顾客和企业资源等变化的信息并采取措施 技术情报：通过自加工和委托方式进行技术态势分析，重视专利情报的搜集与分析，强调与科研院所合作 市场情报：注重全国市场开拓及情报搜集，营销员具有搜集信息的任务，客户资料搜集全面	CI 使命与目标：非常明确 CI 职能制度：较明晰的信息搜集制度及流程，科学激励机制，如提出合理化建议、市场开拓奖等 CI 资源与设施：在技术情报分析方面投入较多，如人力、工具等 外部社会网络：注重与科研院所长期合作，以获得情报及业务的支持；强大的客户网络，产品投放前与客户共同研究 文化与氛围：全方位的文化建设，培训多，较强的竞争和情报意识

续表

企业概况	CI 开展概况	成功因素总结	
案例 C	行业：机械仪表，市场竞争程度一般。行业需求较强 规模：约 500 人 运营状况：行业内产品具有一定的知名度，市场份额较大 区域：长三角	CI 概况：委托咨询公司实施 CI 体系导入 技术情报：自己搜集技术情报以进行自主技术创新活动，如工艺革新、新产品开发、分析对手产品等 市场情报：注意搜集客户的需求，以支持新产品开发	高层领导支持与参与：自身 CI 意识和素质高，非常重视 CI 工作，人际网络宽 CI 职能制度：目前设有专门岗位和人员负责情报的汇总传递（尽管人手不多），各层的主要人员的 CI 职责明确，嵌入在业务流程中

1. 最佳实践的企业 CI 目标

中小企业应用 CI 的最佳实践目标是：企业必须有较明确的竞争情报使命与目标，CI 目标必须支持并符合企业战略和目标。企业战略和组织目标可以确保 CI 系统发展方向；而 CI 目标有助于促进企业战略和目标的实现。如果二者不符，则难以取得好的效果。

2. 最佳实践的企业 CI 架构

中小企业应用 CI 的最佳架构是集约型的架构。如图 8-5 所示，第一层是 CI 规划、搜集、分析和处理的循环过程；第二层是简单实用的、整合型的支持设施与工具；第三层是集约的、扁平的组织结构和虚拟强大的人际情报网络；第四层是以人为本的文化氛围，即企业文化和人力资本为主导的正式与非正式耦合的过程控制机制；第五层是较明确的显式或隐式的 CI 使命与目标。在上述目标框架和工作程序基础上，优化变革组织架构、创新 CI 管理模式、梳理和优化业务流程，创建一个覆盖全经营区域、涵盖企业各层级的集约高效的体系。

3. 最佳实践的企业 CI 管理原则

主要包括战术实施对战略目标的有效支持原则、高层领导与员工的有效互补原则、部门内部及其之间的沟通互动原则、管理制度与企业文化的互补互适原则、集约的信息网络与丰富的社会网络及组织网络有效互补原则。只有形成多个因素之间的良性互补、互动、互相支

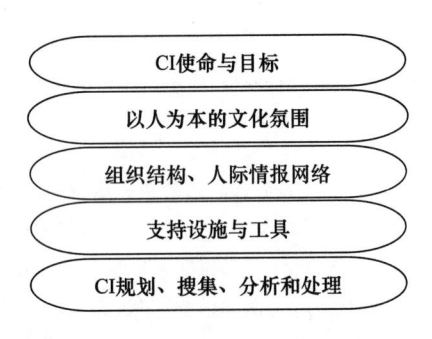

```
┌─────────────────────┐
│   CI 使命与目标      │
└─────────────────────┘
┌─────────────────────┐
│  以人为本的文化氛围  │
└─────────────────────┘
┌─────────────────────┐
│ 组织结构、人际情报网络│
└─────────────────────┘
┌─────────────────────┐
│   支持设施与工具     │
└─────────────────────┘
┌─────────────────────┐
│CI规划、搜集、分析和处理│
└─────────────────────┘
```

图 8-5　集约型的企业 CI 应用架构

持，才能确保竞争情报应用体系得到有效建设。

4. 最佳实践具体原则

具体原则是总体原则和管理原则的具体体现，包括两大类：第一类是战略性原则，第二类是策略性原则。

三　最佳实践的战略性原则

1. 矫正错误认知

中小企业 CI 建设必须澄清对竞争情报的错误认识，树立竞争情报持有开放和接纳的态度，只有这样才能从源头上解决 CI 组织实施的有效性。目前，常存在几种对中小企业竞争情报错误的看法。应该采取措施，从源头上、从整个中国员工的层面实施竞争情报的知识普及，以解决对情报的错误认识，如"无用论"、"不信任论"、"信息系统混淆论"、"业务流程混淆论"、"无须任何资源就可以实施竞争情报"等。

2. Systemic（系统性）和 Systematic（体系化）原则

中小企业 CI 建设必须因地制宜地掌握两种系统化——Systemic（系统性）和 Systematic（体系化）结合的原则，以便从宏观上把握 CI 建设的宏观目标、方向和路径。Systemic 是指情报活动被有意识地组织了的，从而处于较为有序的、受控的状态；Systematic 是指情报系统中各种要素经过精心设计和开发或者调整，从而处于优化的、可预见的状态。中小企业 CI 应用大多应该根据自身的资源特点、管理模式和发展阶段在两者中进行合理选择。一方面，在 CI 使命与目标要求不是很高的情形下，达到系统性的目标就够了。另一方面，在环境变化性大的情况下，竞争对抗性也变大，仅仅将竞争情报进行有意识的组织就显得不够了，必须对系统要素进行较为彻底的变革，即重新组织乃至重新设计。一般而言，对于条件较好的中小企业，可以把体系化作为 CI 建设的宏观目标，而对于多数中小企业，可以以系统性作为 CI 建设的宏观目标。

3. CI 使命与目标基本明确的原则

中小企业 CI 建设必须具有较明确的 CI 使命与目标，并且必须围绕总体和业务战略，尽可能明确 CI 的战略支撑体系，以确保企业 CI 组织实施的具体方向。对于中小企业而言，其整体和业务战略管理过程很可能是非正式的、隐含性的，其 CI 使命与目标和整体战略的关联是隐含的、模糊的。即使如此，仍然需要采取多种措施，尽可能使这种关联显性化地内化于企业战略行为。具体而言，根据企业战略目标，确定 CI 使命与目标，如市场领先者还是追随者，是原始创新还是消化模仿创新。然后，将其具体化为组织层面的 CI 使命与目标，包括环境扫描模式，如范围大小是整体环境还是局部环境，聚焦方向是技术还是市场，方式是持续还是间断，等等；整体情报模式的选择，如正式还是非正式，情报职能设在市场部还是技术部、战略与战术 CI 任务平衡机制、资源分配等；进而使其较显性地反映在组织职能、制度和流程中。

4. 高层领导支持与参与的原则

中小企业 CI 建设必须依赖高层领导的支持，才能确保 CI 应用的有效性和组织实施的顺利性。与大企业相比，高层管理者亲自参与情报活动是中小企业最珍贵的资源之一。综观 CI 实践较好的中小企业，高层领导大都在体系建设中发挥重要的作用，不仅将 CI 建设纳入企业发展战略中，还亲自参与建设的规划和情报行为工作。访谈发现，尤其是一些小企业的企业家常常参与企业每个过程的运作，亲自搜集、分析和应用情报，有的时候甚至根据直觉进行决策，其情报的分析行为和应用行为形成无缝平滑衔接和充分融合过程，对组织层面情报系统的贡献起着关键的作用。

5. 核心价值原则

由于资源稀缺和资金有限，中小企业需要根据最大效用的原则，权衡竞争情报体系从设计到实施、优化的投入与产出,从而使竞争情报应用达到事半功倍的效果,而不是漫无目的地追求情报系统的优化,或者以贪大求全的心态满足所有业务管理需求。首先,采取聚焦策略,围绕企业最关键的价值环节开展,如从市场营销情报着手,搭建情报职能和流程。其次,对于一些价值增值最大的环节,如关键业务的决策问题,不应该放弃情报的使用,应该充分利用外部专家网络或智囊团。再次,注意选择集约高效的竞争情报基础设施的运作模式和简单实用的方法工具,并给予适合的人财物等资源的投入。例如,中小企业通常可以因陋就简地采用手动与半自动形式信息列表(客户、供应商、竞争对手跟踪等),因为那些功能完备的自动化信息系统(CRM、ERP、数据挖掘软件等)既耗费资金也未必实用。最后,大力发挥人的知识在情报循环中的增值作用。与大企业相比,个人知识对于中小企业是一笔宝贵的财富,如果能对其充分发挥和调动,就能够在耗费较少资金的情况下使情报工作给企业带来更大的便利和绩效。

6. 正式与非正式机制的平衡

如图 8-1 所示,与大企业相比,中小企业的正式与非正式耦合的最优态点将向右偏移。这主要是因为,非正式流程对中小企业 CI 主导程度高于大企业,而非正式流程主要依赖非正式的组织、机制和行为来实现。因此,中小企业 CI 建设中,宜在正式与非正式系统平衡的框架下,最大限度地引导和培育非正式系统。

整体上看,发展中的中小企业竞争情报宜采用非正式和正式混合的 CI 管理控制系统。首先应该认识到,即使是非正式性较弱的、规范性较差的中小企业,正式控制系统依然是 CI 有效控制的前提和基础,离开正式系统,非正式系统将成无本之源。对于正式控制系统而言,注意两个方面:一方面,保持和强化原有的以任务驱动为主的控制方式,同时在关键业务领域,建立以项目为基础的常规情报机制。这不失为中小企业 CI 建设的一个重要策略。例如,Straumann 公司在整体上竞争情报处于文化控制,尤其是技术情报管理的系统性不高,然而在技术管理决策的一个关键领域,采用了"过滤式"(Screening process)的机制。另一方面,在条件具备的时候,优化 CI 职能,将

CI 职能嵌在业务中，以制度、流程、工作程序和标准的形式固化下来。其次，充分利用非正式系统形成对正式系统的补充和支持，不仅通过正式控制机制加强对非正式控制机制的影响，也大力加强非正式系统的建设。

7. 动态权变的原则

按照动态权变理论（Weill & Olson，1989），中小企业开展竞争情报没有一种普遍适用的、最合理的模式与原则。因为这些模式和原则在解决企业面临瞬息万变的外部环境时显得无能为力。中小企业竞争情报应该采取"因地制宜"原则，即情报系统的设计与实施必须与其所处的内部、外部环境相匹配（即情境）。这些情境因素包括行业、组织结构、战略、资源、任务、技术等。当一个企业的竞争情报被合理地设计和实施，在内外驱动以及约束条件下满足了企业竞争情报需求，才能满足企业管理决策的需要，最终实现竞争情报价值。中小企业竞争情报的变革实施正是在适应外部情境因素和调整内部情境因素中，实现竞争情报系统与内部情境因素的相机调整和互相匹配，从而在不断演化的进程中达到动态平衡。

四 最佳实践的策略性原则

1. 选择合适的竞争情报运行模式，并向 Web2.0 下的协同模式过渡

竞争情报组织模式本质上是一个集中、分散的混合系统，具有高度个性化的特点，中小企业 CI 应用过程中，必须结合自身特点在实践中不断摸索，以形成独特有效的情报模式。

结合竞争情报模式的分类（Jenster，2010），我们认为中小企业的 CI 模式是下述模式的混合。其一，单一情报模式：把情报职能安插到一个早已存在的部门里，一开始多是营销部。这是一种很实用的、聚集能力强的模式。其二，自下而上模式：是初级阶段模式，其核心特点是自下而上的扩散动力，基于自动、自发的社会传染的扩散模式，学习压力较小、以个体行为为主的应用模式。其三，自上而下模式：其核心特点是自上而下的扩散动力，行政力量推动的扩散模式，学习压力较大、以各用户和部门按照流程协作为主的应用模式。其四，一体化情报模式：这种模式利用组织上下全体员工的集体经

验，鼓励员工搜集和分享信息，是通过信任文化作为保障。实践中，中小企业应该以资源多少、组织结构、决策体系、战略和战术任务对情报的需求、组织文化特点来确定。需要注意的是，随着企业向 Enterprise2.0 发展，中小企业竞争情报模式必然向 Web2.0 下的情报模式发展，即主要利用 Web2.0 环境下的丰富的通信交流工具和人际网络，形成虚拟的集约高效情报组织模式。

2. 优化中小企业竞争情报的组织职能设置

对于中小企业 CI 应用，职能可以薄弱但是不可或缺。因此必须围绕 CI 目标，认真梳理相关业务及情报需求，明确竞争情报的分工与角色分配，细化到组织层面和个体层面的职能、岗位标准、工作程序等制度，同时优化监控与反馈、考核与奖惩机制。

首先，中小企业往往存在一专多能、身兼数职的情况，需要清醒地认识并防止由此带给情报职能建设的两种不良倾向。一种情况是情报岗位由业务人员兼任，这样虽然有利于情报与业务的协同与融合，但是可能会导致情报职责因业务职责覆盖或弱化的现象。对此，需要通过明确指出其情报职责及相关保障措施，以确保情报职责的明确认知及有效实施。同时，不同的情报角色也很可能出现合并，如情报综合者同时也可能是协调者，情报搜集提供者可能也同时是分析者，这有可能导致隐性知识不能有效地转移，需要采取交流制度和非正式交流方式促进隐性知识在不同个体之间的内化和外化的转移。其次，由于大多数中小企业管理粗放性强，重视结果而疏于过程管理，应该注意将情报的任务纳入监控和反馈以及考核中，加大奖惩激励力度，以提升情报任务的有效落实。

3. 加强外部人际情报网络建设

中小企业应该认识到，完善人际情报网络是拓展自身情报搜集能力的经济有效的好方式，应该结合实际，设计基于人际和正式网络混合的虚拟情报搜集网络，以弥补有限的正式组织网络资源。不仅包括非正式网络组织层面的，如市场网络、公共网络、专家网络（咨询公司等）；也包括关键情报人员层面，如高层领导、情报人员等个人的社交网络。就组织层面网络而言，其情报用户较少、情报需求较少且聚焦高，宜选用紧密型网络，投入精力与少数成员建立高信任度的关系。就个体层面网络而言，适宜加强企业家的网络。需要注意的是，这种网络是嵌入在社会资本即业务关系之中的，所以，中小企业需要在已有的网络中添加或者强化情报功能即可。

4. 创造信息沟通与共享的环境

中小企业特有的组织特性对于情报沟通有正反两方面的作用。一方面，中小企业存在组织扁平、层级少、集权度低等特性，有利于情报的沟通与共享。另一方面，与大企业不同，中小企业知识更多地存在人脑中，因此，隐性知识转移是沟通共享的关键。为此，需要在以下几个方面予以优化。

其一，建立较正式的情报上报、会议、研讨等沟通共享制度。实际调查中发现：有些员工情报意识很强，已经获得了竞争对手的情报并形成了初步判断和策略建议，但是并未将这些情况主动及时报告，可能是由于跨部门级别或者职位不高的原因。其二，建立正式的实用的情报共享方式。建立可供全体情报人员及其他员工共享的知识库，哪怕是简单的数据库和网络社会媒体形式，这在互联网日益普及的今天任何中小企业都能够做到。其三，高层领导以及部门领导掌握较多的情报情况，也应该及时通知或者以非正式方式传递给下层员工，这种情况在自上而下的情报模式中显得尤为重要。其四，加强沟通与共享的非正式机制优化。由于非正式控制往往存在较大的模糊性难以驾驭，如果将有一些隐性化的控制方式转变成显性化的方式加以控制，则可能为非正式控制创造条件，达到改善控制的效果。例如：提供信息共享的载体，提供搭建企业的知识社区等。由此引导中小企业建立良好的信息沟通与共享氛围，使中小企业员工面对竞争时，能够主动获取和共享竞争情报。其五，建立新的情报沟通者，有助于情报沟通与共享的问题。

5. 创造参与、协作的环境

大量的企业实践经验表明：参与协作是竞争情报体系成功运作的重要保障，由于人力资源受限，情报活动的参与与协作对于中小企业显得尤为重要。对于中小企业而言，需要从以下几个方面予以优化。

其一，通过情报模式选择和制度规定，以及情报意识培训和参与协作型文化熏陶，充分发挥全员的、全部门的主观能动性和积极性，让他们参与、协作。其二，中小企业需要全员参与（赵冰峰，2011）（包括高层领导、情报专员和一线员工），尤其需要加强高层领导和一线员工的参与，以克服人力资源不足的局限性。同时，也需要情报职能岗位或者部门以外的其他部门，尤其发挥重要职能部门的参与支持作用，以弥补情报职能整体能力不足。其二，中小企业需要不同部门、岗位的协作。中小企业大多采取与业务融为一体的情报运行模式。大企业所遇到的情报专职部门与其他部门之间的协作阻力可能会少一点。但是情报的分散性强且集中管理和协调机制较弱，为此，需要强化集中协调机制，派专人负责，必要的时候由部门主管兼任，既可保证协调机制的有效实施，又可减少协调的成本。

6. 培育全员的竞争情报文化

在资源稀缺、管理薄弱的条件下，提高全员尤其是情报专业人员的情报意识、技能是中小企业实施集约高效的竞争情报建设策略。中小企业有必要开展全员的、分层次的情报培训，并通过正式与非正式学习等多种方式，强化情报的意识，发挥情报过程的主观能动性，提高实际情报搜集与处理的技能。

7. 将竞争情报系统的设计和实施与中小企业的行业和战略特征相匹配

基于中小企业竞争情报实施的权变观点，中小企业需要根据行业和战略来设计和实施合适的竞争情报系统。行业和战略之所以作为重点考虑的情境因素，是因为中小企业分布的行业繁多，并且所开展的战略也具有相当的灵活性，加上行业和战略是竞争情报的驱动力，决定了竞争情报的需求。在此根据环境的稳定和复杂程度，按照行业分为简单静态环境（如啤酒制造业）、复杂静态环境（如运输、银行）、动态简单环境（如时装、玩具等行业）、动态复杂环境（如计算机、新材料、航天航空、通信、影视）（曾忠禄，2010）。其中，动态复杂环境对竞争情报需求最高，简单静态对竞争情报需求最低，其余两种类型介于上述二者之间。可将战略分为勘探型、分析型、防御型。它们对竞争情报的需求和能力是从高到低（Miles & Snow，1978）。中小企业都可以划归为对应的环境类型和战略类型，根据所属环境类型对竞争情报的需求，构建企业的竞争情报系统。

第五节　我国中小企业竞争情报应用体系建设的问题与建议

一　问题分析

通过前述分析，我国中小企业竞争情报应用整体成熟度偏低，大部分中小企业处在第一阶段（原始自发）和第二阶段（职能化），较少一部分进入第三阶段（低级系统化）。目前，我国中小企业在竞争情报体系建设的过程中还存在不少有待改进的问题。

1. 对于第一阶段的本土企业而言，主要面临的问题是认知障碍和CI职能缺失

对竞争情报认知的缺失、失真、模糊等现象广泛存在，给企业的管理决策造成了非常明显的负面影响，也制约了企业竞争情报应用效果的发挥。由于许多企业处在对竞争情报模模糊糊、似是而非、朦朦胧胧的状态，竞争情报系统主要是按照组织心智及直觉以无意识的方式运行，情报行为多是CEO、部门主管的个人行为，或者个别敬业员工的个体行为，使得竞争情报子群体和组织层面处在自发的、放任自流的、失控无序的状态，企业竞争情报缺乏最基本的三大网络基础设施和最基本的流程。调研发现：多数企业没有经过系统的学习和培训。不少CEO和营销主管说，"我们接受过很多业务培训，从来没有接受竞争情报的培训。"因此，管理者和员工是否正确了解竞争情报、认可竞争情报价值及对其重视程度，成为中小企业竞争情报应用的关键。

2. 对于第二阶段的本土企业而言，主要面临的障碍是CI组织实施的认知、CI管控系统的受控和高层领导的问题

此级别的大部分中小企业在应用竞争情报中，首先，存在"如何应用CI"组织层面的认知障碍。企业的CEO以及部分部门主管已经认识到竞争情报的应用价值，但是，并不清楚"如何强化情报的独立职能，以支持管理决策"以及"如何更加有效地组织实施竞争情报，以提高企业绩效"。例如：有的中小企业认为开展竞争情报不需要任

何花费。然而，实际开展竞争情报都或多或少需要资金、人力、知识等资源。为此，需要管理者明白：无论何种规模的企业，都需要一个竞争情报系统，哪怕这个系统是简单的。

其次，普遍存在"如何使管控系统受控"组织层面的实施障碍。大部分企业通过嵌入方式附带地运行情报系统，通过对业务职能的管控来间接对 CI 施加管控。由此导致重视业务过程而忽略情报过程的管理控制，CI 管控不够，不仅正式机制不到位，而且非正式机制也处在无人引导的状态，突出表现为两个方面。一方面，CI 的正式控制机制，即正式职能被大大弱化，任务驱动为主而缺乏系统性受控，流程省略或者不规范兼任的岗位作用不能充分发挥，人员主观能动性发挥不够等。另一方面，CI 非正式机制疏于引导和管理，以放任自流态为主。最终表现为 CI 对管理决策增值不高、绩效不高的问题。

值得注意的是，上述两个问题的解决关键都应当以高层领导为突破口。因此，企业是否充分了解竞争情报实施的基本原理，是否建立了最基本的 CI 职能，是否对非正式 CI 机制进行引导，是中小企业竞争情报应用的关键。

3. 对于第三阶段的本土企业而言，目前面临的主要问题是正式系统的提升和非正式控制系统的优化问题

调研发现：少数进入初步系统化级别的企业，已经使得其 CI 系统处在有意识的控制状态，有的是通过自身组织演化达到的，也有的甚至是通过咨询公司进行业务流程再造达到的。大多数该类企业虽然具备规制化网络和流程，但是正式管控机制仅仅是受控了，也具备了 CI 的制度和流程，但是未必处于较佳运行状态，还存在较多问题，如 CI 的监管、反馈、奖惩、考核等机制运行效果不理想，CI 制度流程执行效果不好等。此外，非正式管控系统虽然被有意识地引导和加强，但是存在情报文化意识不够强，部门内外协作困难、信息沟通共享不佳，外部人际网络构建不理想等问题。调研发现，极个别中小企业已经购买了竞争情报软件，或者通过咨询公司导入系统化的竞争情报系统，但是仅仅是帮助其实施信息流程再造，却不知道如何使该系统持续运转优化，以发挥最大效益。因此，CI 的正式控制机制与非正式控制的持续优化以及机制如何有效地落地实施，是中小企业竞争情

报建设的关键。

4. 对于本土企业，面临的是过度重视信息化而忽略竞争情报资源建设的问题

实际调研发现，较多企业将信息化等同于竞争情报，这是国内企业竞争情报建设举步维艰的重要原因。目前，国内企业由于 IT 应用基础和层次普遍良莠不齐，大多数高层对规划仍缺乏战略意识，BP–ISP（业务系统–IT 战略规划）表现为非正式化，造成国内企业利用信息化获取竞争优势的能力较低。此外，我国的 BP–ISP 成熟度普遍低于国外，而理论也停留在概念和方法上（杨青，2003）。分析其滞后的根本原因在于：竞争情报系统滞后于计算机信息系统应用水平。此外，国内竞争情报高层管理岗位的缺失，大多数 CIO 也将信息化视为自己的使命，而忽略了竞争情报的管理（陈飒，2006）。由此可见，竞争情报与信息化建设相辅相成，二者相互影响。

为此，本书建议，在遵循企业竞争情报应用最佳实践的各项原则时，中小企业特别需要在认知与技能、高层领导、管控耦合机制、竞争情报与信息化协同等四个方面进行重点突破，同时在条件具备的情况下开展竞争情报导入与流程变革，以提高竞争情报实施的成效。

二 建议与改进

1. 整体建议与改进

就整体发展思路而言，要立足于中国独特的管理情境和中小企业具体实际，遵循客观发展规律，以企业需求为导向，本着适用实用、集约高效的原则，整体推进，分类发展，集中资源，重点突破，以点带面；同时要考虑情报系统的可持续演化，以及其与信息系统建设的协同性，力争全面提升中小企业竞争情报能力，不仅满足中小企业的创业、成长、创新、升级等基础业务管理需求，也帮助中小企业建立快速感知和响应环境能力，将其船小易调头的特点转化为复杂不确定环境下的动态竞争优势。

2. 重点建议与改进

（1）大力提升企业对竞争情报的认知

从国家和企业层面，通过竞争情报协会、咨询公司、行业协会、教育部门等各种组织，以出国考察、培训、正式与非正式学习、观摩

交流、组织学习、文化培育等多种方式，使企业员工充分理解竞争情报，提高员工对情报的认知和实际操作技能，提高员工的情报个体行为及组织实施行为的胜任力。

（2）高层领导及专业情报人员情报意识的强化和技能提升

采取多种方式发挥国内中小企业高层领导在竞争情报建设中的作用。通过多元化的培训和自我学习，提高 CEO、CIO、营销部门主管、技术部门主管的情报意识和技能；针对中国管理决策者多依赖直觉和隐性知识的问题，培育 CEO 以个人知识管理为核心的融合式情报应用能力，开辟更多的中小企业家交流场所和方式，如俱乐部、虚拟社群等；中国的管理决策者处在更加复杂、模糊、多变的工作情境中，需要采取特定的训练提升其对情境的意义构建能力（韩玉兰，2010）。

（3）优化整体 CI 管控机制，提升管控水平

针对我国中小企业竞争情报应用中业务嵌入性和非正式化的倾向，需要平衡正式与非正式耦合机制的框架，以健全 CI 正式机制为突破口，同时，大力引导非正式控制系统的优化，形成对正式机制的有效互补和支撑。

对于 CI 职能制度，要对 CI 工作体系模块进行有意识的全面系统的规划、设计和实施。将情报任务纳入监控和反馈，加强情报工作的过程管理，加大考核与奖惩激励力度，切实提升情报任务的落实。必要时可将其嵌入式的情报职能独立出来予以强化。调查发现：大多数中小企业有明确的 CI 职责，但并没有单独的 CI 考核，CEO 认为：营销员为了完成业务目标也自然会关心情报搜集任务。事实上，这样不利于对竞争情报实施过程的控制。

对于非正式机制，需要创立与营造良好的支持竞争情报的协作、参与、沟通、共享的文化氛围。中国企业中非正式组织表现出企业外多种关系的嵌入（血缘、亲缘、地缘或学缘关系）、在企业中跨部门广泛弥漫、与正式组织交织甚至重合，在引导非正式组织正向作用的同时，注意防止其消极作用。培养以隐性知识管理为核心的情报获取与共享能力，针对中庸文化、面子需求、关系导向等特点，设计合适的情报共享机制，积极构建企业内外部知识社区，拓展虚拟知识社区的技术平台，完善知识社区的功能与机制，增强社区的凝聚力与竞争

力，促进情报的产生、分享等活动。

（4）加强竞争情报与信息化系统建设的协同性

在企业整体战略框架下，将竞争情报建设纳入业务战略规划——信息系统规划中，克服重硬件轻软件的思想，坚持两手抓两手都要硬的原则，实施信息化硬资源与信息情报软资源的建设的同步。对于国内的中小企业，应该以信息化及其相应的业务流程重组为契机，以信息化建设满足其基本业务需求，重点考虑竞争情报这一重要资源的建设，加强二者的协同性，有助于提升竞争情报建设的效果。

第九章 中小企业竞争情报服务体系建设对策

本章剖析国外中小企业 CI 服务体系，形成了有益的启示，再结合前面第三、五、七章的研究，探讨了国内构建中小企业 CI 服务体系的基础，提出了服务体系建设的战略选择。最后，针对我国 CI 服务实际的特点，提出了发展中小企业 CI 服务体系的路径和政策建议。

第一节 国际 SME – CISS 经验及启示

一 国际经验

中小企业 CI 服务体系（SME – CISS）是为中小企业提供社会化竞争情报服务的组织机构和方法制度的总称。全球发展经验表明，SME – CISS 是中小企业社会化服务体系（简称综合服务，包括融资、技术支持、市场开拓等八大功能）专业化不断深化的必然结果，也是推动中小企业激励竞争环境中求生存和发展的必然要求。健全的 SME – CISS 是把各种要素进行科学配置、重组和复合，化解与协同中小企业对 CI 供需矛盾。

从表 9 – 1 可以看出，美、加、日、英等发达国家的中小企业 CI 服务体系独具特色，都是根据各国中小企业的特点以及在不同时期面临的问题和需求来建立和发展的（刘志辉，2012；Calof et al.，2004；詹淑琳，2012；缪其浩，2008；Ikeya，2001；Bell，2000；刘华，2007；周婵，2010）。虽然各国中小企业 CI 服务体系的模式和发展路径存在差异，但存在可供借鉴的共性经验。总体而言，各国都依靠发达的社会化服务，塑造了较完善的从国家到地方的多层次的、横向和纵向的中小企业 CI 服务网络系统。具体如下文所述：

表 9–1　国外中小企业 CI 服务体系的模式与特点

	服务模式、组织形式和功能	服务特色
美国	●政府导向型协作网络，形式丰富、功能部分重叠、组织体系纵横交错，提供包括情报在内的全方位服务 ●以国家级某个机构为核心，集成教育、协会、私营等机构共同参与的网络 ●国家层面和地方层面服务结合	●法律、政策、税收、融资等支持 ●全国中小企业信息与教育培训服务网络 ●以商务部为核心的进出口贸易信息服务网络 ●以美国中小企业管理局为核心的技术服务网络 ●整合州、市、镇的资源，向本地区小企业提供各种服务。如科罗拉多州的利特尔顿的经济花园
加拿大	●商业服务网络由分布在全国的省级商业服务中心组成 ●政府部门联合行业协会、高校、非营利性机构的网络 ●以中小企业为主要服务对象的产业扶助项目，以及不定期的阶段性服务项目 ●国家层面和地方层面服务结合	●国家部门开展服务，如利用电子政府门户网站提供宏观情报，工信部、商务部提供商务情报 ●国家级计划项目对中小企业情报扶持力度大，如 NRC–IRAP 计划 ●省级政府提供直接服务或合作服务，如安大略省的经济发展贸易厅通过商业咨询服务项目为成长型和外贸型中小企业开展包括情报在内的服务
日本	●以官方及半官方机构主导的国家层面 CI 和社会团体及综合商社为主导的企业层面 CI ●国家层面和企业层面情报服务很发达 ●有专门中小企业情报网络，下设中小企业情报中心、中小企业地区情报中心和各都道府县的中小企业综合指导所等分布全国的网络	●半官方机构的情报服务能力很强。如通产省从国家高度为战略决策与规划提供支持，该省的中小企业厅还提供战略规划以及战略战术决策建议 ●民间机构服务能力很强。如经济团体联合会和三菱商社包含上千家的企业、行业协会、各地方性经济组织、世界多个国家的分支机构 ●非常重视对中小企业的扶持，大都设立专门的中小企业促进办公室，为中小企业提供全方位服务
英国	●完善的中小企业服务体系。设立中小企业专门管理与咨询机构、服务中心、中小企业委员会、中小企业发展工作组等 ●商务纽带是一个全国性品牌，从事信息、诊断、中介经纪等服务 ●公共图书馆都设有商业图书馆，为企业情报服务	●伯明翰商业图书馆对企业的商务信息服务特点：系统化强、多层次、品种多；信息资源丰富、信息化度高、共享度高；服务营销方式多样化；信息外包服务，使供应方延伸地理空间、资源共享、少投入，使客户付费少；90% 的信息服务对于本地区的企业是免费的，对于其他地区收费；一定比例的地方税收，保障高；服务平台内容全面；合作伙伴是一些政府部门，与其他企业服务机构平台整合性好

1. 从本质看，SME – CISS 是中小企业社会化服务体系的重要组成部分，是一个功能相对独立的子系统。它不同于一般的信息服务

从各国实践可以看出：SME – CISS 可以按照其职能与综合服务系统的融合程度不同分为两种。一种是 CI 服务网络具有相对独立的、明确的功能。如日本拥有专门情报职能的中小企业情报网络，是由分层次政府设的中小企业管理部门、专门的中小企业情报中心、中小企业团体协会等形成的网络。美国的进出口贸易信息服务网络和全国小企业信息咨询与教育培训服务网络等提供专门贸易、综合情报服务。一种是 CI 服务网络的情报功能紧密嵌在综合服务体系中，其独立性较弱，大多数国家属于这个类型。

SME – CISS 与中小企业综合服务系统所指的信息服务系统不同。SME – CISS 是一个以人为主导的、嵌入多个业务功能子系统的服务网络。该系统职能常常与其他职能集成，有时甚至出现部分交叉或融合。如日本将情报产品与问题的解决方案集成起来提供服务；美国依赖信息、咨询、教育培训等集成在一起的网络（全国小企业信息咨询与教育培训服务网络）提供生产、市场等综合性情报服务；加拿大的技术情报服务网络和商业类服务网络有所交叉。中小企业信息化是 SME – CISS 的重要载体但不是其核心任务。

2. 从结构模式看，SME – CISS 是一个多层次、广泛参与的服务网络。政府在 SME – CISS 体系建设中起着保障、导向、间接服务和直接服务实施的作用

（1）保障作用体现为：发达国家制定法律与专门性法规以保障对中小企业的支持。如日本通过"中小企业基本法"以及配套的实施办法，规定并保障了政府、中小企业管理机构、社会团体、综合商社等的作用。

（2）导向作用体现为：发达国家大都制定配套支持政策及项目，根据区域经济环境而调整，且从普适性支持转向选择性或重点性扶持，强化扶持的导向性。如加拿大的工业部、农业部和外交部在20世纪90年代初联合发起市场情报培训计划以及后期实施的 NRC – IRAP 计划，都是旨在加强中小企业 CI 服务供给，尤其是为中小企业提供商业情报工具开发和应用技能培训、技术情报等全方位服务。

(3) 间接服务作用体现为：发达国家大都设立专门中小企业管理或服务机构。如促进中小企业的发展和成长的服务机构，个别国家重视情报工作，还成立专门面向中小企业的情报机构，如日本的中小企业情报中心。

(4) 服务实施作用体现为：中小企业专门机构、国家和地方层面的政府相关职能部门以独立的或者与其他机构合作的形式，专门针对中小企业提供 CI 服务。如美国的联邦小企业局及发展中心通过全国网点提供综合性情报；中国香港贸发局下设专门的研究部、商贸资讯中心，以及强大的商家数据库等提供商贸数据文献、贸易研究报告与预警以及咨询、培训、研讨等服务；加拿大安大略省通过本省经济发展和贸易厅等的官方网站设情报专栏等形式，以及通过各省市所设立的办事处以商务咨询形式提供 CI 服务（陈峰，2012）。

3. 各种中介组织是 SME – CISS 形成与运作的重要前提，中介的发达程度及良好的服务能力是服务体系有效运行的基础

从发达国家 SME – CISS 实践看，政府衍生中介、非营利中介和市场中介等共同配置服务资源，发挥着重要作用。总体而言，发达国家的这三类中介的规模较大、服务能力较强，对各自的职能发挥比较到位。最具特色的服务中介，如加拿大的科技信息研究所为中小企业提供从科技数据库及信息检索到技术路线图、技术战略分析等不同层次的全面的技术情报服务；英国的公共图书馆为中小企业提供生产经营等不同层次的情报服务，包括免费的和付费的服务；日本的中小企业竞争情报服务主要依靠发达的经济联合会、行业协会等和企业间团体——综合商社形成极具特色的模式（Calof，2004；Kim，2004；Spencer，2004；Bell，2000；Ikeya，2001）。

4. 中小企业竞争情报服务体系有效运行是建立在政府、服务机构、中小企业之间良好的分工、合作或互补机制的基础上

从发达国家 SME – CISS 实践看，各种类型中介参与者之间相互影响、相互依存、相互合作，共同构成完整的组织框架，采取灵活多样的多主体合作方式，从不同层次为中小企业提供服务。如美国的全国小企业信息咨询与教育培训服务网络是以联邦小企业局为核心主体，凝聚退休经理服务团、小企业发展中心、女性商业中心而成；美国的

进出口贸易信息服务网是以商务部小企业局为核心，凝聚出口支援中心、贸易信息中心、全球商业服务网络等而成；加拿大的魁北克省级情报服务主要采取省政府部门与商业信息服务中心合作模式；加拿大魁北克工业研究中心与各类研究中心和行业协会紧密联系提供服务。

5. 企业间组织化基础上形成的 CI 服务供给，是 SME – CISS 不可或缺的组成部分

从发达国家 SME – CISS 实践看，中小企业间的组织化网络（如产业集群、战略联盟等），促进中小企业服务供给的形成。据英国工业联合会的调查，在大中小企业协作中，大多数中小企业可获得大企业的技术指导、资金援助、指导与培训，75% 的中小企业可从大企业庞大的销售信息网络和市场调研机构中获得经营信息（国家发展与改革委员会，2003）。美国利特尔顿市"经济花园"计划，建立覆盖全州的小企业战略分布式联盟中心，使得全州的优势资源得以集成，有效地实现了小企业间信息交流和情报的共享与供给。

二 国际经验对我国的启示

（1）SME – CISS 建设是一项复杂的系统工程，其形成与完善需要一个较长的过程。SME – CISS 服务体系建设是与中小企业综合服务体系建设并行的一项工程，而后者是前者的载体和前提。SME – CISS 建设在很大程度上受综合服务体系的发达程度、CI 的认知、信息化设施等因素的制约。

（2）政府在 SME – CISS 建设中发挥关键的作用，如保障、导向、间接服务和服务实施等。因此，政府应健全中小企业 CI 服务的法律体系及相关配套法律实施体系，明确体系的组织架构、职责及机制，促进体系高效运行。同时，要根据环境变化，实现政府在 SME – CISS 演进中的角色、职能及支持政策的变迁。

（3）面对庞大的中小企业群体，SME – CISS 建设需要庞大的各类社会中介服务机构参与，它们在体系的形成中发挥不可替代的作用。应该根据经济发展的区域特点或行业特征，积极培育社会中介服务机构与各类行业组织，强化其 CI 服务能力，鼓励和引导其发挥应有作用。

（4）SME – CISS 的运作，需要建立各服务机构间良好的分工与协

作。因此，既要建立统一的管理机构以协调各类机构之间的关系，也需要各类服务机构根据自身的特点，形成职能分工明确、相互协作、优势互补的关系，通过合理的资源配置，实现服务效益最大化。

（5）中小企业之间的组织化是 SME-CISS 的有益补充。因此，积极引导建立中小企业的多种网络组织形式，有助于高效地、经济地获取与共享资源。

第二节　我国 SME-CISS 建设基础及战略选择

一　我国 SME-CISS 建设的基础

（1）中小企业对 CI 需求的高涨为体系提供了驱动力。近年来，随着市场竞争的加剧，迫切要求企业开展竞争情报工作，因而要求外部能够提供竞争情报产品和服务。

（2）中小企业社会化综合服务体系初步构建和发展。2001 年，国务院经贸委颁布的《中小企业服务体系建设试点工作方案》揭开了我国中小企业服务体系建设的序幕，2009 年和 2010 年政府发布了促进中小企业服务体系建设的系列政策文件。随着服务体系建设的深化，服务组织载体快速发展，营利性和非营利性中介、政府和公共服务机构正在形成协作服务网络，与 CI 相关的八大业务功能不断发展，从而为 CI 服务体系提供基础和条件。

（3）政府部门的职能范围隐含着 CI 服务的雏形，为中小企业 CI 的公共性服务提供了条件和可能性。国家和省级层面的职能政府部门，如经贸委、商务部、科技局、中小企业管理机构等以及其他政府部门都承担部分的中小企业公共服务职能，这些机构的网站大都发布一些职能相关的数据信息等，但是总体而言，服务职能缺乏整合和协调，甚至存在职能缺失。

（4）政府衍生中介和公共信息资源机构为中小企业公益性的 CI 服务提供了可能性。全国各地生产力促进中心、孵化器、科技园区等正快速发展，其承担部分中小企业公益性服务，提供嵌入在技术创新、市场开拓等方面的业务信息。各级科技信息研究所为政府提供具有公共物品性质的服务（如产业竞争情报），同时也在拓展面向企业的 CI 服务业务。

（5）商业竞争情报服务市场的初步发育与形成，为市场化运作提供了条件。目前，以竞争情报咨询与服务为主的服务商还不太多，而信息咨询与服务提供商虽然没有上升到竞争情报层次，但仍然是市场化 CI 服务的替代与互补主体，它们充当商业化服务的主力军，为竞争情报服务体系提供了基础设施和人力资本。

二 我国 SME–CISS 建设的 SWOT 分析

1. 优势与劣势分析

尽管中国中小企业 CI 服务体系尚未形成，但仍然具有一定的发展优势，主要表现在客户资源、国家行政扶持、公共信息机构、公共服务平台等方面。

（1）竞争情报服务市场潜力巨大

目前，我国中小企业数量已达到 4700 多万家，近年来其规模、数量和运行质量显著提升，在经济建设中的地位和作用日益凸显。良好的发展态势和加剧的市场竞争催生大量的服务需求。据统计，我国 90% 的企业没有建立中小企业 CI 系统。而中小企业对外部服务具有天生依赖性，其对 CI 服务的需求会日益增加，从而为 CI 服务体系提供庞大的市场保障。

（2）综合服务网络初步构建的优势

2001 年，国务院经贸委下发了《中小企业服务体系建设试点工作方案》，确定了上海、深圳等 10 个城市定位服务体系建设试点，揭开了中小企业服务体系建设序幕。2008 年，通过实施中小企业成长工程，落实中小企业服务体系建设规划。目前，许多省市的中小企业服务体系建设蓬勃开展，有的取得了显著成效，如上海、江苏、广州等地。中小企业服务体系的建设，会自觉不自觉地加快情报服务系统建设的步伐。

（3）国家行政体制的优势

随着各级政府部门不断深化行政体制改革，采取多种举措，创新工作方式，大力实现政府职能向服务型转变。政府职能的变革不仅优化政府的公共服务，还为各类社会性服务机构的发展提供广阔的空间，有利于调动社会各方参与中小企业竞争服务事业的积极性，必将极大地促进服务体系的建立和完善。

（4）公共信息资源机构的优势

目前，我国拥有数量庞大、类型繁多的科技信息机构。它们拥有较丰富的信息资源、较先进的信息资源处理的基础设施以及较丰富的信息处理人员。大多数已经认识到战略转型和服务创新的重要性，有的已经积累较强的文献信息加工处理经验，有的已经积极探索面向中小企业情报服务的业务并取得初步成效，为公共信息机构参与中小企业竞争情报的公益性服务提供较大空间。

（5）国家创新体系和公共服务平台已经先行建立的优势

近年来，我国正在实施以企业创新为核心的创新战略，正在实施科技创新公共服务平台建设，不但在数量上有了突破，而且运行上也不断趋向稳定和成熟，发挥的作用更加明显。目前，个别平台已经初见成效。各省科技信息研究所已通过科技创新平台初步将科技信息资源进行整合与集成，在一定程度上实现了资源共享。

虽然中国中小企业 CI 服务体系具有一定的发展优势，但仍然存在缺乏体系建设所必需的运作基础的劣势，主要表现在以下几方面：

（1）中小企业社会化服务体系还不完善，影响了情报服务组织载体作用的发挥

目前，我国中小企业社会化服务体系尚不健全，综合服务平台缺失、专业型服务平台发展缓慢；服务体系建设、运行和管理体制机制不健全，服务机构缺乏协调和整合；服务机构实力不强，公共服务散、公益服务缺、商业服务弱的问题很突出，服务质量和水平不能满足中小企业需要。就信息情报服务而言，存在资源不足、力量薄弱、成熟度低、注重信息化等硬设施服务而忽略 CI 软服务、情报服务尚停留在数据服务等低级层面的问题。

（2）现有环境不完善，影响了情报服务的体制机制和服务机构的服务水平

目前，我国正处于转型期，战略观念、创新观念、人力资源开发管理、人文环境建设以及市场制度环境尚处于改善之中，还不能满足中小企业竞争情报服务体系建设的需要。

2. 机会和挑战

我国将促进中小企业发展作为一项重要的国家发展战略，在"十一五"规划中提出专门的中小企业发展战略，实施"中小企业振兴计划"。2009年9月，《国务院关于进一步促进中小企业发展的若干意见》提出加快推进中小企业服务体系建设，完善服务网络和服务设施，积极培育各级中小企业综合服务机构。2010年，温家宝总理的《政府工作报告》中提出进一步促进中小企业发展，建立和完善中小企业服务体系，加快中小企业公共服务平台、信息服务网络和小企业创业基地建设。随着《中华人民共和国中小企业促进法》、《国务院关于鼓励支持和引导个体私营等非公有制经济发展的若干意见》、《国务院关于进一步促进中小企业发展的若干意见》和《关于促进中小企业公共服务平台建设的指导意见》等一系列重要法律法规政策的出台，我国推进中小企业发展、促进中小企业服务体系建设的法规政策体系已基本建立。这些正为中小企业CI服务体系建设提供了前所未有的机遇。

然而，中小企业竞争情报服务体系也面临着较大挑战。主要有三个方面：

（1）由于我国的文化背景、思维模式等因素的制约，与企业方一样，服务方关于竞争情报的价值观念、思想意识、行为规范等方面在很大程度上受到影响。国内知名的竞争情报服务实践专家陈飔认为：我国企业竞争情报工作起步较晚，以至于在理论研究、技术准备和知识普及方面都显得过于仓促。他深入调查了解后发现：很多企业对竞争情报软件系统的认知存在误区，这种错位导致竞争情报市场的供需错位，究其原因，除了学界、媒体的责任，与竞争情报提供商的认知和营销不足也有很大关系。而笔者在2012年中国竞争情报年会也发现一些竞争情报提供商对"竞争情报产品与服务"的概念界定竟然也不一致。可见，这种认知偏差是源头上的原因，不是在短期内通过一般教育培训就能纠正的，有着相当的艰巨性和长期性。

（2）政府及各种中介在竞争情报服务业务中面临着很大挑战。许多政府部门将工作重点集中在业务服务上，对发展CI服务重视不足，面临职能变革的挑战；公共信息机构主要集中在公益性的、文献信息的服务上，CI 服务动力明显不足，服务成熟度偏低；盈利性 CI 服务行业市场不够成熟、规模偏小、能力不足。它们都面临着发展与创新的挑战。

（3）总体而言，CI 服务人才总量明显不足，并且结构不合理，面临人力资源缺乏的挑战。图情机构的人力虽然擅长文献信息处理，但其 CI 服务经验欠缺；信息咨询业人才储备不强，擅长综合型的管理业务咨询技能，而对专门 CI 服务业务经验尚浅；CI 咨询商人力资源的规模有限。

三 我国 SME – CISS 建设的战略选择

从上述的 SWOT 分析和国际经验可以看出，我国现阶段中小企业 CI 服务体系建设有一定的优势和机会，但主要面临较大的劣势、挑战和阻力。总体来看，我国中小企业 CI 服务体系还处在初级或启动阶段，与发达国家相比有很大差距。这就决定了我国中小企业 CI 服务体系建设目前属于开拓机会和能力成长战略阶段。

宏观地看，应该以中小企业综合服务体系构建为契机，实施竞争情报服务"嵌入式启动、后专业化强化"发展路线。目前，我国中小企业社会化（综合）服务体系初步形成，以此为载体，在其中嵌入 CI 服务功能，可以高效地、低成本地实施中小企业 CI 服务体系建设，加快情报服务体系建设的进程。同时，也实现了服务体系和情报服务体系的协同演化和优化。这是体系发展的较优路径，适合我国国情，可弥补我国与发达国家 CI 服务体系的差距。这是历史发展的必然选择，在客观上也是由 CI 服务网络具有天生的业务服务网络嵌入性所决定。

如图 9 – 1 所示，"嵌入式启动"是指依托和继承现行的八大业务服务功能（信息化服务、技术创新、市场开拓、管理咨询、融资担保、创业辅导、教育培训、信用评价），以链接的形式在综合服务网络中嵌入 CI 服务功能。这是因为八大业务功能提供了 CI 服务业务。如，信息服务以信息化基础设施和服务为核心，也含有一些数据信息搜集与发布功能；科技支撑、市场开拓等隐含业务情报处理与服务功能。如果把这些基础抛弃掉而重新建立情报服务网络，既不现实，经济上也不允许。一般而言，信息机构原先已经从事多年的情报服务业务，而绝大多数中小企业公共服务平台正在规划和建设中，可以建立平台指向信息机构的链接，即充分利用信息机构和服务平台现行的服务业务，提供低层次的 CI 服务——信息服务。

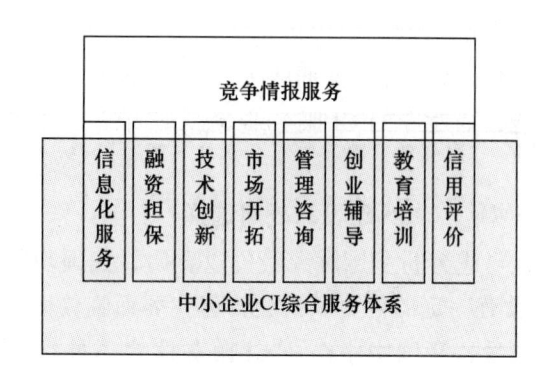

图 9-1　中小企业竞争情报服务体系建设的嵌入式启动

"后专业化强化"是指对低级的 CI 服务功能及其支撑的组织、流程等重新整合、设计和优化，将信息服务上升到情报、知识服务层次，实现情报与业务决策的融合。嵌入式发展会导致情报服务的强烈分散，以至于有被弱化的潜在危险。因此，需要采取集中与分散结合的管控模式，即 CI 的集中管控职能和专业服务平台的分散执行的职能。在发展较为成熟时，可建立独立机构以强化集中管控职能。

综上所述，我们应该尽可能利用现行的各种优势，充分认识 CI 服务体系建设的艰巨性、复杂性、长期性、逐步演变性等。根据中小企业 CI 服务现阶段发展特点，走总览全局、把握机会、大力开拓、嵌入式情报服务业务的战略发展路线。

第三节　我国 SME-CISS 建设的思路

一　建设指导思想

中小企业竞争情报服务体系是为各类中小企业提供多层次、多渠道、全方位情报服务的社会化服务网络。要立足于贯彻科学发展观，遵循客观发展规律，依据我国中小企业发展的法律和政策文件，着眼于全生命周期的不同阶段的基础情报需求（创业、成长、创新、升级），依托、整合、优化配置现有的社会服务资源，按照"情报服务体系嵌入在综合服务体系发展的思路"，建设公共、公益、商业服务一体的，综合性服务平台与竞争情报专业性服务平台互为补充、密切协同的社会化服务体系，帮助中小企业建立快速反应能力，使其增强技术创新、市场营销等关键业务管理决策的能力，最终达到竞争优势的提升。

二 建设原则

1. 坚持政府、中介、企业互动融合的原则

由于政府部门掌握着约80%的社会信息资源，积累了丰富的贸易经济等公共信息资源，其在CI服务方面有不可推卸的责任（李国秋，2006；陈峰，2003）。政府应该首先致力于CI服务的推动和支持，还需要大力吸引各类中介加入。即坚持政府推动下的政府、中介、企业互动的CI服务原则。

2. 坚持统筹规划，各机构、各部门协同配合的原则

服务体系建设涵盖各级多个政府部门和中小企业管理机构与服务机构，须从整体上统筹规划。中小企业管理机构在当地政府的领导及相关政府部门协作下，负责统筹规划服务体系建设，其他各部门、机构协同配合。

3. 坚持整体推进、局部突破的原则

既要从整体上规划建设战略和蓝图，形成全国范围内协调、均衡的服务体系基本框架和整体格局，保证整体向前推动，又要充分考虑各地区的建设基础、区位优势、资源配置等方面的差异，因地制宜地制定差异化区域建设方案，在广东、上海、江浙等竞争情报认知度高的地区，率先发展和建立竞争情报服务示范点。

4. 坚持全方位建设实施的原则

为合理配置各类服务资源，提高服务体系建设和运作实效，必须构筑各类主体共同参与、分工合理、协调配合、以点盖面、简约高效的服务体系。我国中小企业CI服务体系基础相对薄弱，必须依据现有的条件和资源合理配置，分阶段建设目标，循序渐进地建设。

5. 坚持服务资源开放共享的原则

从共享的对象看，服务资源共享包括两个层次，一是文献信息资源共享，二是国家贸易情报、区域、产业竞争情报共享。从共享的区域看，优质服务资源不仅要为本地企业服务，还要将服务辐射至周边地区，实现区域内服务资源的开放共享。从服务的对象看，各类服务主体应该对中小企业全面开放。

三　建设思路

建设思路可以概括为：坚持"一个导向"、协同建设"两个平台"、合理配置"三类服务"、完善"四大机制"。

坚持一个导向，就是要以全面、深入、系统地优化中小企业 CI 服务环境为导向，促进中小企业快速、健康发展。

协同建设"两类平台"，就是要建设好综合性服务平台和专业性服务平台，尤其是情报专业性服务平台，两者协调配合，能够承载情报服务工作。

合理配置"三类服务"，就是要政府公共服务、公益服务和商业性服务的有偿服务合理分工、三位一体，实现资源的有效配置，全面提升服务系统的整体效能。

完善"四大机制"。在现行的中小企业社会化服务体系的机制上，针对竞争情报服务业务的特点，补充和完善情报服务的领导机制、协调机制、运营机制和监督保障机制。

第四节　我国 SME – CISS 建设的对策

一　体系框架

图 9 – 2 给出重构后的中小企业竞争情报服务体系框架，清晰地描述了服务体系的组织架构、层次关系和服务功能等。

从组织架构看，中小企业 CI 服务体系是以中小服务网络作为组织载体，但是强化了与 CI 相关的组织载体、信息资源和职能建设以及优化了机制与流程。它是以中小企业管理机构为主导的，包括政府机构、半政府机构、民间机构、营利性机构等多种组织的、多层次、

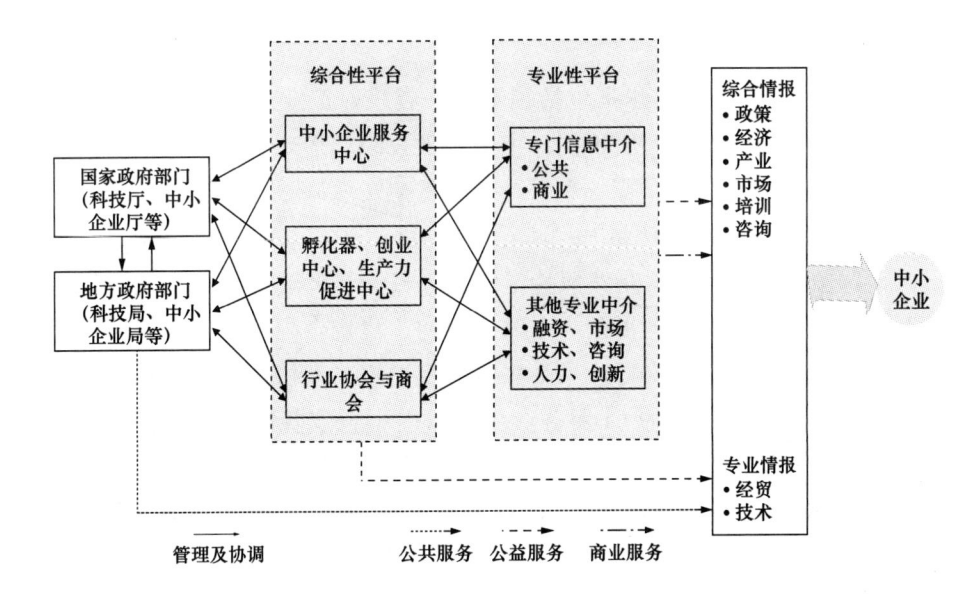

图 9-2　中小企业竞争情报服务体系基本框架

多渠道、全方位的服务体系。中小企业管理和服务机构是网络的核心。此外，国家各层面的政府机构，如商务部、经信委、科技部、知识产权局、公共信息机构等，在服务体系中起重要作用。商业化信息中介和中小企业协作网络（如科技园区、产业集群）也是服务体系的重要来源。各行业协会、商会、科技信息学会等民间组织也是服务体系的有益补充。

从服务层次上看，形成了一个覆盖各省、市、区县以及工业园区的多层次的、贯通多级、上下协调、资源共享、纵向补位的服务体系。

从服务功能看，形成公共、公益和商业服务合理分工、三位一体的服务类型框架。

从服务内容看，形成专业性情报（专利、技术、经济、贸易、市场）和综合型宏观情报一体化的服务内容框架。值得注意的是，借鉴加拿大的 CI 服务网络形式，专业化服务网络可能存在交叉现象，如技术和商业情报服务网络之间虽存在一些服务内容上的重叠，但是它们分工明确、各有侧重。

二 运行机制

中小企业 CI 服务体系包括国家级、省级、产业集群三个层次服务网络，其运行机制有所不同，主要表现在组织形式、推动机制、服务模式等方面。

1. 国家层面服务网络

国家层面服务网络是按照特定的服务目标，以政府部门为核心机构，集成其他政府机构以及中介等参与的、覆盖全国范围的服务协作子网络。这些服务网络通过灵活多样的组建模式和协作机制，来实现与政府特定职能相关的 CI 服务。一是以中小企业管理机构为核心的网络。如美国的全国小企业信息资源与教育培训服务网络。二是以特定职能部门为核心的网络。如中国香港的贸发局情报服务网络以贸易部门为核心，集成图书馆等多个相关机构而构建，主要提供贸易情报。

2. 地区层面服务网络

地区层面服务网络是在省中小企业管理机构的领导和省市县相关部门的协助下，以综合服务平台（中小企业服务中心）为统领，以专业 CI 服务平台（区域企业信息资源中心）为主要支撑，以其他专业服务平台（技术、市场等）为辅助支撑的、覆盖全省范围的 CI 服务协作子网络。这些服务子网络相互联系、协同运作，为中小企业提供 CI 服务。

地区层面服务网络协调有效运行机制是：省级中小企业管理与服务机构负责 CI 服务的统筹规划，市县中小企业服务中心负责 CI 的规划、监管、协调、整合、沟通等职责。实践中，综合服务机构是以"总—分"式的设置，提供政府委托的（准）公益性服务，通过对其他各类服务机构的资源整合和聚集机制，提供社会化专业服务。

3. 产业集群层面服务网络

我国中小企业网络化组织多采用产业集群（科技园区）形式，由此产生产业集群服务网络。该网络主要依靠区域内成员共建共享的区域产业集群 CI 系统，为产业内成员提供集群外部的情报收集、分析、共享等服务，服务内容包括监控企业集群外部竞争环境变化、跟踪行业态势和竞争对手集群、了解市场需求等。该网络运行机制是：设立一个由盟主企业或者一个核心企业组成集中管理的机构来负责，集群内成员通过产权、契约关系、法律合同、行政指令等方式联结，进行情报的共建共享。

三 建设内容与重点

1. 国家层面 CI 服务模式建设内容

结合我国政府部门特点和企业需求，围绕两个目标展开。

首先，合理分工并界定商务、经贸、科技、知识产权等各级政府相关部门以及中小企业管理机构在服务体系中相应的 CI 服务职责权限，明确其工作流程，以提供有力的组织保障。具体职责包括：法规配套政策的制定、扶持计划项目及资金投入预算的实施、情报管理及服务机构及职责的设立、服务资助项目等。

其次，根据政府特定职能部门特点，通过建规建制、创新协作机制等，构建综合型和专业型的情报服务网络。各级商务主管部门等和公共咨询与信息机构（经济研究所、图书馆、科技信息研究所等）建立协作关系，构建市场情报、进出口情报、宏观经济政策、产业等商业情报服务网络；各级科技主管部门等与各类科技中介协作，构建技术情报服务网络；中小企业管理部门可以联合教育机构、咨询业界力量、竞争情报协会，构建提供信息情报的教育培训和咨询的服务网络。

2. 地区层面 CI 服务模式建设内容与重点

结合地区层面服务平台特点和企业需求，围绕四个目标开展。

首先，重构各级中小企业服务中心的 CI 服务职能。通过规章建制、组织改革等发挥其规划、协调、促进、监管等作用。目前，中小企业服务中心设置了多个业务科室，很少设置竞争情报与知识管理科室，因此需要单独成立的科室来承担，以免与其他业务职能相混淆。此外，行业协会、商会的 CI 服务职能较弱，而信息类和其他类专业服务机构的 CI 服务职能分散，要通过中小企业服务中心的纽带作用，带动其履行 CI 服务职能。

其次，强化信息类专业服务机构（平台）建设。加快构建区域信息资源集成与共享平台和区域竞争情报平台（信息资源中心）建设，如科技文献共享平台、中小企业竞争情报服务平台，发挥公共信息机构对中小企业公益服务的中坚作用。目前，除了湖南、上海等地，其他绝大多数省市还没有构建专业情报服务平台，需要引起高度重视。

再次，深化其他专业服务机构（平台）的CI服务内容建设。主要根据业务服务特点，将信息层面的功能深化为知识含量较高的CI服务。例如：科技业务专业中介，多方联合以开发技术路线图等高知识含量产品；市场开拓专业中介积极合作，深化和拓展市场情报服务项目；管理咨询服务中介，将情报知识与管理咨询服务相互融合等。

最后，大力加强平台建设。既注重CI服务与综合平台、专业平台的协同建设，考虑统一规划、功能集成、资源共享、组织整合等，并将其CI服务嵌在综合服务平台中，以一站式的服务形式，提供给中小企业。具体而言，有两种平台建设策略：①对于已经建立省级企业CI服务平台（企业信息资源中心）的，可以直接链入综合服务平台或者链入专业服务平台而间接与综合服务平台建立联系。如湖南竞争情报服务平台链接在中小企业服务中心之下，上海情报服务联盟搭建在上海科技创新服务平台上。②对于大多数没有建立企业CI服务平台的，要统一规划好CI服务协调功能，并且预留系统接口。

3. 产业集群CI服务模式建设内容与重点

首先，通过环境营造、市场引导、教育培训等方式，加强产业集群CI服务能力构建，整合更多服务机构进入产业园区，采取完善产业集群管理中心的CI服务职能及责权等多元化举措，为中小企业提供CI服务。

其次，引导和促进集群内企业的协作型CI服务模式转变。建立以盟主企业与若干核心企业组成的集群集中管理决策机构，合理设计集中—分布式CI共建共享模式。如图9-3所示，管理机构集中负责对外部竞争环境和组织内部监测得到多情报源进行汇聚、融合、分析、决策、发布，起到情报中心的作用；而成员企业进行独立的竞争情报循环为自身提供支持，也同时执行管理机构分配给另外的情报任务。注意促进情报的交流与共享，建立竞争情报风险防范机制（周九常，2007；宋新平，2010）。

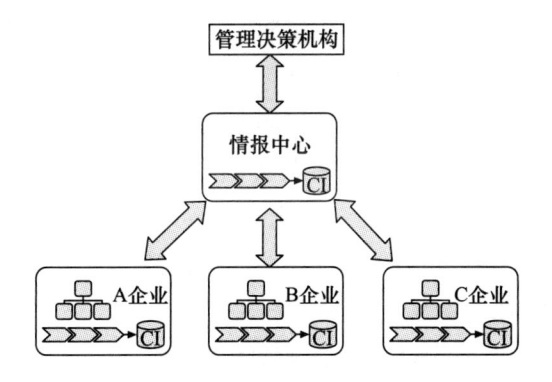

图 9-3　中小企业产业集群竞争情报服务网络运行模式

四　建设路径

从政策和制度效应看，支持中小企业 CI 服务，就是从源头上支持中小企业发展。通过提供 CI 的社会化服务，使中小企业获得经营管理决策所需的情报知识。因此，改善中小企业 CI 服务政策是我国中小企业政策体系的重要任务。从改进服务体系建设的基本前提出发，制度设计应强化利益上的互补，以创新和协同带动体系建设，这是服务体系建设路径和系统成长的重要机制。

1. 培育 CI 服务网络

要以构建和扩大国家、地区、产业集群层面的服务网络为目标，培育新兴 CI 服务组织，促进服务主体的多元化，重在构建一个多方参与合作、多主体间耦合互动的开放式组织结构，重塑组织网络，为 CI 服务体系建设提供有效的组织载体。

从薄弱环节着手，解决传统服务网络不健全问题。推进政府机构改革，以完善其公共情报服务职能为突破口，合理分工并界定职责权限，发挥主导作用；统筹规划各类公共信息机构的职权分工，对其服务内容合理定位，以公共情报服务平台建设为重点，加强协作联盟的建设；鼓励非营利性中介开展服务，积极调动各类行业协会与商会等民间团体、各类专业中介加入服务网络中。

创新网络运行机制，推动服务网络的协调运行。创新协作机制，合理设计连接机制，将政府机构、中介等各类主体与企业有机结合，形成利益共享、风险共担的合作机制。特别是吸引公共信息中介参与CI服务实践。完善激励机制，实现服务能力与职能匹配，优化服务供给；创新投入机制，支持合作组织和龙头企业的补助、政府购买服务等机制，提高服务效益；创新参与机制，如公共信息机构入驻园区、企业之间共建等机制，创设多元化主体参与条件；创新财政金融机制，设立中小企业CI服务专项资助，消减服务体系建设的资金瓶颈。

2. 培育CI服务主体，提升服务能力

以壮大服务主体为目标，坚持数量和质量并举，创新服务主体的运营机制，实现服务内容由单一的、低层次的信息服务到综合型、深层次的知识服务的转型，提高服务主体的CI服务成熟度和服务能力。各类服务主体要将为中小企业CI服务纳入发展战略，大力开发符合中小企业需求的CI服务。

(1) 大力加强公共信息机构服务能力建设

公共信息机构应该依托文献信息资源、信息处理技能、与政府关系密切、地域分布广的优势，发挥公益信息服务的骨干作用。概括而言，公共信息服务机构应该在两个层面加强能力建设。

第一，在战略层面，应该针对服务中的共性问题和个性特点，确立合理的发展定位及变革，大力实施机遇知识管理的创新战略。针对服务动力不足、机制不灵活、经费制约等问题，推行公益服务与社会化服务的双轨制转变，探索从政府投入型向多元化融资模式转变。针对单体公共信息机构服务能力薄弱的问题，大力探索多类信息机构及其他类企业服务主体之间（行业协会、咨询公司、科技局）的合作机制，消除合作障碍。继续推进各类信息服务联盟的建设，不断打破科技信息机构与图书馆不同系统间的壁垒，实现信息机构之间的人力、资源互补，共同推进面向中小企业的竞争情报服务等。针对不同机构服务内容有重叠的情况，应该根据各自优势进行服务内容的合理分工。如区域型科技信息机构发挥在产业情报、区域情报和技术情报服务方面的优势，行业型科技信息机构发挥行业和企业技术创新情报服务方面的优势。

第二，在运作层面，公共信息机构应该着重加强薄弱环节建设。如购买科技与商业信息资源库，采用先进的信息化基础设施，引进先进的管理经验，加强机构知识库及知识管理建设和人才队伍建设，改进情报的采集、处理、分析和传递能力，大力拓展服务品种，革新营销方式（渠道、定价、品牌、宣传），为中小企业提供个性化的、全程式的、免费和低费的、一揽子的竞争情报服务。

● 行业科技信息机构

行业科技信息机构应该针对企业竞争情报服务处在提升发展阶段的现实，继续依托雄厚的行业科技信息资源、行业社会网路以及较成熟的服务运作经验等独特优势，通过有效的变革转型，大力发挥企业竞争情报服务的引领、示范和带头作用。针对目前的障碍因素，主要加强三方面建设。其一，在制度体制建设上，进一步理顺行业科技信息机构与政府、行业协会之间以及其他主体之间的关系，明确政府主导、规划与监督下的竞争情报服务的制度，实现多元主体向行业协会管理的转型。在政府部门和行业协会所属的行业情报机构中，推进双轨制运行，既强调公益性服务，又积极开拓市场化服务。其二，在服务网络和资源建设上，理顺相关行业的关系，以协同组织的方式，实现全国性与区域性以及各种行业信息网的联动协同互动机制。其三，在业务运营上，在情报产品上朝着专业化、知识化、集成化的方向发展，不断开发服务新品种，集中资源推出服务拳头产品（如行业分析报告），强化客户关系管理。

● 区域科技信息机构

区域科技信息机构应该针对企业竞争情报服务处在启动阶段的现实，依托较强的科技信息资源、丰富的政府合作经验等独特优势，通过创新与变革，大力开拓企业竞争情报服务业务。针对目前的障碍因素，主要加强四方面建设。其一，实施政府服务与企业服务并举的战略，推进信息服务向知识服务创新的转型，保持与政府、科技部门等已有的合作，继续拓展与其他类主体的合作。其二，在服务网络和资源建设上，实现全国性、区域性科技信息平台的嵌入以及与其他科技信息资源的协同互动。其三，在业务运营上，朝着产业情报与企业情报并举的多元化产品方向发展，整合多方力量进行攻关，以推出拳头产品（如产业分析报告、技术路线图），逐步拓展服务品种，深化企业竞争情报的营销宣传方式。

● 公共图书馆

公共图书馆应该针对企业竞争情报服务处在认知和启动阶段的现实，依托较强的科技信息资源等独特优势，通过创新与变革等举措，大力开拓企业竞争情报服务业务。针对目前的障碍因素，主要加强四方面建设。其一，政府应该明确国家图书馆的企业情报职能的立法和定位，将图书馆的财务拨款用于企业情报服务，加大政府对公共图书馆的财政投入。其二，在战略上，学习上海、深圳等公共图书馆，创新观念，推行市场化服务战略及相应的机制变革，加强与商会、创业中心等准政府机构以及其他服务主体的结盟，实施客户导向战略。其三，在服务网络与信息资源上，继续深化图书馆服务联盟，开展商贸数据库等信息资源的购买。其四，在业务运营上，强化市场服务部门的运作，开展员工企业情报服务技能的培训，以多种形式了解企业需求，集中资源从提供企业所需的低端情报产品和服务入手，采取多元化的市场推广策略，逐步建立知名度和凝聚企业人气。

● 高校图书馆

高校图书馆应该针对企业竞争情报服务处在启动和扩展阶段的现实，依托雄厚的科技信息资源、专家智力资源、丰富的校企合作经验等独特优势，通过创新和变革等举措，继续拓展企业竞争情报服务业务。针对目前的障碍因素，主要加强三方面建设。其一，在战略上，推行从校内学者的个人信息服务向企业竞争情报服务的扩张战略，将已有的专利情报和技术查新等服务向专、精、尖的高附加值服务拓展。其二，在服务网络与信息资源方面，采取多元化的资源共建模式，积极实现全国高校图书馆信息资源平台的嵌入，加大商业信息和技术数据库的投入。其三，在业务运营方面，充分利用已经积累的为企业专利和科技知识服务的经验和客户，成立专门的、入驻在各地区的开发科技园区企业市场化部门，逐步凝聚企业人气。针对员工抵制市场化服务的问题，加强观念引导、文化塑造以及促进管理措施的跟进与创新。

（2）培育商业化竞争情报服务市场

针对商业化信息情报中介发展滞后的现实，按照"政府引导、规范化经营、市场运作"的指导方针，侧重走"发展、整合"的路子，重点扶持一些大型的竞争情报服务公司，鼓励几家规模大、实力强的商业性竞争情报商为基础，整合其他商业性小公司，提高其情报服务能力；通过市场机制，引导竞争情报服务商有序竞争，加强员工素质和技能培训，强化知识管理水平，以企业需求为导向，创新服务模式，开发符合中小企业需要的情报服务品种；鼓励商业竞争情报服务公司开展业务合作，实现资源共享、合作共赢、共同发展的格局。

（3）加强各类行业协会与商会等民间团体和专业业务中介的情报服务能力建设

一方面，拓展行业协会网络培育行业协会、商会的情报服务职能，为中小企业提供情报杂志发行、舆论宣传、经济与市场、贸易预警等行业情报的搜集与分析、交流与共享等服务。另一方面，生产力促进中心、科技孵化器、科技研究所、创业中心等科技中介在中小企业情报服务体系中具有义不容辞的责任，应该多方引导，强化其为中小企业 CI 服务能力，尤其是情报与知识融合的服务能力。

3. 加强资源整合

围绕提升服务能力的主线，重在整合各种服务资源，协力提升服务层次和服务质量。通过服务平台来搭建、培育、凝聚和涵养各种资源，以强化信息资源集成和共享为重点，促进资源合理流动，发挥体系的整体功效。主要包括整合公共信息服务机构力量，完善公共竞争情报服务平台和中小企业专业服务平台；整合中小企业服务平台和情报服务专业服务平台，搭建中小企业竞争情报服务的统一入口；扶持其他类别专业服务平台，如科技公共服务平台、进出口服务贸易情报服务平台、专利信息服务平台等，作为专业情报服务的支撑和中小企业竞争情报服务的补充；引导和支持营利性情报服务企业，创建和优化信息情报的市场化服务平台，如 B2B 平台、商业化的行业信息服务平台等。

4. 优化服务环境

以"转变观念、提高竞争情报认知水平"和"培育中小企业竞争情报需求"为突破点，以改善服务条件为支撑，坚持"软件"和"硬件"并行，重在促进组织与环境之间的有效沟通，形成促使情报服务功能强化的环境支持。

各级政府部门及各类服务中介要深入领会中小企业发展和竞争情报服务的重要意义，把营造有利于中小企业竞争情报服务发展的环境当作重要任务来抓，学习和借鉴国际中小企业竞争情报服务的经验，积极学习上海、湖南等中小企业情报服务体系建设的经验，增强情报服务意识，强化情报服务职能。加大培训与宣传中小企业竞争情报服务体系的意义、情报服务职能、服务获取的方式和途径，推介标杆服务机构，催生中小企业情报服务需求，扩大服务体系影响面和带动力，为服务体系建设营造良好的社会氛围。

服务体系的运营离不开健全的外部环境。首先，要建立健全中小企业竞争情报服务的法规体系、配套政策、制度规范，以便确保服务体系规范运营。其次，为了提升服务体系绩效，必须健全市场和社会环境。引入竞争机制和完善服务中介转入和退出制度，以规范服务行为；建立监督检查制度，使政府掌握服务体系运营状况；建立激励和约束机制，以提升服务质量；加强风险防范和补偿制度，以降低运营风险。通过服务环境的优化，在各类主体间形成合理有效的利益分配机制，建立相互信任的契约关系和社会氛围，保障体系的有序运转。

总体而言，我国中小企业 CI 服务体系是一个实践探索的过程，又是一个理论创新的过程。它不是建立在空白基础上，而是在继承传统中小企业服务体系合理因素的基础上发展形成的，其中服务模式创新在促使旧体系向新体系渐进转变过程中发挥了关键作用。由此，探索走出一条"以模式创新带动体系建设"的发展道路。

第十章 结论与展望

第一节 结论

通过前述章节的论证，笔者形成以下结论：

1. 我国中小企业竞争情报应用与服务仍然处在较低发展水平

就我国中小企业竞争情报应用而言，整体上还处在低级发展阶段，表现为对竞争情报的认知度不高、重视程度不够、专门投入偏少、规制化弱、组织实施困难等问题。中小企业虽然对情报有需求，但其服务却不能得到满足，宏观上看情报供需存在一定脱节。

就我国中小企业竞争情报服务而言，整体上处在较低水平，表现为现行服务体系还很不完备，服务内容的广泛性和多层次性不够，供需服务不对称，市场化进程与服务主体发育不对称。服务低水平的根源在于主体本身及主体网络的不健全、对情报服务认知水平低、基础设施与市场化载体的不完善，政策、财政金融、信息资源供给的不平衡，以及环境的不完善。

2. 企业竞争情报系统的本质及组织实施机理

企业竞争情报系统类似于生物神经系统，本质是一个对内保证信息沟通与传递、对外承担外部环境的感知与响应的、承担信息处理和释义两大功能的企业管理子系统。它是一个人主导的人机系统，是一个复杂系统。为了保持企业有效运转，需要保持组织业务系统、竞争情报系统、计算机信息系统在战略、战术和事务层面三个层次上协调和匹配。

企业竞争情报管控系统是一个正式与非正式流程相结合的子系

统，包含战略、管控、任务三层次。企业竞争情报管控系统是依靠结构化机制、项目驱动机制和非正式驱动机制来运行。由于企业不同，情报活动被施加管理控制的程度也不同，最终对企业绩效的影响也不同。

3. 中小企业竞争情报系统是一个不同于大企业的复杂系统，需要内外协同建设

由于对外部服务依赖较强，与大企业不同，中小企业竞争情报系统是由应用子系统、服务子系统和外部环境组成。该大系统的有效运行依赖于供需双方有效协同。就运行动力而言，中小企业竞争情报应用系统是由内外部因素叠加驱动，但是更多是靠外部压力驱动。其循环过程具有支离破碎性、非正式性、个人知识和隐性知识主导等特征。其组织实施具有个人主导、企业家主导、个人知识、隐性知识主导、非正式性主导等特点。

4. 中国情境下中小企业竞争情报的有效应用受到组织管理多方面因素影响

CI 使命与目标、高层领导支持与参与、CI 职能制度、项目驱动机制、CI 资源与设施、外部社会网络、氛围 7 个因素对绩效有重要影响。同时也发现：不同影响因素对绩效的影响程度各不氛围相同。最主要的影响因素是外部社会网络和高层领导支持与参与，其次是氛围和项目驱动机制。

中国情境下，中小企业竞争情报存在较多障碍因素，如认识误区和盲区，管理决策者对 CI 应用的动力不足，CI 运行的业务职能嵌入性和融合性过强，非正式机制突出，建立沟通协作、共享氛围较为困难，这些都加大了 CI 组织实施复杂性。

5. 外部服务主要受到主体服务能力、主体网络化、主客体协同等三大类因素影响

就主体服务能力而言，受到战略管理、运营管理、资源和环境的影响。目前最大的服务障碍因素分别是：市场环境成熟度、市场化机制、客户市场、战略定位和物化知识水平。

目前，我国企业情报服务网络尚处在形成和演化中，受到很多影响因素制约。其一，网络节点的角色定位和功能分工不明确，表现为

网络成形困难，节点协调和协同不畅。具体而言，网络规划者、网络整合者、服务生产者等的职能出现缺位、错位、越位等。其二，网络参与节点服务动力不强，质量低下，其主要受到组织特征、战略目标、管理模式、资源特点等内外因素影响。

6. 中小企业竞争情报应用体系建设路径和策略

企业竞争情报系统本质上是一个天生嵌入组织的、从低级向高级不断演化的外围神经系统。系统演化起点是组织结构诞生，演化路径是从低级到高级的、间断与平衡交替、渐变与突变交替的过程。对于不同的企业，应该根据自身情况和外部环境，选择合适的进化路径和建设策略。情报的组织实施实质是追求正式与非正式机制融合、优化和叠加的策略。

中小企业竞争情报建设目标是从非系统化、模糊的、自发的状态向系统化的、较明确受控的状态进化。就进化路径策略而言，适宜采用以渐进演化为主、突变演化为辅的演化策略。就路径选择而言，适合采取以控制机制的优化为核心和以控制机制的重构为补充的混合路径以及混合型的演化策略。中小企业 CI 应用最佳实践应该遵循总体原则，克服错误认知、核心价值等 7 个战略性原则和选择合适竞争情报模式、优化职能等 6 个具体原则。

要立足于中国独特的管理情境和中小企业的具体实际，以企业需求为导向，本着适用实用、集约高效的原则，整体推进，分类发展，集中资源，重点突破，以点带面；同时要考虑情报系统的可持续演化，及其与信息系统建设的协同性，力争全面提升中小企业竞争情报能力。具体而言，既要从整体上采取强化普遍对策，也要根据低级阶段特点，采取针对性发展策略。

7. 我国中小企业服务体系建设路径和对策

总体来看，我国中小企业 CI 服务体系还处在初级或启动阶段，与发达国家相比有很大差距。宏观地看，应该采取开拓机会和能力成长战略，并以中小企业综合服务体系构建为契机，实施竞争情报服务"嵌入式启动、后专业化强化"发展路线。具体而言，应该按照"情报服务体系嵌入在综合服务体系发展的思路"，建设公共、公益、商业服务一体的、综合性服务平台并与 CI 专业性服务平台形成互为补充、密切协同的社会化服务体系。

中小企业竞争情报服务体系建设的重点是：培育CI服务网络，培育CI服务主体，提升服务能力，加强资源的整合，优化服务环境。

第二节 局限与展望

由于本书涉及面过于宽泛，加之问题的复杂性以及本项目团队的时间、精力和能力所限，尚存在以下一些有待完善之处：

（1）样本收集。研究过程中，笔者花费大量时间和精力进行问卷的发放和回收工作，最后回收的问卷数量也基本满足实证分析要求。然而，毕竟可以有效运用组织间资源的企业相对较少，规模都较大，微型企业样本很少，问卷的回收时间较长，回收率较低。

（2）中小企业竞争情报应用影响因素建模问题及其解释。其一，由于总体样本量限制，使得分行业、分类型的深入研究难以实现。其二，因为几乎没有人进行过竞争情报组织实施因素的实证，本书出于尽可能搭建因素框架的需要而简化了模型，对因素的全面性考虑得多，而对因素之间的关系及路径考虑得少。

（3）服务能力影响因素的分析。由于服务主体类型繁多，本书只是探索了各类信息机构服务能力的共性影响因素，而对个性影响因素进行了案例研究而不是统计定量实证，得到了有启示的结果但是略显粗糙。

笔者充分认识到了本研究存在的局限性，因此，认为后续的研究可以沿着以下方向展开：

（1）企业竞争情报的正式与非正式机制对企业竞争情报协同影响机理及其交互作用。

（2）中小企业竞争情报如何导入？中小企业根据情境因素进行动态匹配的实施机理。

（3）竞争情报服务主体服务能力的评价及其影响因素的分行业建模和实证。

（4）竞争情报服务网络的演化机制的动态建模及促进机理。

参考文献

[1] Adamala S., Cidrin L., Key success factors in business intelligence [J]. *Journal of Intelligence Studies in Business*, 2011, 1 (1): 212-259.

[2] Aguilar F. J., *Scanning the business environment* [M]. New York: Macmillan, 1967.

[3] Ansoff H. I., Managing strategic surprise by response to weak signals [J]. *California Management Review*, 1975, 18 (2): 21-33.

[4] Arnett D. B., Menon A., Wilcox J. B., Using competitive intelligence: antecedents and consequences [J]. *Competitive Intelligence Review*, 2000, 11 (3): 16-27.

[5] Auster E., Choo C. W., Environmental scanning by CEOs in two Canadian industries [J]. *Journal of the American Society for Information Science*, 1992, 44 (4): 194-203.

[6] Awazu Y., Informal roles and intelligence activities: some management propositions [J]. *Journal of Competitive Intelligence and Management*, 2004, 2 (1): 16-26.

[7] Beal R. M., Competing effectively: environmental scanning, competitive strategy, and organizational performance in small manufacturing firms [J]. *Journal of Small Business Management*, 2000, 38 (1): 27-47.

[8] Bianchi C., Andrews L., Investigating marketing managers´ perspectives on social media in Chile [J]. *Journal of Business Research*, 2015, 68 (12): 2552-2559.

[9] Brooks G., Heffner A., Henderson D., A SWOT analysis of com-

petitive knowledge from social media for a small start - up business [J] . *The Review of Business Information Systems* (Online), 2014, 18 (1): 23.

[10] Brouard F. , Development of an expert system on environmental scanning practices in SME: tools as a research program [J] . *Journal of Competitive Intelligence and Management*, 2006, 3 (4): 37 - 58.

[11] Calof J. , Brouard F. , Competitive intelligence in Canada [J] . *Journal of Competitive Intelligence and Management*, 2004, 2 (2): 1 - 21.

[12] Chen M. K. , Wang S. C. , The use of a hybrid fuzzy - Delphi - AHP approach to develop global business intelligence for information service firms [J] . *Expert Systems with Applications*, 2010, 37 (11): 7394 - 7401.

[13] Choo C. W. , Perception and use of information sources by chief executives in environmental scanning [J] . *Library & Information Science Research*, 1995, 16 (1): 23 - 40.

[14] Craig S. , Examining differences in competitive intelligence practice: China, Japan, and the West [J] . *Thunderbird International Business Review*, 2009, 51 (3): 249 - 261.

[15] Delone W. H. , The DeLone and McLean model of information systems success: a ten - year update [J] . *Journal of Management Information Systems*, 2003, 19 (4): 9 - 30.

[16] Donna L, C. , The use and perceived usefulness of competitive intelligence in U. S. firms based on strategics orietation of the firms [D] . Saint Louis University, 1993.

[17] Duan Y. , Xu M. , Decision support systems in small businesses [J] . *Encyclopedia of Information Science and Technology*, 2009, 2 (155): 974 - 977.

[18] Fabbe - Costes N. , Roussat C. , Taylor M. , et al. , Sustainable supply chains: a framework for environmental scanning practices [J] . *International Journal of Operations & Production Management*,

2014, 34 (5): 664 -694.

[19] Fleisher C. S., Wright S., Examining differences in competitive intelligence practice: China, Japan, and the West [J]. *Thunderbird International Business Review*, 2009, 51 (3): 249 -261.

[20] Folsom D., Market intelligence in small businesses [J]. *Marketing Intelligence & Planning*, 1991, 9 (2): 16 -19.

[21] Groom J. R., David F R., Competitive intelligence activity among small firms [J]. *SAM Advanced Management Journal*, 2001, 66 (1): 12 -20.

[22] Julien P. A., Raymond L., Jacob R., et al., Types of technological scanning in manufacturing SMEs: an empirical analysis of patterns and determinants [J]. *Entrepreneurship & Regional Development*, 1999, 11 (4): 281 -300.

[23] Kowalczyk M., Buxmann P., An ambidextrous perspective on business intelligence and analytics support in decision processes: Insights from a multiple case study [J]. *Decision Support Systems*, 2015, 80: 1 -13.

[24] Mammo Y., Haramaya university library and information services: looking back to look forward [J]. *The International Information & Library Review*, 2010, 42 (1): 14 -26.

[25] Martinsons M. G., Davison R. M., Strategic decision making and support systems: comparing American, Japanese and Chinese management [J]. *Decision Support Systems*, 2007, 43 (2): 284 -300.

[26] McGee J. E., Sawyerr O. O., Uncertainty and information search activities: a study of owner - managers of small high - technology manufacturing firms [J]. *Journal of Small Business Management*, 2003, 41 (4): 385 -401.

[27] Nguyen B., Yu X., Melewar T. C., et al., Brand innovation and social media: knowledge acquisition from social media, market orientation, and the moderating role of social media strategic capability

[J]. *Industrial Marketing Management*, 2015, 51: 11-25.

[28] Nosella A., Petroni G., Salandra R., Technological change and technology monitoring process: evidence from four Italian case studies [J]. *Journal of Engineering and Technology Management*, 2008, 25 (4): 321-337.

[29] Olamade O. O., Oyebisi T. O., Egbetokun A. A., Manufacturing business environment in Nigeria: strategic characteristics and implications [J]. *Advances in Management and Applied Economics*, 2013, 3 (6): 53-65.

[30] Raymond L., Julien P. A., Ramangalaby C., Technological scanning by small Canadian manufacturers [J]. *Journal of Small Business Management*, 2001, 39 (2): 123-138.

[31] Rouibah K., Environmental scanning, anticipatory information and associated problems: insight from kuwait [J]. *Communications of the IIMA*, 2014, 3 (1): 47-63.

[32] Veugelers M., Bury J., Viaene S., Linking technology intelligence to open innovation [J]. *Technological Forecasting & Social Change*, 2010, 77 (2): 335-343.

[33] Yeoh W., Koronios A., Critical success factors for business intelligence systems [J]. *Journal of Computer Information Systems*, 2010, 50 (3): 23.

[34] 安东尼、戈文达拉扬：《管理控制系统》，机械工业出版社2004年版。

[35] 包昌火、谢新洲：《竞争环境监视》，华夏出版社2006年版。

[36] 包昌火、赵刚、李艳等：《竞争情报的崛起——为纪念中国竞争情报专业组织成立10周年而作》，《情报学报》2005年第1期。

[37] 陈峰、郑彦宁、赵筱媛：《香港贸易发展局为中小企业提供竞争情报服务的方法》，《情报学报》2012年第9期。

[38] 陈峰：《图书馆开展企业竞争情报服务的关键成功因素》，《图书情报工作》2012年第2期。

[39] 陈飚、赵辉：《策略之源，制胜之道——企业竞争情报指南》，

东软出版社 2010 年版。

[40] 戴侣红、陈飔：《企业竞争情报：运作、体系和构建》，原子能出版社 2010 年版。

[41] 董小英、鄢凡、刘倩倩：《不确定环境中我国企业高管信息扫描行为的实证研究》，《管理世界》2008 年第 6 期。

[42] 高士雷、吴新年、张立超：《产业集群环境下中小企业竞争情报模式研究》，《图书情报工作》2010 年第 22 期。

[43] 顾穗珊、孙山山：《大数据时代智慧政府主导的中小企业竞争情报服务供给研究》，《图书情报工作》2014 年第 5 期。

[44] 胡潜：《创新型国家建设中的公共信息服务发展战略分析》，《中国图书馆学报》2009 年第 2 期。

[45] 黄晓斌、钟辉新：《云环境下中小企业竞争情报系统构建》，《情报资料工作》2012 年第 2 期。

[46] 李维思、史敏、肖雪葵：《基于中小企业技术创新需求的特色产业数据库与服务体系构建——以湖南省新材料产业竞争情报服务为例》，《数字图书馆论坛》2013 年第 6 期。

[47] 李文元、向雅丽、顾桂芳：《创新中介在开放式创新过程中的功能研究——以 InnoCentive 为例》，《科学学与科学技术管理》2012 年第 4 期。

[48] 刘冰：《我国企业竞争情报力测度实证研究》，《情报学报》2009 年第 3 期。

[49] 刘细文、金学慧：《基于 TOE 框架的企业竞争情报系统采纳影响因素研究》，《图书情报工作》2011 年第 6 期。

[50] 缪其浩：《探索者言——缪其浩情报著作自选集》，上海科学技术文献出版社 2008 年版。

[51] 彭玉芳、郑荣：《中小企业竞争情报服务体系评价》，《情报理论与实践》2015 年第 8 期。

[52] 沈固朝：《情报与信息：一船两夫——读〈隐秘与公开：情报服务与信息科学的追忆与联系〉》，《情报探索》2010 年第 2 期。

[53] 沈固朝：《信号分析：竞争情报研究的又一重要课题》，《图

情报工作》2009 年第 20 期。

[54] 宋新平:《中小企业竞争情报的需求及应用行为探析》,《情报理论与实践》2012 年第 3 期。

[55] 王曰芬:《图书情报机构知识服务能力及评价研究》,《情报学报》2010 年第 29 期。

[56] 王知津、王秀香:《面向企业管理创新的竞争情报管理模式设计》,《情报资料工作》2012 年第 5 期。

[57] 王知津、王秀香:《组织行为对竞争情报人员工作价值观的影响研究》,《图书情报工作》2009 年第 10 期。

[58] 魏江、胡胜蓉、袁立宏:《知识密集型服务企业与客户互动创新机制研究——以某咨询公司为例》,《西安电子科技大学学报》2008 年第 3 期。

[59] 吴华珠、赵斐:《江苏省中小企业竞争情报需求与供给现状研究》,《情报杂志》2012 年第 4 期。

[60] 吴晓伟、徐福缘、宋文官:《企业竞争情报系统工程论》,《情报学报》2006 年第 4 期。

[61] 谢新洲、包昌火:《论企业竞争情报系统的建设》,《北京大学学报（哲学社会科学版）》2001 年第 6 期。

[62] 曾德超、许明金、彭丽徽:《开放式创新视角下中小企业技术竞争情报服务模式研究》,《图书馆》2015 年第 1 期。

[63] 曾忠禄:《基于经济学理论的竞争情报需求模型》,《情报理论与实践》2012 年第 10 期。

[64] 郑荣、彭玉芳、曲佳艺等:《中小企业竞争情报服务体系构建研究》,《情报理论与实践》2012 年第 8 期。

[65] 郑彦宁、武夷山:《专题：国外中小企业竞争情报的供给体系与服务实践》,《图书情报工作》2012 年第 14 期。

[66] 郑彦宁、赵筱媛、刘志辉:《我国中小企业竞争情报需求调查与分析——以江苏、湖南两省企业为例》,《图书情报工作》2013 年第 13 期。

[67] 周海炜、王洪亮、郝云剑:《云计算环境下中小企业竞争情报安全模型构建》,《图书馆理论与实践》2013 年第 11 期。

［68］ Gates B., Hemingway C:《未来时速:数字神经系统与商务新思维》,北京大学出版社1999年版。

［69］ Jenster P. V.:《市场情报:培养战略的视角》,吴晓真译,上海远东出版社2010年版。

附录　调查问卷

一　企业竞争情报应用影响因素调查问卷

尊敬的女士/先生，您好！

　　为了解商业情报的应用对企业绩效的影响，特进行本次问卷调查。非常感谢您的填写！

　　此项调查只用于学术研究，我们保证对您的问卷将严格保密，请放心填写。如果您有兴趣，我们可以将调查结果反馈给您。您的 e‐mail_____。

　　商业情报：指用于支持管理决策的、关于竞争环境、技术、市场等多方面的信息以及对这些信息的搜集、分析和传递活动。情报人员：指从事竞争对手、市场、技术等方面情报收集和分析的人员，可以是专职的、兼职的或者业务人员（如销售人员、技术研发人员等）。

　　说明：请在第二和第三部分查看以下表述是否与贵企业实际情况相符，并对其符合程度给予评价。

第一部分　基本信息

1. 您所在部门：_____　职务：_____
2. 企业行业：
   A. 制造业_____　B. 其他_____　注册地：_____（省市）成立时间_____
3. 企业性质：
   ①国有　②集体　③民营　④外资　⑤混合　⑥合资　⑦跨国

公司

4. 企业员工人数：_____

5. 企业去年销售总额：_____（万元）

6. 商业情报职能设在哪个部门：
①专职情报（信息）部　②市场部　③研发部　④其他_____

7. 贵企业从事商业情报的人数：
专职_____人　兼职_____人

8. 贵企业在商业情报方面的预算：
①有_____万元　②无　③不清楚

第二部分　影响因素

1. 贵企业有明确的战略目标及定位，如技术领先或市场扩张。
（1）完全不符合　　　（2）不太符合　　　（3）不确定
（4）比较符合　　　（5）完全符合

2. 贵企业有明确的情报目标（包括情报收集范围、收集重点等）。
（1）完全不符合　　　（2）不太符合　　　（3）不确定
（4）比较符合　　　（5）完全符合

3. 贵企业有明确的外部环境（市场、技术、竞争对手）信息监控目标。
（1）完全不符合　　　（2）不太符合　　　（3）不确定
（4）比较符合　　　（5）完全符合

4. 贵企业市场（技术）战略规划中强调识别环境发展趋势、机会、威胁等与情报相关的内容。
（1）完全不符合　　　（2）不太符合　　　（3）不确定
（4）比较符合　　　（5）完全符合

5. 贵企业的情报目标能够随企业战略发展而灵活调整。
（1）完全不符合　　　（2）不太符合　　　（3）不确定
（4）比较符合　　　（5）完全符合

6. 情报的收集、分析在很大程度上支持贵企业战略的实施。

(1) 完全不符合　　　(2) 不太符合　　　(3) 不确定
(4) 比较符合　　　(5) 完全符合

7. 贵企业领导认为商业情报对本企业很有用，对其持开放接纳态度。

(1) 完全不符合　　　(2) 不太符合　　　(3) 不确定
(4) 比较符合　　　(5) 完全符合

8. 贵企业领导经常参加本企业情报工作的管理，并为其提供支持。

(1) 完全不符合　　　(2) 不太符合　　　(3) 不确定
(4) 比较符合　　　(5) 完全符合

9. 贵企业领导有较强的商业情报搜集、分析能力。

(1) 完全不符合　　　(2) 不太符合　　　(3) 不确定
(4) 比较符合　　　(5) 完全符合

10. 贵企业领导有很多外部人际渠道（聚会、商会、政府），并经常保持联络。

(1) 完全不符合　　　(2) 不太符合　　　(3) 不确定
(4) 比较符合　　　(5) 完全符合

11. 贵企业各部门（如市场部、研发部、总经办等）有清晰的情报目标及职责。

(1) 完全不符合　　　(2) 不太符合　　　(3) 不确定
(4) 比较符合　　　(5) 完全符合

12. 贵企业情报人员（专职、兼职或业务人员）有明确的情报职责。

(1) 完全不符合　　　(2) 不太符合　　　(3) 不确定
(4) 比较符合　　　(5) 完全符合

13. 贵企业有健全的情报搜集、处理及传递制度。

(1) 完全不符合　　　(2) 不太符合　　　(3) 不确定
(4) 比较符合　　　(5) 完全符合

14. 贵企业建立并实施有效的情报定期沟通与传递制度，如会议、研讨、文件等。

(1) 完全不符合　　　(2) 不太符合　　　(3) 不确定

（4）比较符合　　　　　（5）完全符合

　　15. 贵企业的绩效考核与激励机制能够有效调动员工搜集业务信息的积极性。

　　（1）完全不符合　　（2）不太符合　　（3）不确定
　　（4）比较符合　　　　　（5）完全符合

　　16. 针对领导特定决策需求，贵企业设有完善的情报搜集组织（任务组、团队）及机制。

　　（1）完全不符合　　（2）不太符合　　（3）不确定
　　（4）比较符合　　　　　（5）完全符合

　　17. 针对常规关键业务决策点（如新产品开发方案的筛选），设有完善的情报搜集组织及机制。

　　（1）完全不符合　　（2）不太符合　　（3）不确定
　　（4）比较符合　　　　　（5）完全符合

　　18. 当技术或市场方面出现新情况时，贵企业会组建研究小组对该方面的情报进行搜集、分析。

　　（1）完全不符合　　（2）不太符合　　（3）不确定
　　（4）比较符合　　　　　（5）完全符合

　　19. 贵企业的情报工作有充足的资金保障。

　　（1）完全不符合　　（2）不太符合　　（3）不确定
　　（4）比较符合　　　　　（5）完全符合

　　20. 贵企业配备的情报人员（专职、兼职或业务人员），完全满足情报工作的需要。

　　（1）完全不符合　　（2）不太符合　　（3）不确定
　　（4）比较符合　　　　　（5）完全符合

　　21. 贵企业用于支持情报收集、分析的软硬件设施，完全满足情报工作的需要。

　　（1）完全不符合　　（2）不太符合　　（3）不确定
　　（4）比较符合　　　　　（5）完全符合

　　22. 贵企业与很多咨询公司、高校、科研机构等有来往。

　　（1）完全不符合　　（2）不太符合　　（3）不确定
　　（4）比较符合　　　　　（5）完全符合

23. 贵企业与咨询公司、高校、科研机构等的交往很频繁。
（1）完全不符合　　　（2）不太符合　　　（3）不确定
（4）比较符合　　　（5）完全符合

24. 贵企业与很多政府部门、行业协会、商会等有来往。
（1）完全不符合　　　（2）不太符合　　　（3）不确定
（4）比较符合　　　（5）完全符合

25. 贵企业与政府部门、行业协会、商会等的交往很频繁。
（1）完全不符合　　　（2）不太符合　　　（3）不确定
（4）比较符合　　　（5）完全符合

26. 贵企业与很多供应商、经销商、零售商、客户等有来往。
（1）完全不符合　　　（2）不太符合　　　（3）不确定
（4）比较符合　　　（5）完全符合

27. 贵企业与供应商、经销商、零售商、客户等的交往很频繁。
（1）完全不符合　　　（2）不太符合　　　（3）不确定
（4）比较符合　　　（5）完全符合

28. 贵企业大部分员工能意识到情报的收集、利用对本企业发展的重要性。
（1）完全不符合　　　（2）不太符合　　　（3）不确定
（4）比较符合　　　（5）完全符合

29. 贵企业大部分员工能主动地关注市场、竞争对手等环境变化，积极参与情报的搜集。
（1）完全不符合　　　（2）不太符合　　　（3）不确定
（4）比较符合　　　（5）完全符合

30. 为提升员工（包括管理层）的情报收集、分析能力，贵企业提供了充足的培训。
（1）完全不符合　　　（2）不太符合　　　（3）不确定
（4）比较符合　　　（5）完全符合

31. 贵企业会定期对员工普及情报知识，增强其情报意识。
（1）完全不符合　　　（2）不太符合　　　（3）不确定
（4）比较符合　　　（5）完全符合

32. 贵企业大部分员工互相信任，能够互相分享自己的观点、看法。

(1) 完全不符合　　　(2) 不太符合　　　(3) 不确定
(4) 比较符合　　　(5) 完全符合

33. 贵企业管理层人员相信情报人员能够提供真实、有效的情报。

(1) 完全不符合　　　(2) 不太符合　　　(3) 不确定
(4) 比较符合　　　(5) 完全符合

34. 贵企业各部门（如市场部、研发部等）之间有良好的沟通与协作习惯

(1) 完全不符合　　　(2) 不太符合　　　(3) 不确定
(4) 比较符合　　　(5) 完全符合

35. 贵企业部门之间经常出现沟通不畅的情况。

(1) 完全不符合　　　(2) 不太符合　　　(3) 不确定
(4) 比较符合　　　(5) 完全符合

36. 贵企业部门内部员工之间经常保持联络、交流。

(1) 完全不符合　　　(2) 不太符合　　　(3) 不确定
(4) 比较符合　　　(5) 完全符合

37. 贵企业部门内部员工之间能够很容易、很自由地进行沟通和交流。

(1) 完全不符合　　　(2) 不太符合　　　(3) 不确定
(4) 比较符合　　　(5) 完全符合

第三部分　应用绩效

38. 贵企业提供的情报产品（报告、方案等）的质量（如有效性等）能满足管理人员的要求。

(1) 完全不符合　　　(2) 不太符合　　　(3) 不确定
(4) 比较符合　　　(5) 完全符合

39. 贵企业大多数管理层对于情报工作现状很满意。

(1) 完全不符合　　　(2) 不太符合　　　(3) 不确定
(4) 比较符合　　　(5) 完全符合

40. 贵企业的情报工作对战术决策起到很大作用，如减少失误等。

(1) 完全不符合　　　(2) 不太符合　　　(3) 不确定

（4）比较符合　　　　（5）完全符合

41. 贵企业的情报工作对战略决策起到很大作用，如减少失误等。

（1）完全不符合　　　（2）不太符合　　　（3）不确定

（4）比较符合　　　　（5）完全符合

42. 情报工作使贵企业能及时感知外部环境（市场、技术、竞争对手等）变化。

（1）完全不符合　　　（2）不太符合　　　（3）不确定

（4）比较符合　　　　（5）完全符合

43. 与贵企业的主要竞争对手相比，您对本企业营业收入的满意程度是_____。

（1）非常不满意　　　（2）不太满意　　　（3）一般

（4）比较满意　　　　（5）非常满意

44. 与贵企业的主要竞争对手相比，您对本企业市场占有率的满意程度是_____。

（1）非常不满意　　　（2）不太满意　　　（3）一般

（4）比较满意　　　　（5）非常满意

45. 与贵企业的主要竞争对手相比，您对本企业产品研发的满意程度是_____。

（1）非常不满意　　　（2）不太满意　　　（3）一般

（4）比较满意　　　　（5）非常满意

二　企业竞争情报服务能力影响因素调查问卷

尊敬的女士/先生：

您好！请您填写此问卷。本问卷匿名填写，无所谓对错，调查结果仅供学术之用，我们承诺保守秘密，请真实表达您的想法。衷心感谢您的支持！

1. 您所在省：_____单位类型：

①公共图书馆　②高校图书馆　③科技信息机构　④科技业务中

介（科研院所、生产力促进中心、孵化器等）　⑤咨询及市场调研公司　⑥其他

2. 以下是企业情报服务能力影响因素，请对它们的重要程度给出评判。请填写您的选项或用红色笔标出。

题号	内容	您的选项	很不重要	不太重要	一般	重要	非常重要
1.	有清晰的情报服务业务的目标及战略定位		1	2	3	4	5
2.	有合理的情报服务产品定位		1	2	3	4	5
3.	运行机制（如推行双轨制、开拓市场化服务、成立公司等）		1	2	3	4	5
4.	领导对企业情报服务业务的了解和重视程度		1	2	3	4	5
5.	与客户建立合作机制及交往密切度		1	2	3	4	5
6.	品牌、宣传、定价、收费等市场开拓力		1	2	3	4	5
7.	与同行机构、商业公司、政府等合作能力		1	2	3	4	5
8.	有效的员工管理（任用、考核、培训）		1	2	3	4	5
9.	有效的业务过程及项目管理		1	2	3	4	5
10.	良好的文化氛围（创新、合作、沟通等）		1	2	3	4	5
11.	完备先进的基础设施（信息资源、设施、技术）		1	2	3	4	5
12.	员工的业务素质和经验		1	2	3	4	5
13.	对企业情报服务业务投入资金		1	2	3	4	5
14.	企业对情报服务的认知、需求、使用		1	2	3	4	5
15.	政府的支持力度（政策法规、机制、资金、项目）		1	2	3	4	5
16.	服务主体所在区域发展水平（经济、技术、文化等）		1	2	3	4	5
17.	服务主体所在区域信息资源的丰富度、集成度、共享度		1	2	3	4	5

3. 您认为目前外部服务主体对企业情报服务的主要障碍因素有哪些（见下表）？

题号	内容	您的选项	严重	较严重	一般	不严重	不存在
1.	缺乏对企业情报服务业务的清晰把握		1	2	3	4	5
2.	市场化机制不足，限制了情报服务业务		1	2	3	4	5
3.	高层领导缺乏认知，重视度低		1	2	3	4	5
4.	与同行、政府等合作能力不足		1	2	3	4	5
5.	市场开拓能力不足		1	2	3	4	5
6.	缺乏有效的业务过程及项目管理		1	2	3	4	5
7.	信息基础（数据库、技术）薄弱		1	2	3	4	5
8.	缺乏有经验员工或员工不胜任		1	2	3	4	5
9.	资金投入不足		1	2	3	4	5
10.	企业对情报服务的认知低、需求不足		1	2	3	4	5
11.	政府的法规、机制、资金、项目等支持不足		1	2	3	4	5
12.	区域信息设施落后，集成和共享水平落后		1	2	3	4	5